赛迪研究院研究丛书 2023

# 产业科技创新能力建设的路径与对策

曹 方 何 颖 等◎著



電子工業出版社
Publishing House of Electronics Industry
北京•BEIJING

## 内 容 简 介

创新在我国现代化建设全局中占据核心地位，科技创新与产业体系的有效衔接和有机融合已成为实现产业现代化的关键。本书聚焦于产业科技创新能力建设的路径与对策，从产业科技创新能力的内涵与特征、建设面临的形势、建设的现状、存在的问题、总体思路等维度进行深度剖析。本书共包括4篇：总论篇研究了对我国产业科技创新能力的认识与思考；发展篇主要剖析了产业科技创新能力建设面临的形势、现状与存在的问题；思路篇提出了我国产业科技创新能力建设的总体思路与基本原则、战略任务、路径选择与对策建议；专题篇研究了钢铁产业、新能源汽车产业、软件产业、疫苗产业、量子产业五大典型产业的创新能力、创新模式、主要困境，并给出相应的发展建议。

本书既可以作为普通读者认识和了解我国产业科技创新能力建设情况的科普读物，又可以为研究机构开展产业科技创新能力建设研究提供理论参考。同时，本书可以为政府和相关机构探索如何提升我国产业科技创新能力建设水平提供有益参考。



**图书在版编目（CIP）数据**

产业科技创新能力建设的路径与对策 / 曹方等著. —北京：电子工业出版社，2023.6

（赛迪研究院研究丛书. 2023）

ISBN 978-7-121-45771-5

Ⅰ. ①产… Ⅱ. ①曹… Ⅲ. ①产业－技术革新－研究－中国 Ⅳ. ①F124.3

中国国家版本馆 CIP 数据核字（2023）第 103630 号

责任编辑：马文哲　　　　特约编辑：田学清
印　　刷：三河市良远印务有限公司
装　　订：三河市良远印务有限公司
出版发行：电子工业出版社
　　　　　北京市海淀区万寿路 173 信箱　　　邮编：100036
开　　本：720×1000　1/16　印张：14.75　字数：241 千字
版　　次：2023 年 6 月第 1 版
印　　次：2025 年 1 月第 6 次印刷
定　　价：89.00 元

凡所购买电子工业出版社图书有缺损问题，请向购买书店调换。若书店售缺，请与本社发行部联系，联系及邮购电话：（010）88254888，88258888。

质量投诉请发邮件至 zlts@phei.com.cn，盗版侵权举报请发邮件至 dbqq@phei.com.cn。

本书咨询联系方式：liujt@phei.com.cn。

赛迪研究院研究丛书

**2023**

# 编委会

# 课　题　组

## 课题顾问

田杰棠　国务院发展研究中心创新发展部副部长
常利民　工业和信息化部科技司副巡视员
胥和平　科技部办公厅原巡视员
陈　劲　清华大学经济管理学院 教授
范保群　北京大学国家发展研究院 研究员
李　平　中国社会科学院数量经济与技术经济研究所 研究员
刘戒骄　中国社会科学院工业经济研究所 研究员
任福君　中国科协创新战略研究院原院长 教授
刘　云　中国科学院大学公共政策与管理学院 教授
宋河发　中国科学院科技战略咨询研究院 研究员
韦东远　中国科学技术发展战略研究院　研究员

## 课题负责人

曹　方　科技与标准研究所 研究总监、研究员
何　颖　科技与标准研究所 所长、正高级工程师

## 课题组成员

姬少宇　科技与标准研究所科技发展研究室 助理研究员
王　楠　科技与标准研究所高技术产业化研究室 副研究员
宋　亮　科技与标准研究所技术创新研究室主任 助理研究员
王　凡　科技与标准研究所高技术产业化研究室主任 研究员
张　鹏　科技与标准研究所科技发展研究室 实习研究员
延玲玲　科技与标准研究所技术创新研究室 助理研究员
赵会来　科技与标准研究所高技术产业化研究室 实习研究员
郭　英　科技与标准研究所技术创新研究室副主任 副研究员
张　原　科技与标准研究所科技政策研究室主任 工程师
李　赜　科技与标准研究所 工程师

# 前言 | Foreword

当前，全球科技创新进入空前密集活跃时期。面对新一轮科技革命和产业变革，产业科技创新成为科技创新活动的中坚力量，各国和地区都在极力推动产业科技创新能力建设，科技政策逐渐向产业倾斜，力争在全球产业变革中抢占竞争制高点。当前，全球正处于技术平淡期向技术跃变期迈进的关键时期，围绕制造业创新和产业链供应链安全稳定的科技竞争已成为各国的新焦点。在国际上，美国以应对供应链中断为名，持续加强对关键技术和重点产品的供应链审查，与我国技术链、创新链、供应链“脱钩”的风险不断集聚，而关键核心技术是要不来、买不来、讨不来的。因此，只有不断提升产业科技创新能力，才能推动我国经济高质量发展，加快实现高水平科技自立自强。

本课题组认为，产业科技创新是指不断破坏旧的产业结构，从而形成新的产业结构的过程；产业科技创新能力则是产业在创新过程中综合实力的体现，即由企业主导，同高校、科研院所等相关主体共同协作形成创新生态系统，以市场为导向，在整个系统中开展一系列创新活动和采取一系列创新行为，从而推动产业不断升级，最终体现产业综合竞争力的能力。产业科技创新与产业技术创新的区别主要体现在以下几个方面：一是所处的经济社会发展阶段不同，产业技术创新比产业科技创新提出的经济社会发展阶段低；二是参与者不同，产业技术创新的参与者是企业，而产业科技创新的参与者除企业外还包括高校、科研院所、科技中介等组织机构；三是过程不同，产业技术创新是技术发明—技术应用—产业化—商品化的线性过程，而产业科技创新是科学发现、技术发明、市场应用相互作用并螺旋式上升的过程。因此，产业科技创新能力由产业科技创新基础能力、产业科技创新主体能力、产业科技创新投入能力、产业科技创新产出能力、产业科技创新成果转化能力、产业科技创新环境支撑能力和产业科技创新国际影响能力七大要素构成，并具有多主体性、高风险性、整体性、系统性和组织性等特征。

自 2022 年 3 月起，历时近一年，中国电子信息产业发展研究院科技与标准研究所承担了院重大软课题“产业科技创新能力建设的路径与对策”，围绕产业科技创新展开了系统且深入的研究，并邀请国务院发展研究中心、工业和信息化部、科学技术部、中国社会科学院、中国科学院、清华大学、北京大学国家发展研究院、中国科协创新战略研究院等单位相关领域的专家作为顾问，共同参与课题研究。

总体来看，我国的产业科技创新能力建设虽然取得巨大进步和诸多成就，但是仍然存在产业科技创新基础能力不强，企业的综合实力不强，创新人才队伍、研发经费投入结构有待优化，科技论文的影响力、海外知识产权保护力度亟待提升等问题。对此，遵循“创新是第一动力”的战略方针，按照坚持自立自强、坚持企业主体、坚持应用牵引、坚持生态支撑的 4 项基本原则，本课题组提出促进企业技术创新能力提升、加强产业关键核心技术攻关、打造产学研用协同创新模式、强化产业科技创新技术基础 4 个战略任务。

在新时期提升我国产业科技创新能力的路径选择与对策建议中，本课题组通过对我国产业科技创新能力建设现状的分析和梳理，针对其存在的关键共性问题，提出强化新技术的赋能作用，促进传统产业“老树开花”；加快技术链、资金链、信息链多链融合，开辟战略性新兴产业新领域新赛道；促进新型创新主体及组织培育，实现未来产业颠覆性技术突破 3 条路径。在提升产业科技创新能力建设上，本课题组提出完善产业科技创新的政策工具箱、加快攻克一批关键核心技术产品、建立健全产业科技成果转化体系、创新产业科技创新人才引培模式、夯实标准库专利池产业技术基础、持续优化产业科技开放合作机制 6 项对策建议。

只有顺应产业发展大势，推动短板产业补链、优势产业延链、传统产业升链、新兴产业建链，才能增强产业发展的接续性和竞争力。因此，本课题组选取了钢铁产业、新能源汽车产业、软件与信息技术服务产业（以下简称软件产业）、疫苗产业、量子产业 5 个代表性产业，分别研究其产业科技创新能力建设的创新能力、创新模式、主要困境，并给出相应的发展建议，以此探索提升我国产业科技创新能力的路径与对策。

产业一：钢铁产业。我国是全球最大的钢铁生产国和消费国，钢铁产能长期保持全球第一，现已建成全球最为完备和较为先进的钢铁生产体系，技术水平大幅提升，为实现低碳绿色高质量发展奠定了坚实的基础。但是，我国的钢铁产业仍然面临产业绿色转型压力巨大、产业大而不强等困境。为此，我国钢铁产业需要加快关键核心技术攻关和共性技术研发，推动产业绿色化生产工艺创新，持续推进产业转型升级。

产业二：新能源汽车产业。我国的新能源汽车产业创新主体类型丰富，企业创新能力具备全球竞争力；产业科技创新研发投入不断增加，头部企业的研发投入水平逐渐接近跨国巨头企业；产业科技创新产出活跃，专利申请量、持有量较多且布局全面；产业科技创新成果转化能力较强，“三电系统”等领域转化了众多高质量产品；产业科技创新扶持政策不断完善。本课题组介绍了产品应用引领型、政策拉动型、技术多极化发展型、科技创新引领型等新能源汽车产业的典型创新模式。针对我国新能源汽车产业面临的中央政府和地方政府的政策衔接度不高，底层技术不扎实，研发人员、管理人才培养与实际需求脱节等困境，本课题组提出继续加大对新能源汽车产业的政策支持力度、持续加大对车规级芯片等关键核心技术的攻关力度等建议。

产业三：软件产业。我国已成为软件大国，但创新投入与美国还有较大差距，且软件产业的利润率偏低，甚至低于加拿大、印度等国家，这表明我国的软件产业存在技术基础不够牢固、赋能带动能力不足、创新环境有待完善等突出问题，需要进一步加快共性基础技术攻关、提前布局前沿技术研究、加强信息技术服务创新、完善产业创新机制和载体建设等。

产业四：疫苗产业。疫苗产业具有高风险、高投入、长周期、高准入门槛、高毛利等特征，这决定了疫苗的国际竞争是大国的大型企业之间的竞争。虽然我国在新冠疫苗的研发、产能建设和产业发展方面具有综合优势，但我国疫苗领域基础研究差距较大、疫苗企业的研发水平滞后、海外临床试验能力不足制约国内疫苗企业参与国际竞争、研发导向型企业的创新组织模式尚不成熟。因此，我国需要加强重点领域的基础研究，完善引人育人机制；以新冠疫苗研发为契机培育优秀的头部企业；增强疫苗产业链的稳定性和国际竞争力；持续拓宽国内疫苗企业的国际科技合作渠道。

产业五：量子产业。量子产业作为未来产业的典型代表，其科技创新模式呈现出颠覆性、长期性、复杂性、风险性、高投入等特征。我国的量子产业科技创新模式属于新型举国体制型，总体来看，创新投入和创新产出较多、创新协同能力不断增强、创新环境不断改善。但我国量子产业科技创新面临量子技术的商业化、产业化进程较慢，量子企业的创新能力与创新参与程度较低，量子科技基础教育和人才培养急需加强，未建立政产学研用金量子协同发展机制等困境。我国未来有望通过加快量子技术的商业应用和产业落地步伐，提高量子企业的市场主体地位和研发主体地位，加大量子领域人才梯度培养和储备力度，建立政产学研用金量子协同发展机制等方式，增强量子产业科技创新能力。

本研究得到了中国电子信息产业发展研究院领导的高度重视，得到了各高端智库单位、相关高校的大力支持。中国电子信息产业发展研究院的领导、本课题组的顾问和其他成员为本书的出版付出了艰辛的劳动和巨大的心血，本课题组在此一并表示诚挚的感谢和敬意！

产业科技创新能力建设仍然是一个处在不断发展和研究阶段的命题，相关研究目前较少，理论和实践亟待不断完善和精进。本书只是对我国产业科技创新能力建设路径与对策的初步研究，由于本课题组的水平有限，加之时间仓促，书中难免有不足之处，敬请广大读者批评指正。

“产业科技创新能力建设的路径与对策”课题组

2023 年 2 月

# 目录 | Contents

## 总 论 篇



## 发 展 篇

## 思 路 篇



## 专 题 篇

# 总 论 篇

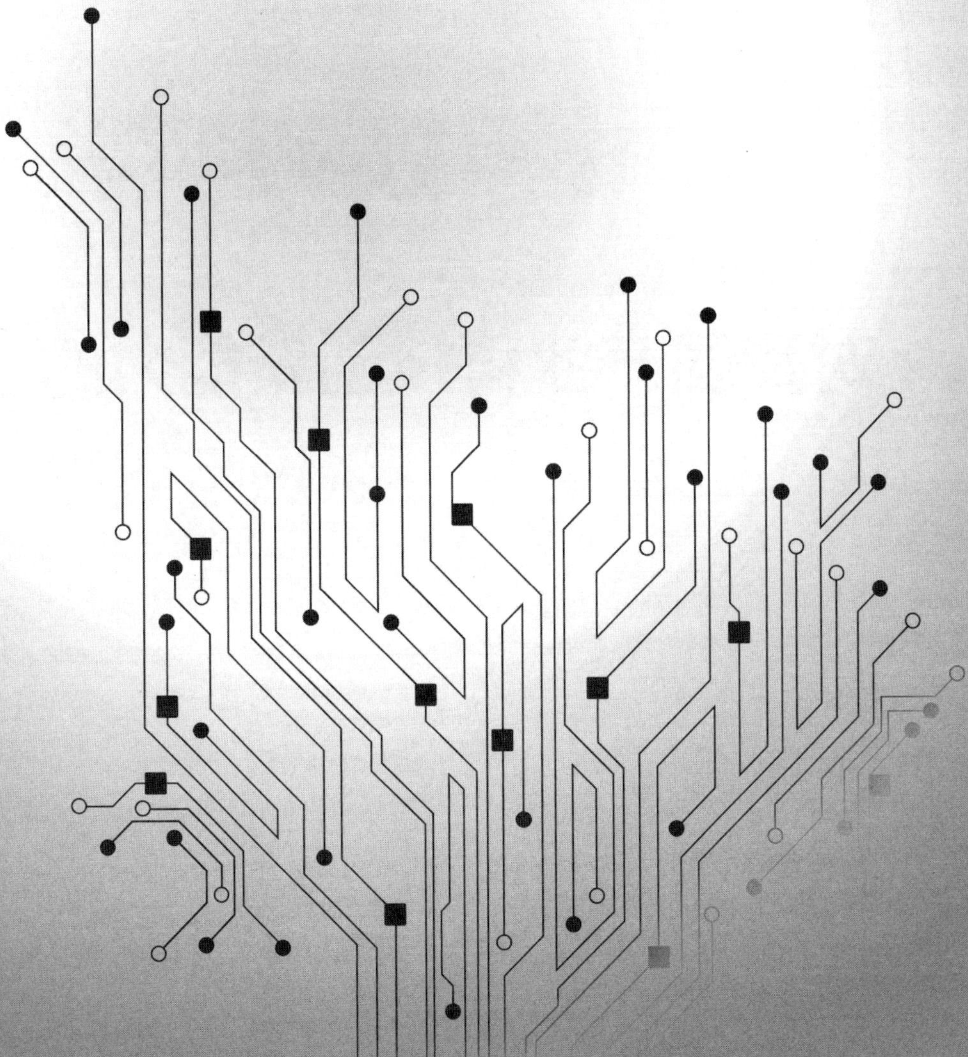

第一章 | Chapter 1

# 对我国产业科技创新能力的认识与思考

# 一、深刻认识提升产业科技创新能力的重大意义

## （一）提升产业科技创新能力是把握世界发展趋势和产业创新规律、服务构建新发展格局的重要路径

党的二十大报告指出，世纪疫情影响深远，逆全球化思潮抬头，单边主义、保护主义明显上升，世界经济复苏乏力，局部冲突和动荡频发，全球性问题加剧，世界进入新的动荡变革期。在此背景下，党中央根据我国发展阶段、环境、条件变化提出加快构建以国内大循环为主体、国内国际双循环相互促进的新发展格局，是重塑我国国际合作和竞争新优势的战略抉择。从国际格局演变来看，围绕科技主导权的国际战略博弈愈发激烈。国际政治、经济格局复杂多变，不稳定性、不确定性明显增加，全球产业链供应链呈现空间布局加速本土化、时间维度短缩化、核心技术产品封锁化趋势，国际科技交流合作遇到阻碍，立体纵深竞争态势正在形成，关键核心技术日益成为科技竞争重点，针对我国的系统性、精准性围堵不断升级，我国高质量发展面临的外部挑战持续加剧。从产业创新趋势来看，全球产业科技创新活跃，技术融合交叉向纵深发展，产业科技创新更加依赖技术的宽度、产业的深度和市场的容量。各国积极培育颠覆性技术、前沿技术、新兴技术，前瞻布局类脑智能、量子科技、元宇宙等未来产业，意图在未来产业竞争中抢占先机。借鉴、学习、转移的技术引进模式已难以为继，单一的技术创新或技术引入已不足以提升产业整体水平。只有通过推动产业科技创新能力的持续整体提升，才能不断强化新技术、新产品供给，以自主可控和优质有效的科技供给满足、创造和扩大需求，进而提升国内大循环的内生动力和可靠性，提升我国参与国际循环的质量和水平，服务构建新发展格局。

## （二）提升产业科技创新能力是填补科技创新与产业发展的间隙、提升产业创新发展内在动力的本质要求

习近平总书记指出，要围绕产业链部署创新链、围绕创新链布局产业链，推

动经济高质量发展迈出更大步伐。这深刻揭示了科技创新必须与产业发展、经济发展紧密结合、同向发力、协同联动、互促提高的内在要求。与传统认知上“基础研究—应用研究—产业化”的正向探索模式相比，产业科技创新遵循“产业链—创新链—资金链”的逆向整合要素创新方式，更突出市场需求的牵引作用和创新成果的应用价值。近年来，随着国家对创新驱动发展战略的高度重视，我国的科技创新投入取得历史性突破，但科技与产业“两张皮”的问题仍未得到根本性解决。一方面，伴随着我国创新投入强度的提升和创新产出的爆发式增长，以全要素生产率为代表的技术进步水平并没有得到明显提升，科技与产业脱节、成果转化不畅和链条中断等现实问题长期存在。另一方面，近年来不断涌现出新的技术赶超动力因素，如人工智能（Artificial Intelligence，AI）、5G、大数据、量子计算等技术创新形态，为实现技术赶超提供了更多机遇，但是能否将新一轮的技术创新因素转化为经济发展动能，关键仍然是要实现技术创新与产业的融合。因此，只有加快推动产业科技创新，着力提升企业创新主体地位，支持专精特新企业发展，推动产业链和创新链深度融合，产生更多具有自主知识产权的核心和关键技术，才能全面提高技术、人才、资金等要素投入转化为经济产出的总体效率，进一步提升产业发展的内生动力，实现经济增长的内生性。

### （三）提升产业科技创新能力是应对国际风险挑战和产业发展瓶颈、支撑构建现代化产业体系的必然选择

近现代工业化、现代化的国际经验表明，国家从发展中阶段迈向发达阶段，首要的、基础的是必须实现产业现代化。2022 年中央经济工作会议指出，要围绕制造业重点产业链，找准关键核心技术和零部件薄弱环节，集中优质资源合力攻关，保证产业体系自主可控和安全可靠，确保国民经济循环畅通。抓住技术革命和产业变革的机遇，构建起符合变革方向的、自主可控的现代化产业体系，是推动经济高质量发展的重要基石。当前，我国已进入高质量发展阶段，面临着高收入国家高技术封锁和低收入国家低成本竞争的双重压力。一方面，一些西方国家对我国实施“贸易战”、“科技战”和产业链供应链“脱钩与封锁”，并拉拢盟

友共同遏华，意图打压我国的科技创新、遏制我国产业的发展。另一方面，以往支撑产业高速发展的劳动力、资本、土地等传统要素的优势逐渐弱化，高投入、高消耗、数量扩张的发展方式难以为继。科技创新与产业体系的有效衔接和有机融合已成为跨越“结构性陷阱”（传统产业加速下滑、新兴产业增速加快但占比较低）、实现产业现代化的关键。我们必须深刻认识到，目前我国一些关键核心技术受制于人的局面尚未根本改变，创造新产业、引领未来发展的科技储备远远不足，很多产业还处于全球产业链、价值链中低端。因此，只有加快关键核心技术攻关，着力提升我国产业科技创新能力，培育新动力、新优势，促进创新技术产业化、规模化应用，才能推动我国经济发展由要素驱动型转变为创新驱动型，支撑构建现代化产业体系，实现经济高质量发展。

## 二、准确把握产业科技创新能力的内涵

### （一）产业科技创新具备的典型特征

当前，产业创新正在由产业技术创新向产业科技创新过渡和演进，并表现出以下几个典型特征。

一是产业科技创新的根本目标更加聚焦于经济效益和社会效益。产业科技创新遵循“产业链—创新链—资金链”的逆向整合要素创新方式，更加突出市场需求的牵引作用和创新成果的应用价值，强调创新的持续迭代、商业化落地和价值最大化，目标是更高效、顺畅地打通从科学发现到技术创新、从技术优势确立到产业优势构建的全过程。

二是产业科技创新的组织形态更加强调多主体协同发力。产业科技创新已从各环节单兵突进的“接力赛”变成多主体协同发力的“篮球赛”，创新链的整合能力更强，新技术从研发进入市场的周期更短，科学发现与技术创新形成协同互促的组织方式。产业科技创新把从科学发现到价值创造的长链条变成了环环相扣的圆圈，使技术迭代和成果转化更加快捷。这就要求各主体必须相互配合、

并肩上阵，以便跟上产业创新“篮球赛”的快节奏。

三是产业科技创新的发展路径更加突出问题导向。技术的自由探索向问题导向转变，跨越传统技术引进模式中的后发追赶陷阱，促使市场应用引发的关键核心技术攻关越来越普遍。各国在激烈的科技竞赛中已经越来越趋向于实用主义，即在市场应用前景光明的先进制造领域，集中力量解决关键核心技术攻关中遇到的实际问题，为技术发展扫清障碍。

四是产业科技创新的动力机制更加依赖企业创新能力的提升。当前，在新的国际竞争环境和国内高质量发展需求下，企业作为科技、产业交汇的创新主战场，能够有效解决科技与产业“两张皮”的问题，实现科技与产业的并行演进、融合创新，从而实现产业发展动力的根本性变革，更好地服务于制造强国建设和经济高质量发展。

### （二）产业科技创新能力的构成要素

本研究综合产业创新体系、产业创新生态系统等产业创新的相关理论，结合不同学者对产业科技创新能力的研究，认为产业科技创新能力是产业在科技创新过程中综合实力的体现，即由企业主导，同高校、科研院所等相关主体共同协作形成产业创新生态系统，以市场为导向，在整个系统中开展一系列创新活动和采取一系列创新行为，从而推动产业不断升级，最终体现产业综合竞争力的能力。

产业科技创新能力具体包括以下要素：①产业科技创新基础能力，是指开展产业科技创新活动具备的基础能力，主要反映产业的繁荣程度和发展潜力；②产业科技创新主体能力，是指从事创新活动的个体或者群体的数量和质量；③产业科技创新投入能力，是指产业科技创新需要的人才、资金、科技信息资源、基础设施等；④产业科技创新产出能力，是指先经过研发、试验、实验等活动，开发出新产品或新技术原型，再通过产量化制造或技术蔓延，掌握成型的新产品或新技术服务，最终在市场上销售，获取经济效益的能力；⑤产业科技创新成果转化能力，是指科技成果在产业中各主体之间传播、扩散，从而实现科技成果在整个产业中应用的能力；⑥产业科技创新环境支撑能力，是指支撑创新活动的政策环境、市场环境等；⑦产业科技创新国际影响能力，是指国家当前在国际产业科技创新活动中的影响力和话语权，以及国家当前在国际产业科技合作中做出的努力。

## 三、当前我国典型产业科技创新能力的发展情况

### （一）钢铁产业

我国钢铁产业的水平在几十年内获得了空前的提高，但面临产业绿色转型压力巨大、产业大而不强等困境。

#### 1. 主要现状

一是产业科技创新基础能力雄厚，产业链配套率高。从产业规模来看，我国钢铁产业规模总体保持快速增长，钢铁产量稳居全球首位，产业科技创新基础能力雄厚。从产业生态来看，我国拥有完备的钢铁产业生态体系，产业链配套率高，但大量铁矿石及部分高端特钢依赖进口，产业科技创新基础较扎实但仍有提升空间。

二是产业科技创新主体能力加速提升，企业竞争力显著增强。从企业的数量来看，我国钢铁企业的数量先增后减，数量庞大，产业科技创新主体充足。从上市企业来看，我国钢铁产业上市企业的数量快速增加，已超越美国和日本，企业竞争力显著增强。从行业组织来看，我国钢铁行业组织的数量及会员的数量远超美国、日本、韩国，为创新主体的技术交流合作提供了更多平台。

三是我国钢铁产业上市企业的研发支出快速增长，产业科技创新投入能力显著增强。从国内研发投入来看，我国钢铁产业上市企业的研发支出快速增长，研发支出占营收的比例有所上升，各产业细分领域的研发支出均呈增长态势，产业科技创新投入能力显著增强。从研发投入的国际比较来看，我国钢铁产业的研发投入的整体规模远超日本、韩国，但钢铁产业研发人员占产业员工总数的比例过低。

四是钢铁产业的整体技术竞争力增强，但产业科技创新产出能力与钢铁强国仍有差距。从专利授权量来看，我国钢铁产业的专利授权量远少于美国、日本、韩国，专利产出能力不强。从先进技术产出来看，我国钢铁产业的先进技术产出数量多，但仍有部分技术依赖外国。从企业技术竞争力来看，我国钢铁企业全球技术竞争力较强，但与日本钢铁巨头企业仍有差距。从进出口价格来看，我国钢铁产业的出口价格总体略高于进口价格，但差距不大，这在一定程度上表明我国钢铁产业进出口产品的平均质量相当，甚至出口产品的质量略高于进口产品的质量。

五是产业科技创新环境支撑作用明显，但产业分散影响了科技创新能力的进一步提升。从政策的特征来看，我国多次出台促进钢铁产业创新发展的相关政策，涉及优化产业结构、加强技术创新、促进绿色化发展等方面。从市场集中度来看，全球钢铁市场的地区集中度和企业集中度较高，我国钢铁产业和企业在全球钢铁市场中具有较大影响，但国内钢铁产业集中度偏低。

**2．主要困境**

一是在“双碳”政策背景下，产业绿色转型压力巨大。钢铁产业是典型的能源消费和碳排放重点产业，面对全球产业绿色化、节能化发展趋势，特别是在我国“双碳”政策背景下，钢铁产业的发展面临多重挑战，产业绿色转型压力巨大。国家统计局的数据显示，2020 年，我国钢铁产业碳排放总量为 18 亿吨，占全国碳排放总量的 15%，占全球钢铁产业碳排放总量的 60%以上。目前，我国的绿色冶炼技术、废钢利用比例等仍有待提升。绿色冶炼设备不足、短流程炼钢产能占比过低、绿色设计产品覆盖面不广等问题导致我国钢铁产业的吨钢碳排放量高于全球平均水平，绿色转型势在必行且任重道远。

二是产业结构不合理，产业大而不强的问题明显。我国钢铁产业规模和技术水平整体上处于全球前列，但产业结构不合理的问题依然突出，产业大而不强的问题尚未得到解决。我国钢铁产业集中度不高，我国超过一半的钢铁产能来自中小型民营企业，这些钢铁企业规模小、竞争力不强、创新资源分散，导致研究机构分立，造成重复研究和盲目投入，影响企业创新能力的提升。我国钢铁产业同质化竞争严重，不锈钢、电工钢、汽车板等产品出现过剩迹象，特别是中低端领域产品同质化竞争问题突出，而一些高端特钢仍需从日本进口，存在高端产品供给不足、中低端产品过剩的现象。我国钢铁产业附加值偏低，我国钢铁产业关键品种的生产技术与发达国家存在较大的差距，产品品种以粗钢为主，特钢占比较低，高附加值产品难以自给自足。

三是产业科技创新整体能力不强，产业自主创新能力较弱。我国钢铁产业科技创新整体能力不强的问题十分明显，阻碍了我国从钢铁大国发展为钢铁强国的进程。产业科技创新体系有待完善且运行不畅。当前，我国多数钢铁企业的研发体系不够完善，产学研用全链条协同创新机制不健全，与国际先进企业仍有很大的差距。产业整体研发效能和自主创新能力仍有较大的提升空间，特别是关键核心技术领域的创新短板比较明显，严重制约了钢铁产业高质量发展的步伐。我国钢铁产业自主创新能力较弱，缺乏原创性技术成果和基础理论产业融通技术研究，原始性技术仍需从国外引进；行业共性技术、关键核心技术领域的突破不够，缺乏关键装备、高端产品等创新成果，一些高端钢铁产品目前仍无法实现自研自产。

四是受多种因素的影响，钢铁产业链供应链受阻。从我国钢铁产业链来看，产业链上游开采环节的铁矿石资源不足是限制产业发展的重点问题。我国钢铁产业规模巨大，铁矿石消耗居全球首位。我国铁矿石的储量虽然很大，但是大多开采难度大且质量较差，开采成本甚至高于从国外进口的成本，因而铁矿石等重要原材料大量依赖进口。目前，我国从国外进口的铁矿石占比达到 85%以上，其中从澳大利亚进口的铁矿石占比在 60%左右，从巴西进口的铁矿石占比接近 20%，对外依存度较高。近几年，澳大利亚等国家哄抬铁矿石价格，致使我国钢铁企业的成本猛增，严重压缩了企业的利润；钢铁产品价格进一步上涨，增加了产业链下游应用环节的成本压力。由于新冠疫情的原因，国际物流受阻，全球钢铁产业链供应链遭受重大冲击，钢铁原材料、钢铁产品的进出口等受到影响。

### （二）新能源汽车产业

我国新能源汽车产业科技创新已初步具备全球竞争力，但仍面临中央政府和地方政府的政策衔接度不高、底层技术不扎实等困境。

**1．主要现状**

一是产业科技创新主体类型丰富，企业创新能力具备全球竞争力。我国新能源汽车产业科技创新主体相当丰富，其中新能源汽车独角兽企业在全球竞争中已经崭露头角。胡润研究院发布的全球独角兽排行榜表明：2019 年，全球新能源汽车独角兽企业有 15 家，其中我国企业有 12 家，占比高达 80%；2022 年，这一占比为 75%。

二是产业科技创新研发投入不断增加，头部企业的研发投入水平逐渐接近国际巨头企业。2017—2021 年，我国新能源汽车产业上市企业的研发支出不断增加，研发支出的营收占比不断提高，呈现良好的上升态势。2020 年，上汽集团、比亚迪、长城汽车等新能源汽车企业的研发经费较 2019 年同期有所增长。未来，我国新能源汽车产业头部企业的研发投入水平有望赶超国际巨头企业。

三是产业科技创新产出活跃，专利申请量、持有量较多且布局全面。从专利申请量来看，我国新能源汽车科技创新产出活力远超其他国家。从专利持有量来看，我国在新能源汽车领域积累了大量专利。截至 2021 年 5 月，比亚迪共拥有 9426 项专利，排名第二的重庆长安汽车股份有限公司的专利数量为比亚迪专利数量的一半左右。就发明专利看，比亚迪在专利数量上占据着绝对优势，高达 4368 项，而特斯拉只有 935 项。

四是产业科技创新成果转化能力较强，“三电系统”等领域转化了众多高质量产品。在动力电池领域，我国已基本掌握了动力电池的关键技术，镍氢电池、锂离子动力电池的技术指标达到了国外同类产品的水平。在电机领域，我国新能源汽车驱动电机的发展取得了巨大的进步，整体上能够实现领跑，核心技术实现自主可控。在电控领域，我国的 IGBT（Insulated Gate Bipolar Transistor，绝缘栅双极型晶体管）技术拥有领先优势，中车时代已经全面掌握了 IGBT 芯片技术研发、模块封装测试及系统应用，比亚迪半导体的 IGBT 技术和产品的部分性能十分优越，与国际竞争对手不分伯仲。

五是产业科技创新扶持政策不断完善。从“八五”时期开始，我国针对新能源汽车推出一系列扶持政策。自 2009 年至今，我国共发布超过 60 项新能源汽车产业政策，逐步建成了财政补贴、投资管理、研发投入、税收优惠和推广使用等完备的政策体系。近年来，我国陆续发布了《新能源汽车产业发展规划（2021—2035 年）》等一系列相关政策，进一步优化了政策体系，这对新能源汽车产业科技创新起到了积极的推动作用。

### 2．主要困境

一是新能源汽车政策激励的后续接替问题浮出水面，中央政府和地方政府的政策衔接度需要提高。我国动力电池成本下降速度缓慢，新能源汽车性价比的提升存在比较大的障碍。我国新能源汽车补贴到款时间过长，必须通过融资运作解决问题。恰逢我国正处于政策转型期，消费补贴持续“退坡”，新能源汽车市场激励政策的后续接替问题需要得到高度重视。当前，中央政府和地方政府的政策衔接略有不足。

二是底层技术不扎实的问题没有从根本上解决，新能源汽车产品性能存在局限。第一，底层技术不扎实的问题十分突出，基础性技术的缺失拖累了有助于性能提升的前沿成果的产出。第二，新能源汽车产品性能存在局限性（如动力电池的性能在冬季下降、大功率燃料电池核心技术缺失），造成产品竞争力和产业发展限制。第三，关键核心技术和产品对外依赖比较严重，突出表现在车载操作系统、车规级芯片、测试验证装备等方面。第四，产业化速度难以提升，部分关键技术缺乏商业化和规模化的应用场景，导致技术转移、转化困难。

三是研发人员、管理人才培养与实际需求脱节，减慢了新能源汽车产业创新发展的速度。我国新能源汽车产业需要大量高素质的研发人员、技术工程师和管理人才，但我国的人才培养与新能源汽车产业发展之间存在供需不匹配现象，导致现阶段存在较大的人才缺口，需要较长的一段时间培养人才，这在一定程度上减慢了新能源汽车产业创新发展的速度。

四是充电桩等基础设施需求缺口比较大，尚未形成有效的商业运营模式。随着我国新能源汽车市场的迅速发展，充电桩等基础设施匮乏的问题日益突出，目前我国新能源汽车与充电桩的比例只能达到 3.5∶1，充电桩建设规模滞后。另外，充电桩等基础设施的布局也不尽合理，尤其是公共充电桩，使用率不足 15%，难以形成有效的商业运营模式，存在消费者充电价格高与运营企业盈利难的双重困难。

## （三）软件产业

我国已成为软件大国，但研发投入与美国有较大差距，技术基础不够牢固，赋能带动能力不足，创新环境有待完善。

### 1. 现状

近年来，我国软件产业规模迅速扩大，企业实力不断提升，创新能力大幅提升，涌现出一批竞争力强的创新型产品和服务，产业应用持续深入，质量效益全面跃升，在由大变强的道路上迈出了坚实的步伐。2021 年，我国软件产业的运行态势良好，软件业务收入保持较快增长，盈利能力稳步提升，软件业务出口保持增长，从业人员规模不断扩大，创新能力提升明显。

一是产业科技创新综合实力快速攀升，盈利能力稳步提升。我国软件业务收入从 2014 年的约 37 026 亿元增长至 2021 年的约 94 994 亿元，增速位居国民经济各行业前列。2021 年，我国软件产业利润总额约为 11 875 亿元，同比增长 7.6%，两年复合增长率为 7.7%。

二是产业科技创新投入高速增长，研发资金持续攀升。2021 年，我国软件产业百强企业的研发投入合计为 3967 亿元，同比增长 23.4%，平均研发投入强度超过 10%。百强企业一方面着力夯实产业基础，聚焦于操作系统芯片、数据库、中间件及各类应用软件的集成、适配、优化；另一方面积极培育新动能，以云计算、大数据、人工智能、5G 等领域的新兴软件为牵引，加快发展平台软件，对构建具有国际竞争力的产业体系、支撑新型基础设施建设、引领产业转型升级起到了重要作用。

三是产业科技创新产出规模持续扩大，知识产权量质齐升。2021 年，我国计算机软件著作权登记量达到 228 万余件，约占全行业著作权登记总量（398.4 万件）的 57.2%，同比增长 32.3%，远高于全行业著作权登记总量的增长速度（20.1%）。我国软件产业的创新产出实现多年连续增长，关键核心技术领域的专利储备不断增长，有力支撑软件产业转型升级。2021 年，我国软件业务出口额约为 521 亿美元，同比增长 8.8%。我国软件产业的国际竞争力和影响力不断增强，有力支撑我国企业“走出去”的步伐。

四是产业科技创新人才队伍不断壮大，人均收入持续增长。2021 年，我国软件产业从业人员为 809 万人，同比增长 7.4%。软件产业从业人员工资总额同比增长 15.0%，两年复合增长率为 10.8%。这两个数据明显高于全行业平均水平，软件产业拉动了全国乃至全球的高技术人才就业。

五是产业科技创新国际影响力稳步提升，中国成为全球软件大国。在市场规模和创新投入两个方面，中国成为仅次于美国的软件大国。中、美两国的软件产业遥遥领先于其他国家和地区，全球主要国家软件产业呈现高度集中的竞争格局。

### 2．主要困境

一是技术基础不够牢靠。我国软件产业基础领域的创新能力和动力明显不足，自主创新和协同创新亟待加强，基础软件、核心工业软件对外依存度较高，难以推广安全、可靠的国产产品和系统应用。作为产业根基和命门的操作系统、数据库等技术长期受制于人，金融业、制造业等行业和政府部门的数据存储大多基于甲骨文、思爱普、IBM 等外企的数据库。高端芯片 CPU（Central Processing Unit，中央处理器）、存储器芯片、高端通信和视频芯片基本上依靠进口。集成电路设计软件和飞机制造业等关键行业用的工业软件［包括 CAE（Computer Aided Engineering，计算机辅助工程）、CAD（Computer Aided Design，计算机辅助设计）、CAM（Computer Aided Manufacturing，计算机辅助制造）等］基本上都依赖进口。

二是赋能带动能力不足。当前，我国的软件企业由于缺乏行业应用知识，对用户需求的研究和把握不够透彻，软件产业和其他行业领域融合应用的广度、深度不够，特别是行业业务知识和数据积累不足，与工业实际业务、特定应用的结合不够紧密。工业企业对通过工业软件、云计算等新技术提升企业竞争力的作用和机制的认识水平不高，主动选择软件产品和服务的能力较差，甚至无法明确总结出自身的应用需求。

三是创新环境有待完善。当前，我国软件产业的管理和服务亟待创新，软件的实际价值与市场价格不匹配的问题亟待解决，知识产权保护需要进一步加强。人才结构性矛盾突出，领军型人才、复合型人才和高技能人才紧缺，人才培养不能满足产业发展的实际需求。

### （四）疫苗产业

我国在新冠疫苗的研发、产能建设和产业发展方面具有综合优势，但疫苗领域的基础研究差距较大、疫苗企业的研发水平滞后、海外临床试验能力不足制约国内疫苗企业参与国际竞争、研发导向型企业的创新组织模式尚不成熟。

#### 1. 现状

一是新冠疫苗研发打破了国际巨头企业垄断格局，疫苗产业以大品种驱动的特征十分明显。新冠疫苗的出现颠覆了疫苗产业的传统竞争格局，多家企业凭借新冠疫苗“一战成名”。同时，疫苗产业以大品种驱动的特征十分明显。

二是我国疫苗企业的创新意愿和创新投入显著提升，头部企业的人才投入相对更多。A 股疫苗板块 10 家上市企业的总研发投入高达 40.52 亿元。只有百克生物的研发投入与 2020 年相比有所减少，其他 9 家企业均加大了在研发方面的投入。与此同时，我国疫苗企业的研发人员数量也在增加。2021 年，A 股疫苗板块 10 家上市企业的研发人员数量共计 2267 人，与 2020 年（1852 人）相比增加了 415 人。

三是我国疫苗产业创新产出能力位居全球前列，美国仍为全球最大的疫苗技术来源国。从专利申请量来看，截至 2021 年 8 月，美国的疫苗专利申请量居全球首位，占全球疫苗专利总申请量的 42%；其次是中国，其疫苗专利申请量占全球疫苗专利总申请量的 22%。从论文产出来看，1988—2017 年，产出疫苗论文的数量排名前 10 的国家依次为美国、中国、英国、日本、德国、印度、法国、澳大利亚、加拿大和意大利。从疫苗专利流向来看，美国处于明显的技术输出地位，中国处于技术输入地位。

四是我国疫苗企业创新能力不断增强，在全球新冠疫苗研发竞赛中占有优势。我国处于全球新冠疫苗研发竞赛的第一梯队，我国疫苗产业实现了同步推进 5 条新冠疫苗技术路线，是为数不多的实现新冠疫苗自主研发的国家之一。新冠疫苗的研发推动了我国疫苗产业创新能力的提升。2019—2020 年，智飞生物、康泰生物、沃森生物等企业的研发人员数量快速增加。与新冠疫苗配套的原辅材料质量、生产设备水平、批签发能力等全面提升。

五是疫苗供应体系进一步健全完善，具备与发达国家同步应对突发和重大疫情的实力。自 2003 年以来，我国疫苗产业逐渐步入市场化进程，国内外资本陆续涌入疫苗市场，疫苗产业政策逐步完善。2019 年，《中华人民共和国疫苗管理法》颁布，疫苗产业进入了前所未有的强监管时代。2020 年，新冠疫情突发，我国加快了对新冠疫苗的研发，进一步推动了疫苗产业的发展。

**2．主要困境**

一是疫苗领域基础研究差距较大，核心技术产品存在较多壁垒。从专利申请量来看，截至 2021 年 8 月，美国的疫苗专利申请量居全球首位，占全球疫苗专利总申请量的 42%；我国的疫苗专利申请量占全球疫苗专利总申请量的 22%，与美国的差距较大。产业发展缺乏基础性研发支撑，导致我国在全球新冠疫苗研发竞赛中不得不采用跟随发展的创新模式，某些环节的“卡脖子”现象依然严重。在 mRNA（Messenger RNA，信使核糖核酸）疫苗研发中，欧美企业在序列设计、递送系统等环节已完成了专利布局，对我国疫苗企业在这些关键环节开展研发工作形成了技术壁垒。

二是疫苗企业的研发水平滞后，多联多价等高附加值产品布局匮乏。与欧美发达国家相比，我国疫苗企业普遍缺乏原创性技术，整体创新能力有限，疫苗研发投入仅占销售收入的5%左右，与发达国家10%～15%的水平相比，差距明显。同时，我国疫苗企业在多联多价等高附加值疫苗领域未占据优势。例如，2021年，万泰生物的二价HPV（Human Papilloma Virus，人乳头瘤病毒）疫苗占据我国批发市场的65%，市场占有率大幅提高。与此同时，默沙东、葛兰素史克等国外疫苗企业的四价、九价疫苗依旧牢牢占据高端市场。

三是海外临床试验能力不足制约国内疫苗企业参与国际竞争。在2020年以前，国内疫苗企业仅有康希诺在埃博拉疫苗的研发过程中积累了海外临床试验的经验。在新冠疫情初期，国产新冠疫苗的海外Ⅲ期临床遇到了语言文化背景不同、法律制度和商务传统不相适应、不良事件处理经验匮乏等诸多困难，这些困难严重影响了我国新冠疫苗在海外上市的进度。同时，我国仅有5家疫苗企业通过WHO-PQ（世界卫生组织预认证），国产疫苗只能出口至巴基斯坦、孟加拉国等发展中国家，不具备出口至欧美国家和地区的资格，国内疫苗企业的国际市场影响力有待进一步提升。

四是研发导向型企业的组织结构尚不成熟。目前，国内多家疫苗企业的组织结构是按研发部门、中试部门、生产部门、质量部门、销售部门分开管理的，产品研发或工艺创新需要多方协调、配合。在技术创新的过程中，国内疫苗企业往往缺乏多个部门责权利的相互协调、统一机制，不同部门之间的协调比较困难，造成上游开发与中试脱节、中试与大规模生产脱节、中试与检定脱节，导致研发周期过长，影响了产品的上市和销售。

### （五）量子产业

我国量子产业的创新投入和创新产出较多，但量子技术的商业化、产业化进程较慢，量子企业的创新能力与创新参与程度较低，量子科技基础教育和人才培养急需加强，未建立政产学研用金量子协同发展机制。

### 1．现状

一是量子领域的高校、科研院所等创新主体能力较强，量子科技新型研发机构不断涌现。在量子科技研究领域，我国拥有中国科学技术大学、北京大学、清华大学、哈尔滨工业大学、北京航空航天大学、国防科技大学、南京大学、中国科学院等高校和科研院所，北京量子信息科学研究院等量子科技新型研发机构不断涌现。

二是我国量子产业的科技创新投入持续增加，聚集众多量子领域的顶尖人才。2006—2020 年，我国在量子领域投入超 100 亿元。“十四五”规划中提出，要瞄准人工智能、量子信息、集成电路、生命健康、脑科学、生物育种、空天科技、深地深海等前沿领域，实施一批具有前瞻性、战略性的国家重大科技项目。在顶尖人才方面，我国拥有潘建伟院士、郭光灿院士、姚期智院士、薛其坤院士、杜江峰院士、俞大鹏院士、冯登国院士、王建宇院士等多位领军型人才，他们各自在某个或多个量子细分领域取得了突出的成就。

三是我国量子领域的论文、专利等创新成果产出较多，在全球居于领先地位。2011—2020 年，我国在量子领域发表论文 15 029 篇，超越美国，位居全球第一，但是论文的科学影响力和认可度不及美国。从专利申请量来看，我国和美国在量子领域的专利申请量基本相当，我国略多于美国，但我国来自量子企业的专利申请量较少。

四是我国量子技术创新能力位于全球第一梯队，但创新成果转化能力较弱。在量子技术创新方面，我国与美国整体走在全球前列，其他国家和地区整体呈追赶态势。在量子技术应用方面，美国、中国、英国、欧盟等国家和地区走在全球前列，其中我国在量子通信领域的技术应用方面全球领先，但量子精密测量领域的技术应用进度明显落后于美国、英国等国家。

五是我国政府高度重视量子产业的发展，产业创新环境支撑能力持续增强。我国政府在“十三五”规划中提及量子通信，在“十四五”规划中 7 次提及量子技术，充分表明我国政府高度重视量子产业，而且重视程度逐步提高，并将其视为与人工智能等战略性未来产业同等重要的产业，这为量子产业的顶层设计和战略规划奠定了良好的政策基础。

六是我国量子领域的论文国际合作较为密切，产业科技创新国际影响能力较强。从国际合作程度来看，我国和美国互为量子产业三大应用领域合作发表论文最多的国家，这充分表明我国和美国作为全球最大的两个量子科技大国，虽然存在一些分歧和贸易摩擦，但是在量子领域开展了广泛的科研合作。

**2．主要困境**

一是量子技术的商业化、产业化进程较慢。我国量子产业的研发资金等创新投入较多，论文、专利等研究成果丰硕，量子技术发展程度处于全球先进甚至领先水平，但是量子技术的商业化、产业化进程较慢，量子技术的应用水平与研发水平相比，存在明显的滞后和脱节，未能形成市场带动投入、应用推动研发的发展局面和良性循环，众多研究成果停留在论文、专利层面，未能实现研究成果的有效扩散和转移、转化，对我国量子产业的发展产生了一定的制约，相关问题亟待解决。

二是量子企业的创新能力与创新参与程度较低。我国量子产业科技创新主要依靠国家和各级地方政府的推动，研发投入主要来自国家自然科学基金等官方项目，与美国、日本、欧盟等国家和地区相比，我国量子企业的数量较少，且在研发投入、技术开发环节的参与程度较低。在高校、科研院所产出量子技术研究成果之后，应当有更多的量子企业与它们对接，承担研究成果的商业实现和规模应用工作。此外，量子企业还应积极参与量子技术研发，推动完成“科学研究—技术开发—商业实现—规模应用”的量子产业科技创新进程。

三是量子科技基础教育和人才培养急需加强。虽然我国在量子领域拥有一批科学家和领军型人才，但是量子人才储备依然不足，许多量子科技研究人员是从其他领域转向量子领域的，属于“半路出家”，缺乏系统、完整的量子科技理论知识和科研训练。美国等国家高度重视量子科技基础教育，在 K12（Kindergarten Through Twelfth Grade，学前教育至高中教育）阶段加入量子物理等与量子相关的课程。相比之下，我国对量子科技基础教育的重视程度远远不够，中小学教育阶段未涉及与量子相关的课程，高等教育阶段的量子专业开设和人才培养力度不足。

四是未建立政产学研用金量子协同发展机制。受信息沟通不畅、体制机制壁垒等多种因素的影响，量子产业的政策制定、技术研发、金融支持、产业孵化等环节之间存在脱节，未能营造高效协同的发展环境。高校、科研院所的研究与市场需求、技术应用之间存在一定程度的错位，产业界与学术界需要进行更多的交流和配合，产业界应当准确识别市场需求和潜在市场；学术界应当及时调整研究方向，吸引更多的社会资本和风险资本，推动量子产业高效发展。

## 四、我国的战略应对思路

党的二十大报告指出，必须坚持科技是第一生产力、人力是第一资源、创新是第一动力，深入实施科技兴国战略、人才强国战略、创新驱动发展战略，开辟发展新领域新赛道，不断塑造发展新动能新优势。要写好产业科技创新这篇大文章，就必须深刻认识建设现代化产业体系的范畴，深刻理解“科技是第一生产力”和“创新是第一动力”的内涵，从而总结产业科技创新的发展规律和基本特征，提出具有针对性的路径与建议。

要坚持以习近平新时代中国特色社会主义思想为指导，深入贯彻党的十八大、十九大和二十大精神，立足新发展阶段，贯彻新发展理念，构建新发展格局，面向世界科技前沿、面向经济主战场、面向国家重大需求、面向人民生命健康，以支撑和引领制造强国、网络强国建设为宗旨，坚持“14436 战略”（1 项战略方针、4 项基本原则、4 个战略任务、3 条路径、6 项对策建议），增强产业科技创新能力，为提高全要素生产率、提升产业链供应链韧性和安全水平提供有力的支撑，推动现代化产业体系高质量发展。

## 五、提升我国产业科技创新能力的对策建议

### （一）完善产业科技创新的政策工具箱

遵循“底线思维+定向调控”的思路框架，统筹经济社会发展、科技创新与产业安全可控之间的关系，高度重视政策集成，完善创新容错纠错机制，综合运用货币金融、财政税收、研究开发、知识产权等多种工具，建立健全产业科技创新政策的“一揽子”计划。进一步规范重点领域的产业科技创新市场秩序，完善网络环境下消费者隐私及商业秘密保护制度，加大反垄断的执法力度，依法依规打击各种垄断行为，做好头部企业的反垄断审查，维护产业科技创新市场的公平竞争，加大反不正当竞争的执法力度，依法打击各类不正当竞争行为。

### （二）加快攻克一批关键核心技术产品

围绕钢铁产业、新能源汽车产业、软件产业、疫苗产业、量子产业等重点产业，制定年度重大短板攻关推进目录，按照细分方向构建涵盖关键卡点、技术链条、供应体系“三位一体”的产业图谱，通过财政直接拨款，力争在3～5年内攻克一批“卡脖子”的技术难题，解决产业链供应链的燃眉之急。着力打造一批关键共性技术研发平台，鼓励组建重大技术装备研发创新联盟，结合行业发展情况制定攻关任务的时间表、路线图，建立产学研用结合、上下游衔接、大中小企业协同的创新机制。

### （三）建立健全产业科技成果转化体系

支持建设各类科技成果转化载体，持续推动中央、省区、地市3个层级的科技成果转移、转化示范区发展，加快在京津冀、长三角、粤港澳大湾区、成渝双城经济圈内建设创新创业聚集区，推进大学科技园成为高校成果转化首站和区域创新创业核心孵化园，探索和推行“创新飞地+跨域制造”科技成果转移、转化与产业化模式。深化技术转移服务体系建设，建立技术转移机构库，支持其开

展技术搜索、科技评价、概念验证、技术投融资等专业服务，以及产业技术领域的技术转移服务和跨境技术转移服务，鼓励众创空间、投资机构、科技咨询服务机构拓展技术转移功能。

### （四）创新产业科技创新人才引培模式

加强人才引进，持续推行“人才+项目”引才模式，加强产业创新人才需求预测，完善重点行业人才信息库，建立产业人才信息发布平台。制定重点产业发展急需人才、紧缺人才开发目录，鼓励“一人一议、一事一政策”，营造人才引进的良好制度环境。加大产业科技创新人才个人所得税优惠力度和加强成果转化激励。创新人才评价和激励机制，推进职称制度分类改革，探索建立“市场+业内”双向评价体系。

### （五）夯实标准库专利池产业技术基础

布局制造业协同创新的综合性公共服务平台，提供技术研发、检验检测、技术评价、技术交易、质量认证、人才培训等专业化服务。统筹推进国家标准体系的建设，注重国家标准、行业标准和团体标准化工作的紧密结合，动态更新和完善重点领域的技术标准体系建设方案。聚焦于新能源汽车、软件、量子等产业，加强高价值专利等知识产权的培育，提升知识产权转化能力，引导重点领域开展PCT（Patent Cooperation Treaty，专利合作条约）申请，完善重点领域的海外专利布局。

### （六）持续优化产业科技开放合作机制

积极牵头并参与国际大科学计划和大科学工程，凝聚欧美、亚非拉、东亚等国家和地区的行业力量，建立国际创新合作平台，以便吸引高端人才，联合开展科学前沿问题研究，促进我国与其他国家产业链、技术链、创新链、资金链的深度扭抱，建立长期稳定的合作。加快国际标准和规则的运用，支持我国企业加入世界主要技术标准组织，参与国际性技术创新和产业联盟，通过人才引进、合作研发、委托研发、参股并购、专利交叉许可等方式，为我国产业科技创新体系营造良好的国际合作环境，提高我国在全球科技治理中的影响力和规则制定能力。

执笔人：何颖 曹方 姬少宇 王楠 宋亮 王凡 赵会来 郭英 张原 张鹏 李赜

# 发展篇

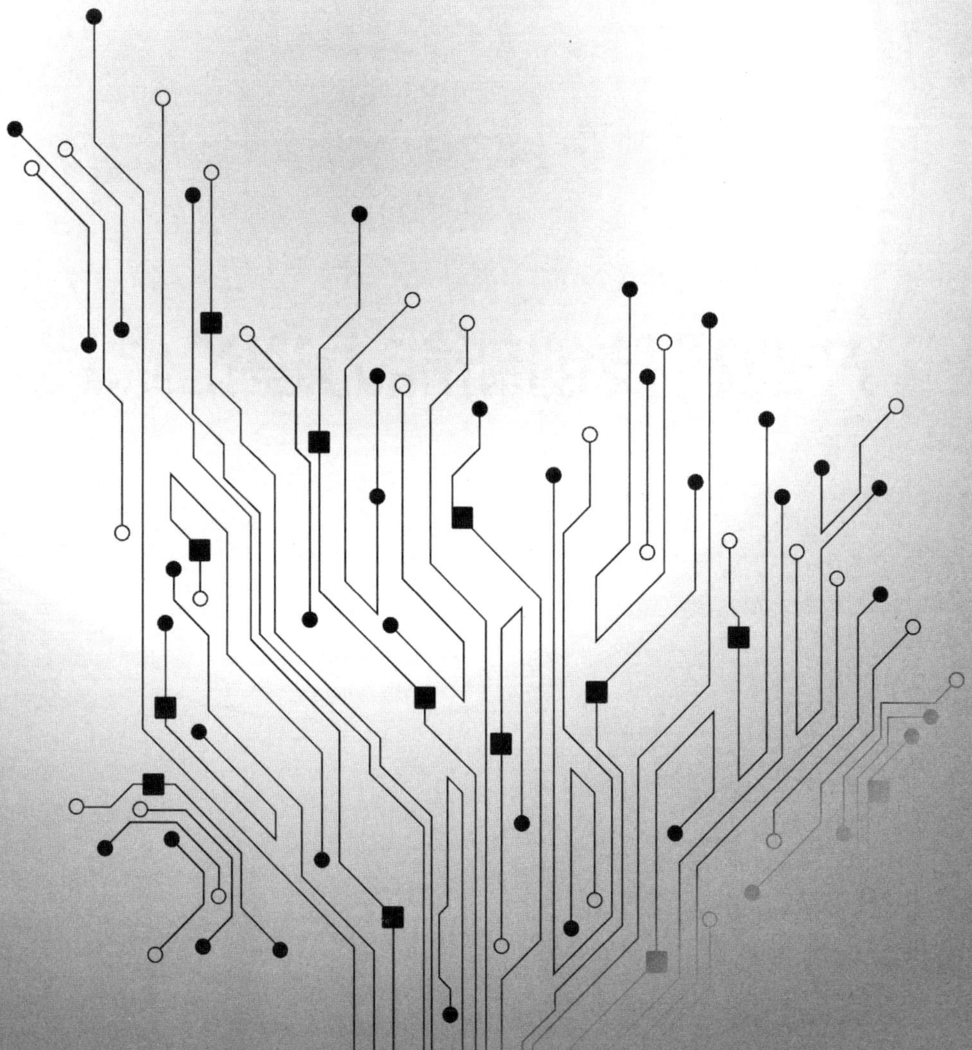

第二章 | Chapter 2

# 产业科技创新能力理论综述

# 一、理论脉络

## （一）创新理论的提出

关于创新的研究最早可以追溯至 18 世纪。例如，1776 年，经济学家亚当·斯密（Adam Smith）在《国民财富的性质和原因的研究》中提出“机器的改进和劳动分工可以促进专业性发明”，虽然没有提出创新的含义，但其阐述的理论已经包括技术创新对经济增长的重要作用。后续众多学者也在此基础上不断丰富创新的内涵，但最早提出“创新”这一概念的是著名经济学家熊彼特（Schumpeter）。1912 年，熊彼特在其专著《经济发展理论》中首次提出创新理论，《经济发展理论》在 1934 年被翻译成英文时使用了“创新”（Innovation）一词。在此之后，熊彼特又在其著作《经济周期：资本主义过程之理论的、历史的和统计的分析》和《资本主义、社会主义和民主主义》中对创新理论进行了扩展，深入分析了资本主义经济的结构因素、创新特征和经济周期等，并对资本主义经济的长期发展趋势进行了预测，形成了以创新理论为核心的经济发展理论体系。

熊彼特认为创新是指建立一种新的生产函数，即在生产体系中引入生产要素和生产条件的新组合。其中，生产函数是指在一定时间范围和技术水平不变的情况下，生产要素投入和最大产出之间的数量关系。如果技术水平发生变化，生产要素和生产条件形成了新的组合，那么生产函数也会发生变化，即实现了创新。熊彼特认为企业是新组合实现的主体，企业的经营者只有从事创新活动才能成为企业家，即企业家是创新的倡导者和实施者。

熊彼特将创新和发明进行了区分，他认为创新包括 5 个方面的内容：一是引入新产品，即制造一种与之前的产品完全不同的产品；二是开辟新市场，即在原有市场中开辟一个从未进入过的市场；三是应用新的生产方式，即采用与之前的生产工艺完全不同的方式进行生产；四是开发新的供货渠道，即生产中所用到的原材料和半成品的供给来源是新开发的；五是实现任何一种新的组织形式，如通过改变财产的组织形式或者所承担的法律责任从而形成新的企业组织形式。①

基于熊彼特的创新理论，克莱顿·克里斯坦森（Clayton Christensen）教授在其1995年出版的《颠覆性技术的机遇浪潮》中提出“颠覆性技术”（Disruptive Technology）的概念。他认为颠覆性技术是指往往从低端或边缘市场切入，以简单、方便、便宜为初始阶段的特征，随着性能与功能的不断改进与完善，最终取代已有技术，开辟出新市场，形成新价值体系的一种技术。之后，克莱顿·克里斯坦森教授以“颠覆性创新”（Disruptive Innovation）的概念取代了“颠覆性技术”，旨在强调技术所带来的颠覆性效应，而不是技术本身，因为产生颠覆性创新的技术可以是基础性、原理性的新发现，也可以是现有技术跨领域、跨学科的创新性应用。

## （二）产业科技创新理论及其发展

### 1. 理论起源

随着熊彼特创新理论的发展，许多学者开始从产业的角度研究创新。国外学者坎宁安（Cunningham）于1960年最先使用“产业创新”这一词语来讨论经济周期中的创新②。然而，最早系统提出产业创新理论的是克里斯·弗里曼（Chris Freeman）和罗克·苏特（Luc Soete），他们在其著作《工业创新经济学》中实证分析了不同产业的创新，结果显示不同产业的创新的侧重点是不同的，如电气产业的创新侧重于市场创新，化学产业的创新侧重于流程创新。根据其侧重点的不同，可以把产业创新分为5个部分，分别是技术、产品、流程、管理和市场③。

在克里斯·弗里曼之后，又有许多学者对产业创新理论进行了更为深入的研究。其中，迈克尔·波特（Michael Porter）从宏观层面提出了产业创新的本质，

① 熊彼特. 经济发展理论[M]. 何畏，易家祥，张军扩，等译. 北京：商务印书馆，1990.

② 李保红. ICT创新经济学[M]. 北京：北京邮电大学出版社，2010.

③ 克里斯·弗里曼，罗克·苏特. 工业创新经济学[M]. 3版. 华宏勋，华宏慈，等译. 北京：北京大学出版社，2004.

他认为产业创新就是当人力资源、物力资源等资本相对于其他要素资源更为丰富时，国家发展资本或技术密集型产业所具有的比较优势；他还提出国家的竞争优势取决于一国产业创新和产业升级的能力①。可见，迈克尔·波特是基于全球视角，将产业创新的分析框架融入国家竞争理论之中的。

马克·道格森（Mark Dodgson）和罗艾·劳斯维尔（Roy Rothwell）在其1996年合著的《产业创新手册》中对产业创新的本质、起源和产出进行了详细的阐述，并对各行业进行了实证分析，提出了影响产业创新的关键因素。马克·道格森和罗艾·劳斯维尔的产业创新理论在国际上具有较大的影响力，之后许多学者对产业创新的分析都基于他们所构建的产业创新分析框架。

还有一些学者从产业的层次来研究产业创新。格里芬（Gereffi）②认为产业创新分为4个层次：产品层次上的创新、经济活动层次上的创新、部门内层次上的创新和部门间层次上的创新。其中，产品层次上的创新是指对原有的产品进行改进，从而生产出更为复杂的新产品；经济活动层次上的创新是指提高与经济活动相关的能力，包括设计能力、生产能力和营销能力等；部门内层次上的创新是指新产品和新服务的创造；部门间层次上的创新是指产业结构的升级，即从低层次的劳动密集型产业向高层次的资本和技术密集型产业转变。

在格里芬研究的基础上，汉弗莱（Humphrey）和施密兹（Schmiz）以企业为核心，提出了产业创新的4个层次：一是流程创新，即对原有的生产系统进行重组或者引入更高级的技术进行生产；二是产品创新，即从低端生产线向高端生产线转化，从而生产出与之前完全不同的产品；三是功能创新，即从基本加工到贴牌生产再到自主创造的功能升级；四是链创新，即把在某一个环节所获得的创新能力应用到一个新的领域，实现产业链的升级。

国内学者分别从不同角度对产业创新理论进行了探索。严潮斌③认为，产业

① 迈克尔·波特. 竞争战略[M]. 陈小悦，译. 北京：华夏出版社，2005.

② GEREFFI G. International trade and industrial up-grading in the apparel commodity chain[J]. Journal of International Economics，1999，48（1）：37-70.

③ 严潮斌. 产业创新：提升产业竞争力的战略选择[J]. 北京邮电大学学报（社会科学版），1999（3）：6-10.

创新是指特定产业在成长过程中或在激烈的国际竞争中主动联手开展的产业内企业间的合作创新。陆国庆①从企业层面对产业创新进行了界定，即产业创新是企业创新能力的最高层次。庄卫民和龚仰军②基于上述内涵对产业创新的内涵进行了补充和延伸，认为产业技术创新是以市场为导向，以企业技术创新为基础，以提高产业竞争力为目标，以技术创新在企业与企业、产业与产业之间的扩散为重点过程，从新产品或新工艺设想的产生，经过技术的开发（或引进、消化吸收）、生产、商业化到产业化整个过程一系列活动的总和。另外，管顺丰等人③从产业创新系统角度对产业创新的内涵进行阐释，认为产业创新是指产业创新系统中的政府、企业等核心要素，以及高校、研发机构、中介机构、金融机构等环境要素，通过技术创新、制度创新的组合创新，对特定产业、产业链、产业群实施创新活动，实现产业组织、产业结构、产业布局的质的改变和量的提高。

目前，学界基于各自的研究视角对产业创新的概念进行界定，而对于产业科技创新的研究较少，尚未提出产业科技创新的权威定义。但根据前人的研究，本研究认为，产业科技创新实质上是不断破坏旧的产业结构，从而形成新的产业结构的过程。

### 2. 产业创新体系

随着产业创新理论的不断发展，学者们分别从不同角度对产业创新进行分析，其中部分学者运用系统论来分析创新，逐渐形成创新系统理论。该理论认为国家或者区域内的创新活动可以被作为一个系统或整体来研究，对创新研究范式进行了一次转变。基于该理论，克里斯托夫·弗里曼（Christopher Freeman，1987）、本特-奥克·伦德瓦尔（Bengt-Ake Lundvall，1992）和纳尔逊（Nelson，1993）等学者基于不同的研究视角，对国家创新体系进行了定义，并在此基础上提出了区域创新体系和产业创新体系的概念，二者分别是国家创新体系在区域层面和产业层面的具体表现，其中产业创新体系的边界是某一特定产业，主要研

① 陆国庆. 产业创新 衰退产业的重生之路[J]. 印刷经理人，2005（12）：36-37.

② 庄卫民，龚仰军. 产业技术创新[M]. 上海：东方出版中心，2005.

③ 管顺丰，徐文广，祁华清. 产业创新理论研究与实证分析[M]. 武汉：湖北人民出版社，2005.

究该产业创新要素给创新活动带来的影响。为了准确了解产业创新体系的内涵，本研究分别对国家创新体系、区域创新体系、产业创新体系的历史沿革和概念进行阐述。

国家创新体系这一概念最早由克里斯托夫·弗里曼[①]在 1987 年出版的著作《技术政策与经济绩效：日本国家创新系统的经验》中提出，这是学术界第一次将系统理论引入创新研究。在此之后，部分学者和学术机构基于创新系统理论对国家创新体系做了进一步的研究，并对国家创新体系的内涵进行拓展和界定。其中，本特-奥克·伦德瓦尔[②]于 1992 年在其著作《国家创新系统：建构创新和交互学习的理论》中提出，国家创新体系的核心是生产企业与用户之间的交互学习，具有动态性、正反馈和再生产的特征。纳尔逊（1993）通过对多个国家创新体系的对比分析，认为国家创新体系是通过企业、高校和技术相关政策互相学习而形成的。经济合作与发展组织（The Organization for Economic Co-operation and Development，OECD）在 1997 年对国家创新体系进行了定义，认为国家创新体系是由参与新技术发展和扩散的企业、高校和科研院所所构成的能够创造、储存和转移知识、技能及新产品的网络体系，该定义被学界和政界广泛接受和认可。

区域创新体系的概念是在国家创新体系理论的基础上发展起来的，由库克（Cooke）[③]在 1992 年首次提出。库克认为区域创新体系能够更好地对一国内部区域的经济快速增长进行解释。之后，库克于 1998 年在其著作《区域创新系统：在全球化世界中的治理作用》中进一步将区域创新体系定义为由地理上存在分工的企业、高校和科研院所等多个创新主体构成的能够产生创新的区域性组织体系。一些学者也从不同的研究视角对区域创新体系的概念做出不同的解释。例如，托特林（Todtling，1992）认为区域创新体系与其他创新体系的主要区别之

① 克里斯托夫·弗里曼. 技术政策与经济绩效：日本国家创新系统的经验[M]. 张宇轩，译. 南京：东南大学出版社，2008.

② 本特-奥克·伦德瓦尔. 国家创新系统：建构创新和交互学习的理论[M]. 李正风，高璐，等译. 北京：知识产权出版社，2016.

③ COOKE P. Regional innovation systems: Competitive regulation in the new Europe[J]. Geoforum，1992，23（3）：365-382.

一就是区域性。韦格（Wiig，1995）和伍德（Wood，1995）认为区域创新体系的主体主要包括企业、高校、科研院所、政府与中介机构，不同主体的不同创新活动构成了区域创新体系。

产业创新体系又被称为部门创新体系，最早由布雷斯齐（Breschi）和马勒尔巴（Malerba）于 20 世纪 90 年代末在国家创新体系和区域创新体系的基础上提出。布雷斯齐等学者认为产业创新体系是由某种产业中从事技术研发、使用，以及产品开发、生产的企业所构成的系统。可以看出，该概念具有局限性，仅将企业考虑在内，并未考虑参与产业创新的其他主体。马勒尔巴①在此基础上对产业创新体系的概念做了进一步的补充和完善，认为产业创新体系除了包含企业、高校、政府、消费者等创新主体，还包括需求、网络、知识和技术基础、制度、运行进程、协同演进等基本要素。2005 年，马勒尔巴②从组织模块的角度对产业创新体系进行了重新定义，认为产业创新体系由知识与技术、行为者与网络、制度三大组织模块构成。此外，另有学者对产业创新体系的功能进行阐述，伯克（Bergek）等人③基于工程动力学理论，认为产业创新体系具备知识扩散、资源流动、影响研究方向、市场形成、企业家实验、合法化、外部经济等功能。

### 3．产业创新生态系统

在日本，采用国家创新体系的概念解释其经济繁荣时期最为流行。但随着日本经济逐渐低迷，以及美国硅谷的繁荣发展，学者们对硅谷这种具有强大的自我调节能力、能够不断向更高级形态演进的发展模式产生了兴趣，他们认为应该从生态学的视角来分析创新系统。随着创新生态系统理论的不断发展，学者们开始从不同的视角对创新生态系统进行研究。其中一些学者将生态系统理论用于研究产业创新的问题，即从产业的角度来研究创新生态系统。

---

① MALERBA F. Sectoral systems of innovation and production[J]. Research Policy，2002，31（29）：247-265.

② MALERBA F. Sectoral systems of innovation: A framework for linking innovation to the knowledge base, structure and dynamics of sectors[J]. Economics of Innovation and New Technology，2005，14（1）：63-82.

③ BERGEK A，JACOBSSON S，CARLSSON B，et al. Analyzing the functional dynamics of technological innovation systems: A scheme of analysis[J]. Research Policy，2008，37（3）：407-429.

创新生态系统这个概念是由美国总统科技顾问委员会在2004年发布的《维护国家的创新生态体系、信息技术制造和竞争力》报告中提出的。该报告指出“国家的技术和创新领导地位取决于有活力的、动态的创新生态系统，而非机械的终端对终端的过程”。依恩斯蒂（Iansiti）和列文（Levien）[①]从生态位的角度认为创新生态系统是由处于不同生态位的企业之间的互动所构成的。梅特卡夫（Metcalfe）和拉姆洛根（Ramlogan）[②]认为创新生态系统是创新主体之间，以及创新主体与外部环境之间的广泛联系所形成的。阿德纳（Adner）[③]认为创新生态系统的主体是企业，而创新生态系统是一种将各企业的创新成果协同整合的机制。里塔拉（Ritala）等人[④]从商业的角度对创新生态系统进行了定义，认为创新生态系统是通过与技术、商业创新创业等创新活动来创造和获取价值的系统。

在产业层面，阿德纳和卡普尔（Kapoor）[⑤]以半导体光刻行业的创新生态系统为例，分析了上游组件和由企业客户捆绑的下游补充组件对核心企业的创新竞争优势的影响。苏雷什（Suresh）和拉姆拉杰（Ramraj）[⑥]认为产业创新生态系统发挥其促进创新的作用取决于政府、市场、文化、技术等多种要素的共同支持。奥蒂奥（Autio）和托马斯（Thomas）[⑦]认为产业创新生态系统中各创新主体之间的相互合作和共生演化能够促进系统的发展。

---

① IANSITI M，LEVIEN R. Strategy as ecology[J]. Harvard Business Review，2004（3）：51-62.

② METCALFE S，RAMLOGAN R. Innovation systems and the competitive process in developing economies[J]. Quarterly Review of Economics & Finance，2005，48（2）：433-446.

③ ADNER R. Match your innovation strategy to your innovation ecosystem[J]. Harvard Business Review，2006，84（4）：98-107，148.

④ RITALA P，AGOURIDAS V，ASSIMAKOPOULOS D，et al. Value creation and capture mechanisms in innovation ecosystems：A comparative case study[J]. International Journal of Technology Management，2013（63）：244.

⑤ ADNER R，KAPOOR R. Value creation in innovation ecosystems：How the structure of technological interdependence affects firm performance in new technology generations[J]. Strategic Management Journal，2010，31（3）：306-333.

⑥ SURESH J，RAMRAJ R. Entrepreneurial ecosystem：Case study on the influence of environmental factors on entrepreneurial success[J]. Forbes，2011（5）：25-31.

⑦ AUTIO E，THOMAS L. Charting the innovation ecosystem[M]//DODGSON M，GANN D，PHILLIPS N，et al. The Oxford Handbook of Innovation Management. Oxford：Oxford University Press，2014：204-228.

国内学者也从不同角度对产业创新生态系统进行了研究。梅强等人①构建了战略性新兴产业创新生态系统模型。王娜和王毅②通过对产业创新生态系统要素和互动关系的分析，提出了产业创新生态系统内部一致性模型。郑志和冯益③以文化创意产业为例，构建了与文化创意产业相匹配的创新生态系统结构模型。宋燕飞等人④以上海汽车产业为例，构建了产业创新生态系统模型。孙源⑤基于共生视角，对产业创新生态系统进行了研究。李红和左金萍⑥以比利时微电子研究中心为例，构建了高新技术产业创新生态系统知识产权的价值获取模型。鲍萌萌和武建龙⑦基于产业创新生态系统视角，对新兴产业颠覆性创新的途径进行了研究。

## 二、产业科技创新能力的内涵与特征

### （一）产业科技创新能力的内涵

产业科技创新能力是国家创新能力在产业层面的具体体现，国家创新能力的提升离不开产业科技创新能力的提升。因此，本研究从国家创新能力和产业科技创新能力两个方面进行阐述。

#### 1. 国家创新能力

国内外学者从不同角度对国家创新能力的概念进行了界定。路易斯・苏维

① 梅强，张兵，李文元. 战略性新兴产业创新生态系统风险控制机制研究——基于企业的视角[J]. 企业经济，2013，32（2）：23-26.

② 王娜，王毅. 产业创新生态系统组成要素及内部一致模型研究[J]. 中国科技论坛，2013（5）：24-29，67.

③ 郑志，冯益. 文化创意产业协同创新生态系统构建对策研究[J]. 科技进步与对策，2014，31（23）：62-65.

④ 宋燕飞，尤建新，栾强. 汽车产业创新生态系统仿真与影响因素分析[J]. 同济大学学报（自然科学版），2016，44（3）：473-481.

⑤ 孙源. 共生视角下产业创新生态系统研究[J]. 河南师范大学学报（哲学社会科学版），2017，44（1）：127-134.

⑥ 李红，左金萍. 高新技术产业创新生态系统的知识产权价值获取模型设计——基于 IMEC 的案例分析[J]. 中国科技论坛，2018（10）：93-100.

⑦ 鲍萌萌，武建龙. 新兴产业颠覆性创新过程研究——基于创新生态系统视角[J]. 科技与管理，2019（113）：12-17.

兹-维拉(Luis Suarez-Villa)①提出国家创新能力可以利用一个国家的专利数据来测算，并认为国家教育、知识产权制度及法律等因素可以影响国家创新能力。克里斯·弗里曼②通过构建概念框架对国家创新能力和创新绩效之间的关系进行分析。弗曼(Furman)等人③基于创新能力、创新系统等理论，对国家创新能力进行了界定，认为国家创新能力是一个国家或者政治经济体能够长期探索和使用全球范围内的新技术，并促使新技术成果实现商业化的能力。胡美智和马修斯④在弗曼等学者对国家创新能力概念界定的基础上进行了拓展和延伸，认为国家创新能力是一个国家能够进行持续创新的制度保证，且对不同国家创新能力的测度要采取不同的标准。

### 2. 产业科技创新能力

克里斯·弗里曼和罗克·苏特⑤认为产业创新是国家创新的核心，一个国家的产业创新能力决定了该国整体的创新效率。例如，日本虽然在科技创新方面相对于美国和俄罗斯较弱，但是由于产业创新能力较强，因此在众多产业具备超强的竞争力。美国和俄罗斯虽然是众多先进技术的领导者，但是美国的许多技术都被日本企业获取，而俄罗斯由于缺乏科技成果转化能力导致科技成果难以被转化为产业创新能力。鲍莫尔(Baumol)⑥以中国为例来说明产业创新能力的重要性，如中国具有全球领先的四大发明，但是缺少科技成果转化的能力，无法有效地将科技成果转化为产业创新能力。目前，现有研究对产业创新能力内涵的界

① SUAREZ-VILLA L. Invention, inventive learning and innovative capacity[J]. Behavioral Science, 1990(4): 290-310.

② FREEMAN C. The national system of innovation in historical perspective[J]. Cambridge Journal of Economics, 1995, 19(1): 5-24.

③ FURMAN J L, PORTER M E, STERN S. The determinants of national innovative capacity[J]. Research Policy, 2002, 31(6): 899-933.

④ HU M C, MATHEWS J A. National innovative capacity in East Asia[J]. Research Policy, 2005(9): 1322-1349.

⑤ FREEMAN C, SOETE L. The Economics of Industrial Innovation[M]. Londres: Psychology Press, 1997.

⑥ BAUMOL W. Entrepreneurship: Productive, unproductive, and destructive[J]. Journal of Political Economy, 1990, 98(5): 893-921.

定，主要围绕技术创新、产品创新、市场创新和国家创新进行，突出产业科技创新中各主体之间相互协作的重要性。

可以看出，学界对产业科技创新能力尚未有通行、规范的概念，多数学者基于自身研究的角度对产业科技创新能力进行界定。本研究综合产业创新体系、产业创新生态系统等产业创新的相关理论，结合不同学者对产业科技创新能力的研究，认为产业科技创新能力是产业在科技创新过程中综合实力的体现，即由企业主导，同高校、科研院所等相关主体共同协作形成产业创新生态系统，以市场为导向，在整个系统中开展一系列创新活动和采取一系列创新行为，从而推动产业不断升级，最终体现产业综合竞争力的能力。产业科技创新具备以下几个典型特征。

一是产业科技创新的根本目标更加聚焦于经济效益和社会效益。传统意义上的科技创新以科学家为主体，重点关注的是科学发现、原理构建和技术突破，强调的是创新成果沿着“基础研究—应用研究—产业化”这一路径的正向流动。相比之下，产业科技创新遵循“产业链—创新链—资金链”的逆向整合要素创新方式，更加突出市场需求的牵引作用和创新成果的应用价值，强调创新的持续迭代、商业化落地和价值最大化，目标是更高效、顺畅地打通从科学发现到技术创新、从技术优势确立到产业优势构建的全过程。例如，当前在人工智能、智能制造等新兴领域就非常明显地呈现出多维度创新叠加、综合的特征。这些创新维度不仅使产业创新的内涵更丰富，还能大大强化产业创新的应用导向，使其成为更精准掌握市场需求、更适合解决实际问题的新型创新模式。

二是产业科技创新的组织形态更加强调多主体协同发力。随着信息技术的加速突破和在创新活动中的深度应用，技术的共享、转化机制更加丰富，产业科技创新已从各环节单兵突进的“接力赛”变成多主体协同发力的“篮球赛”，创新链的整合能力更强，新技术从研发到进入市场的周期更短，科学发现与技术创新的联系日益紧密、相互交织，形成协同互促的组织方式。产业科技创新把从科学发现到价值创造的长链条变成了环环相扣的圆圈，使技术迭代和成果转化更加快捷。这就要求各主体必须相互配合、并肩上阵，以便跟上产业创新“篮球赛”

的快节奏。例如，美国在“产业公地”聚集下，实现了把高校、科研院所、企业的创新资源聚在一起办大事。再如，功能基因的发现、智能理论的突破，往往在基础研究阶段就已经注册发明专利，甚至进入市场交易。

三是产业科技创新的发展路径更加突出问题导向。当前制造业技术的发展日新月异、跨界融合不断加深，关键核心技术迭代嬗变，呈现出科技创新、模式试错与市场需求之间持续互动升级的态势。技术的自由探索向问题导向转变，跨越传统技术引进模式中的后发追赶陷阱，促使市场应用引发的关键核心技术攻关越来越普遍。各国在激烈的科技竞赛中已经越来越趋向于实用主义，即集中力量在市场应用前景光明的先进制造领域，集中力量解决关键核心技术攻关中遇到的实际问题，为技术发展扫清障碍。例如，美国在确立发展生物技术的战略方向后，持续针对技术创新和产业发展过程中的问题进行机制调整，对投资、人才等创新要素进行动态的合理配置，催生出国立卫生研究院等研发机构，培育出安进、吉利德等数千家生物技术企业，使其产业规模和市场份额全球领先。

四是产业科技创新的动力机制更加依赖企业创新能力的提升。建设以企业为主体、以市场为导向、产学研深度融合的技术创新体系是当前落实创新驱动发展战略、制造强国建设的重要战略支撑。当前，在新的国际竞争环境和国内高质量发展需求下，企业作为科技、产业交汇的创新主战场，能够有效解决科技与产业“两张皮”的问题，实现科技与产业的并行演进、融合创新，从而实现产业发展动力的根本性变革，更好地服务于制造强国建设和经济高质量发展。某些重大基础科学的创新固然还在向“深空、深海、深地、深蓝”拓展，但在更广泛的经济领域，创新已不是“运筹帷幄之中，决胜千里之外”。以人工智能为例，基础理论、前沿技术、集成应用之间的界限日益模糊。无论是从学术论文还是从发明专利来看，企业都已成为绝对主力，我们不仅要依靠大型企业的技术创新引领能力和资源整合能力，更要重视中小型企业在产业科技创新体系中的助推作用。

### （二）产业科技创新能力的特征

关于产业科技创新能力的特征，学者们都提出了各自的观点。其中，大部分学者认为产业科技创新能力具有多主体性、高风险性、整体性、系统性和组织性的基本特征。

**1．产业科技创新能力具有多主体性**

产业科技创新是不可能独立进行和完成的，通常需要多个主体参与和合作。多个主体的参与使产业创新生态系统形成一个复杂的关联结构，并具有动态演变的特性。主体随着产业的发展阶段而不断变化，各主体间的关系也发生着相应改变。可见，主体的结构、合作方式及成果分享机制在一定程度上影响产业科技创新能力。

**2．产业科技创新能力具有高风险性**

资金风险、技术风险和市场风险是高风险性的具体表现。科技成果面对着市场的不确定性，同时由于其往往需要解决或突破重大且复杂的技术问题而需要较多的资金投入，而新兴技术及产品的产业化过程又需要进行有效的创新扩散，每个环节都需要较高的成本，任何一个环节的缺失都将影响产业科技创新能力，因此产业科技创新能力具有较高的风险。只有降低创新风险才能有效地提升产业科技创新能力。降低创新风险的途径有寻求具有实力的合作者、寻求政府相关政策的支持、预先调查市场反应、及时调整创新战略等。

**3．产业科技创新能力具有整体性**

产业科技创新关注的是整个产业的创新，而不是部分企业的局部创新。因此，产业科技创新包含企业个体的创新，以及创新在整个产业中的扩散过程。只有创新在整个产业中得到推广，实现了全产业的技术、产品、流程、管理和市场每个环节的创新，产业科技创新才能真正地得以实现。

**4．产业科技创新能力具有系统性**

科技创新活动本身就是一个复杂的系统，产业科技创新涉及多个组织的合作，企业是产业科技创新的直接主体，而高校、科研院所、服务机构等部门还需要提供人力、物力、财力等创新所需要的资源。同时，产业科技创新属于国家创新系统的一部分，势必会受到国家创新政策和宏观经济环境的影响。各组织之间错综复杂的关系形成一种网络式结构，影响产业科技创新的发展。可见，产业科技创新是一项系统工程，不仅受到各组织的影响，还受到环境的影响。

### 5．产业科技创新能力具有组织性

产业科技创新的主体是企业。不同于自由探索类型的基础研究，产业科技创新更多的是以市场需求为导向的应用基础研究和应用研究，通过企业牵头组织高校、科研院所等创新主体，汇聚人才、资金、设备等创新资源，有组织地实施产业科技创新活动。

## 三、产业科技创新与产业技术创新的区别

在现有研究中，产业科技创新与产业技术创新这两个概念往往被混淆，导致在指导实践的过程中出现方向性的错误。为避免在后续研究中出现由于概念界定不清导致的判断失误，我们需要结合我国的实际情况，从根本上厘清二者的区别。

### 1．科技创新与技术创新

为了辨析产业科技创新与产业技术创新的区别，我们需要明确科技创新与技术创新的内涵。在西方经济学中，自熊彼特提出“创新”的概念后，随着新技术的迅猛发展，越来越多的学者提出了“技术创新”的概念。美国国家科学基金会给出了技术创新的定义，即将新的或改进的产品、过程或服务引入市场①。可以看出，技术创新更强调技术的应用和价值的实现。科技在英文中的规范表述为科学和技术（Science and Technology），二者也一直遵循不同的发展路径。但随着科学和技术的不断融合，科学的技术化和技术的科学化同时存在，二者之间相互转化的时间逐渐缩短，二者之间的边界日益模糊，科学和技术也逐渐被用于描述创新的同一情景中，创新不再仅仅包含技术创新，也包含科学发明。

---

① 张来武. 科技创新驱动经济发展方式转变[J]. 中国软科学，2011（12）：5.

在此背景下，我国结合西方经济学的相关理论和改革开放实践提出“科技创新”这一新兴概念。国内学者也基于不同的视角对科技创新的内涵进行阐述，虽然至今尚未统一，但大部分学者认为科技创新是科学和技术共同演进产生新技术产品，最终实现市场价值的过程。

### 2. 产业科技创新与产业技术创新

产业科技创新和产业技术创新是创新理论在产业层面的应用。由于产业是经济概念，通常指企业经济活动的集合，因此产业创新最初更侧重于强调企业将新技术应用于生产中，并在市场上实现经济价值的过程，即技术创新的概念。随着企业创新能力的增强，一些有实力的大型企业为获取更多利润，逐步从以应用研究为主的技术创新向以基础研究和应用基础研究为主的科学发明延伸。部分企业由于研发实力较弱，选择同高校和科研院所合作，将其前沿的科技成果进行转化，进而提升市场竞争力。在此过程中，科学发明和技术发现相互作用、相互转化，不断推动产业优化升级。可以看出，这与科技创新的概念一脉相承，产业技术创新也逐渐向产业科技创新的概念转变。

产业科技创新和产业技术创新在以下方面存在差异。一是产业科技创新和产业技术创新所处的经济社会发展阶段不同。产业科技创新是在经济进入高质量发展阶段，企业创新实力较强，科学技术交织融合的背景下提出的；产业技术创新比产业科技创新提出的经济社会发展阶段低。二是产业科技创新和产业技术创新的参与者不同。产业技术创新的参与者是企业；产业科技创新的参与者除了企业这一核心主体，还包括高校、科研院所、科技中介等组织机构。三是产业科技创新和产业技术创新的过程不同。产业技术创新是技术发明—技术应用—产业化—商品化的线性过程；产业科技创新是科学发现、技术发明、市场应用相互作用并螺旋式上升的过程。

## 四、产业科技创新能力的构成要素

根据目前已有的研究，产业科技创新能力的构成要素主要包括产业科技创新基础能力、产业科技创新主体能力、产业科技创新投入能力、产业科技创新产出能力、产业科技创新成果转化能力、产业科技创新环境支撑能力、产业科技创新国际影响能力。

### （一）产业科技创新基础能力

产业科技创新基础能力是开展高质量产业科技创新活动的前提，是指开展产业科技创新活动具备的基础能力，具体包括产业规模、产业结构和产业生态等方面，主要反映产业的繁荣程度和发展潜力。其中，产业规模是产业从量变到质变的基本条件。产业结构的合理化直接决定了产业科技创新的进程，如产业聚集可以实现企业间的深度交流，进而实现互利共赢，降低企业的研发成本，提高密集的市场劳动匹配度，促进创新知识的传播。产业生态的完善程度体现了我国科技自立自强的能力。

### （二）产业科技创新主体能力

创新主体是产业科技创新活动中的细胞，是指从事创新活动的个体或者群体，如企业、高校、科研院所、服务机构等。企业是从事科技创新活动的核心创新主体，主要包括核心企业、上游供应商、下游承销商、用户、竞争企业和互补企业。高校和科研院所是科技创新活动的重要创新主体，其主要功能是为创新活动提供智力资源、技术资源和人力资源，是维持创新活动的能量来源。服务机构虽然不直接参与科技创新活动本身，但是在创新活动中起到关键作用，主要包括金融机构、科技服务中介机构等。产业科技创新主体能力是指从事创新活动的个体或者群体的数量和质量。

### （三）产业科技创新投入能力

创新投入是产业科技创新活动所需物质和能量的源泉和补给站，没有创新资源，创新活动就成为无本之木。创新投入包括人才、资金、科技信息资源、基础设施等。人才是创新活动的第一资源，无论是企业还是高校、科研院所的创新活动，都是由个人的创新活动构成的，没有人才，创新活动将不复存在。资金是创新活动得以顺利开展的重要保障，科技创新是一项需要长期投入的高风险活动，必须有足够的资金予以支持，否则难以为继。科技信息资源是创新活动的知识宝藏，科学技术的创新必然建立在前人的科技研发和创新成果之上，科技信息资源将它们以知识的形态表现出来以供后人使用，包括科技文献、专利、数据库等。基础设施是产业科技创新的一般物质条件，也是人才、资金等资源流入的主要引力，包括交通、能源、通信和医疗卫生等公共服务。

### （四）产业科技创新产出能力

产业科技创新产出能力反映产业科技创新活动产生的效益，是指先经过研发、试验、实验等活动，开发出新产品或新技术原型，再通过产量化制造或技术蔓延，掌握成型的新产品或新技术服务，最终在市场上销售，获取经济效益的能力。创新产出是产业科技创新活动的核心所在，也是产业科技创新能力最普及、最直接的呈现方式，其衡量指标通常涉及知识产出、技术创造和经济绩效等方面。知识产出是反映科技论文等基础研究的数量、质量、影响力的重要维度；技术创造是反映专利申请、发明专利等技术创新成果的重要维度；经济绩效是反映科技成果商业化、产业化后创造实际经济效益的重要维度。

### （五）产业科技创新成果转化能力

产业科技创新成果转化能力是指科技成果在产业中各主体之间的传播、扩散，从而实现科技成果在整个产业中应用的能力。该能力可以通过科技成果转化率、技术合同成交额、技术引进消化吸收率等指标来衡量。科技成果转化率是指成功实现产业化或商业化应用的科技成果数占科技成果总数的比例。技术合同成交额是指技术开发、技术转让、技术咨询和技术服务类合同的成交总额。技术引进消化吸收率是产业技术消化吸收费用与同期技术引进经费的比值，用来反映整个产业对于引进技术的消化吸收及再创新能力。

### （六）产业科技创新环境支撑能力

产业科技创新环境支撑能力是指支撑创新活动的政策环境、市场环境等，对产业科技创新能力起到引导和辅助作用。创新政策是产业科技创新的政策土壤，对创新活动起到促进和引导作用，具体包括与创新相关的法律法规、规范条例、经济和行政措施等。创新市场是指一切与产业科技创新活动相关的市场因素的总和，包括市场秩序、市场需求等。在市场出现失灵的情况下，政府通过制定相应的创新政策来对市场进行适当程度的干预，充分调动创新主体的积极性，引导科技创新的发展方向，促进科技成果的转移、转化，最终实现产业科技创新生态系统的良好发展。市场需求对创新活动具有拉动作用，企业通过市场了解消费者的某种新需求，根据该需求发明新技术、开发新产品或者对原有的产品进行升级和改造，从而获得超额利润，为企业进行持续的科技创新提供动力。

### （七）产业科技创新国际影响能力

产业科技创新国际影响能力既要体现国家当前在国际产业科技创新活动中的影响力和话语权，又要体现国家当前在国际产业科技合作中做出的努力。具体来看，企业牵头制定国际标准的能力不强将严重影响企业的国际化发展，阻碍产业科技创新生态价值的实现。其中，国际产业科技创新活动中的话语权主要体现在我国在牵头和参与国际规则及标准制定、组建国际技术标准组织等方面的能力上。此外，国家科技合作的深度和广度也是影响产业科技创新能力的关键因素，体现了产业科技创新的前瞻性和引领性，具体表现为国家在重点产业中与其他国家在高质量论文、专利、重大科技项目等方面的合作程度。

## 五、产业科技创新能力的主要评价指标

在国家创新能力测度方面，OECD 是最早研究国家创新能力及其测度的最

有影响力的国际机构。OECD 对国家创新能力的研究不断深入，认为国家创新能力是多种创新因素或多个主体（如环境或企业、高校、中介机构等）相互作用的结果，并构建了国家创新能力测度的模型框架。在后续研究中，学者们不断完善这一模型框架。目前，对国家创新能力测度具有影响力的报告有《全球创新指数报告》《创新联盟记分牌》《全球竞争力报告》《OECD 科学技术和工业记分牌》等。

在产业科技创新能力测度方面，OECD 发布的《奥斯陆手册：创新数据的采集和解释指南（第 3 版）》对产业科技创新能力测度的理论基础、框架与方法进行了重点阐述，其中的相关理论已经作为众多国家开展产业科技创新活动调查的依据。目前，在已有的研究中，众多学者利用专利申请量、专利授权量、R&D（Research and Development，研发）投入、新产品销售收入等多个指标对产业科技创新能力进行测度。部分学者从产业科技创新投入、产业科技创新产出、产业科技创新主体等不同角度构建指标体系，对产业科技创新能力进行评价研究。

综上，产业科技创新能力只有通过对数据量化表征才能得以体现，产业科技创新能力本身的多主体性、整体性、系统性等特征决定了测度指标的多元化。为了客观、准确地评价我国产业科技创新能力，对我国产业科技创新的全球竞争力做出判断，本研究查阅并比较和分析了世界知识产权组织发布的《全球创新指数报告》、世界经济论坛发布的《全球竞争力报告》、欧盟发布的《欧洲创新记分牌》、清华大学产业发展与环境治理研究中心与施普林格·自然集团联合发布的《国际科技创新中心指数》等国内外关于科技创新能力评价研究最具影响力的报告的指标体系。基于对上述报告的研判、对比和分析，本研究根据产业科技创新能力的内涵、特征和构成要素进行进一步的调整和完善，对分析框架进行系统的重构，分别从产业科技创新基础能力、产业科技创新主体能力、产业科技创新投入能力、产业科技创新产出能力、产业科技创新成果转化能力、产业科技创新环境支撑能力、产业科技创新国际影响能力 7 个维度选择重点指标，构建了产业科技创新能力的评价指标备选库（见表 2-1），为后续国际比较和细分行业分析提供参考和依据。

表 2-1　产业科技创新能力的评价指标备选库

| 一级指标 | 二级指标 | 备选指标 |
| --- | --- | --- |
| 1. 产业科技创新基础能力 | 1.1 产业规模 | 产业总产值（万亿元）、产业增加值占 GDP（Gross Domestic Product，国内生产总值）的比例等 |
| | 1.2 产业生态 | 产业链配套率、关键核心产品自给率等 |
| | 1.3 产业结构 | 第三产业增加值占 GDP 的比例、产业集中度等 |
| 2. 产业科技创新主体能力 | 2.1 创新企业 | 世界科技企业百强中的数量（家）、独角兽企业数量的全球占比、专精特新企业的数量（家）、高新技术企业的数量（家）等 |
| | 2.2 创新联合体 | 新型研发机构（家）、创新联合体（家）等 |
| | 2.3 科技服务机构 | 众创空间的数量（家）、科技企业孵化器的数量（家）等 |
| 3. 产业科技创新投入能力 | 3.1 人才投入 | 规模以上（以下简称规上）工业企业研发人员占就业人员的比例、基础研究人员占研发人员总量的比例、工程师的数量（人）等 |
| | 3.2 资金投入 | 规上工业企业 R&D 经费投入占社会 R&D 总投入的比例、规上工业企业 R&D 经费投入占主营业务收入的比例、应用研究经费占全社会 R&D 经费的比例等 |
| 4. 产业科技创新产出能力 | 4.1 知识产出 | 每万人科技论文的数量（篇）、高被引论文数量（篇）等 |
| | 4.2 技术创造 | PCT 专利申请量（项）、每万人发明专利授权量（项）、工业企业专利申请量占比、信息通信领域专利申请量/授权量/有效专利量（项）、健康领域专利申请量/授权量/有效专利量（项） |
| | 4.3 经济绩效 | 新产品产值占高技术产业总产值的比例、新产品销售收入占主营业务收入的比例、新产品出口销售收入占出口交货值的比例等 |
| 5. 产业科技创新成果转化能力 | 5.1 成果转化 | 技术合同成交额（亿元）、技术引进消化吸收率、知识产权收入在贸易总额中的占比等 |
| | 5.2 创新协同 | 高校研发经费内部支出中来源于企业资金部分所占比例、研究与开发机构研发经费内部支出中来源于企业资金部分所占比例等 |
| 6. 产业科技创新环境支撑能力 | 6.1 政策支持 | 创新政策累计发布数量（条）、有效 R&D 税率、风险投资金额（美元）等 |
| | 6.2 基础设施建设 | ICT（Information and Communications Technology，信息通信技术）普及率、重大科研基础设施（个）等 |
| 7. 产业科技创新国际影响能力 | 7.1 国际影响 | 全球市场份额、主导制定的国际标准数量（个）等 |
| | 7.2 开放合作 | SE（Science and Engineering，科学与工程）论文合著数量（篇）、产业科技创新项目合作数（个）等 |

资料来源：公开资料，赛迪智库整理，2022

## 六、产业科技创新能力建设的必要性

长期以来，产业科技创新都是学术界、科技界及产业界讨论的热点问题，一些发达国家（如美国、英国、日本等）结合自身的自主创新实力、雄厚的金融资本、重大科研基础设施和高端人才优势，形成了硅谷、剑桥科技园、筑波科学城等各具特色的产业科技创新体系来不断提升产业科技创新能力。经过几十年的不懈努力，我国现已基本建立起技术链条相对完备、产学研多方参与、应用场景较为丰富的产业科技创新体系，产业科技创新能力也逐渐提升，但同发达国家相比，在基础研究、科技成果转化、人才队伍建设等方面仍有差距。在新形势下，基于大国国情和时代特征，我们要重新审视加强产业科技创新能力建设在整个工业现代化进程和经济社会高质量发展中的核心地位，明确战略目标和建设路径，为实现我国科技自立自强提供有力的支撑。

一是我国正处于深化供给侧结构性改革的关键时期，加强产业科技创新能力建设是实现高水平科技自立自强的迫切需求。经过改革开放40多年的追赶，我国通过引进和学习国外的先进技术，快速提高制造能力和效率，与欧美发达国家的技术差距已大大缩小，部分领域实现了从过去追随跟跑向并跑领跑的历史性转变。目前，我国供给侧结构性改革不断深化，制造业正处于爬坡过坎的关键时期，产业科技创新进入攻坚克难的“深水区”，跟无可跟、学无可学已经成为我们实现高质量发展的巨大挑战。同时，技术的供给方之一——西方发达国家也意识到追赶者的威胁，逐步减少、控制甚至掐断向我国的技术转移。可见，在新的历史阶段，我国如果不能建设并完善自主的产业科技创新体系、提升产业科技创新能力，产业发展就难以突破创新能力的瓶颈期，陷入停滞的泥沼。

二是西方国家对我国的技术打压、遏制、封锁持续升级，加强产业科技创新能力建设是应对这一长期而巨大的风险的关键举措。当前，国际局势复杂多变，单边主义、保护主义盛行，经济全球化逆流加剧，科技博弈成为大国竞争焦点。我国产业科技创新的快速崛起正引起西方国家的警惕，全球范围内针对我国产业科技的遏制、封锁、“脱钩”不断升级，西方国家对我国的打压和遏制将长期化、复杂化、激烈化，其深层意图是将我国孤立于全球价值链、产业链供应链深度融合的体系之外。我国的产业科技创新能力及与其相关的先进制造业和高科技产业的发展能力也在很大程度上决定了西方国家对我国打压遏制的时间长短与“脱钩”的程度。因此，基于对打造自主可控、安全可靠的产业链供应链的迫切需求，我国亟待提升产业科技创新能力，把关键核心技术牢牢掌握在自己手中，降低技术产品对外依赖度，切实保障国家经济安全、国防安全和其他安全。

三是全球产业科技创新模式正经历重大变革，加强产业科技创新能力建设是抢占国际竞争制高点的必然要求。当前，新一代信息技术、生物医药、高端装备等领域相互渗透、交叉融合，类脑智能、量子通信等产业方兴未艾，新技术、新产品、新模式和新业态不断涌现。产业科技本身的创新模式、机制和动力也在发生重大变化，数字化浪潮正引发创新组织变革和商业模式创新，为发展分享经济、建立平台组织、重塑商业生态提供了技术手段。与此同时，“科学发现—技术发明—产业发展—人才支撑—生态优化”的全链条创新已成大势所趋，呈现出市场需求牵引、多主体协同发力等诸多特征。面对产业科技创新出现的这些新特征、新变革，我们需要敏锐感知、深入分析，并率先构建起顺应变革、面向未来的新型产业科技创新体系，以便提升产业科技创新能力，这对于构筑产业新优势、抢占未来竞争制高点具有重要意义。

本章主要从理论脉络、产业科技创新能力的内涵与特征、产业科技创新与产业技术创新的区别、产业科技创新能力的构成要素、产业科技创新能力的主要评价指标等方面对产业科技创新能力进行初步的理论分析。为进一步分析我国当前的产业科技创新能力，后续研究采取“先整体，再局部”的写作架构。首先，通过深入分析我国产业科技创新能力建设面临的形势、现状与存在的问题，提出产业科技创新能力建设的总体思路与基本原则、战略任务、路径选择与对策建议，旨在刻画出我国整体产业科技创新能力的建设情况和未来发展方向；其次，分别选取传统产业、新兴产业及未来产业中的典型产业，通过分析其创新能力、创新模式、主要困境，有针对性地提出发展建议，力求从多方位了解我国产业科技创新能力。

执笔人：王楠

第三章 | Chapter 3

# 产业科技创新能力建设面临的形势

# 一、产业科技创新发展呈现新特征

## （一）创新范式发生深刻变革，产业科技创新体系正在重构

数据要素驱动与行业知识积累迭代互促，新的产业科技创新驱动模式正在形成。当前，算力稳健、算法敏捷、传输高效的数字基础设施在全球范围内加速布局建设，数据要素正在成为各行业、各领域的重要资源，海量的行业数据通过机器学习不断被有规律和程序化地加工、分析与应用，海量数据通过聚变形成的价值被深度挖掘，催生出新的科学规律和创新模式，创新范式正在由科学家主导逐渐向由数据和算力驱动转变。例如，在全球兴起的计算医学正是通过对生物医学大数据有规律和程序化地集成及分析来发掘医学新发现的。

产学研等多元创新主体深度融合，产业科技创新活动的网络化、生态化特征日益显著。当前，企业、投资者、高校、科研院所、协会和政府等主体开展了一系列紧密合作，它们之间的高度协作与持续交流构建起创新共赢格局。美国波士顿咨询公司和国际组织 Hello Tomorrow 于 2021 年 3 月联合发布的《深科技：创新浪潮》报告指出，在深科技浪潮下，相比于过去几家企业、几所高校或者几个科研院所组成的小规模产学研联盟，由多所大学和多个研究实验室共同组成的多方互联、全面协同的生态系统将迸发出新的创新力量。

紧扣市场“痛点”问题，场景牵引、需求拉动的产业科技创新逆向流程正在成为主流。区别于“基础研究—应用研究—产业化”的传统创新路径，“场景创新—市场需求—技术需求—科学突破”的逆向产业创新模式愈加明显。各国在激烈的产业科技竞赛中已经越来越趋向于瞄准重要场景和重大战略需求，集中力量解决产业发展过程中面临的实际问题，并以此来驱动技术发展和产业升级。

## （二）新兴技术效能快速迸发，产业科技创新应用加速渗透

数字技术全面赋能产业链各环节，推动产业链供应链快速化、高效化、精准

化。随着产业数字化的快速发展，信息流、产品流、技术流、资本流在产业链各环节之间的交换速度得到极大提升，市场需求到上游生产的反馈回路得以不断缩短，市场变化与生产要素的匹配度越来越高，产业链各环节的协同程度得到有效提高。同时，智能化手段的运用能够帮助产业链自动快速精准应对关键环节缺失的问题，迅速匹配供应商和需求商来恢复产业链的稳定性，大大提升了产业链供应链的反应速度。

新一代信息技术全面赋能经济社会的生产、生活，极大地提高了便捷性和效率。基于 5G、人工智能等领域的一系列重大突破，以大数据为基础，以模型和算法为核心，以强大算力为支撑的新一代信息技术不仅在全球创新版图中的霸主地位仍然稳固，还深刻影响着生产制造活动和人们的衣食住行。例如，利用量子测量的随机性和不可复制性，量子科学在保障信息安全、提升运算速度、提升测量精度等方面突破了经典微电子技术的瓶颈，开辟了先进计算、靶向基因医疗等新赛道。

新能源、新材料技术创新"小步快跑"，在诸多领域全面提升绿色化发展水平。近年来，应对气候变化、推动能源转型已成为国际社会的共识，这为绿色低碳技术快速发展创造了难得的机遇。当前，尽管石墨烯电池、氢储能等原创性、引领性技术瓶颈尚未突破，低成本规模化量产等方面仍存在诸多掣肘，但是新能源、新材料大多数领域仍然遵循"小步快跑"的技术迭代升级路径。随着异质结等新型电池技术的发展，以及风机大型化、轻量化发展，未来光伏、风电等新能源发电平准化度电成本持续下降，新能源、新材料技术应用未来依然可期。

生物技术尖端前沿领域创新极为活跃，为攻克重大疾病及保障生命健康提供支撑。近几年，生物技术革命浪潮席卷全球。立足生物基础理论，综合运用信息、材料多个领域的知识体系，精准预测蛋白结构的人工智能模型、DRGs 智能医疗、生物靶标及质谱等诸多新技术和新产品不断涌现，重新定义药物研发、疾病诊断的新赛道和新规则。可以判断生物技术不仅能够在攻克重大疾病、保障生命健康等方面大显神威，还有望逐步应用到食品、农业、化工等领域，或者带来农产品营养价值的突破性增长，或者颠覆现有的生产加工方式，引领人类的生产、生活发生革命性巨变。

### （三）全球价值链经历深刻调整，产业科技创新成为竞争焦点

传统价值链分割条块格局逐步消失，产业科技巨头企业“赢者通吃”模式逐渐崛起。区别于苹果、微软等创立的特定垂直产业创新体系，打破不同国家、市场、群体乃至时空边界，利用全球金融资本、顶尖人才等资源的“赢者通吃”模式逐渐崛起。例如，马斯克的“星链”已经超过 2000 颗卫星，抢占有限的低轨卫星资源，占据先发优势，对后来进入者极不友好。无论是发达、成熟的投融资体系，还是对全球创新人才的吸引、聚集，都是全球价值链体系调整的关键变量，产业科技巨头企业重新定义生产制造的高端价值，攫取巨额经济利益，并呈现与日俱增的发展野心和全球影响力。

主要国家和地区高度重视产业科技创新顶层布局，科技创新政策逐渐向产业科技创新倾斜。美国试图巩固制造业强国地位。美国国会参议院通过《2021 年美国创新和竞争法案》。该法案是美国近年来科技产业政策频繁变革的缩影，显示出美国在转变产业创新政策思路、重塑国家创新体系、维护先进技术全球领先地位方面“再出发”的坚定决心。该法案明确提出要重视美国制造业技术创新、要买美国货。德国一直高度重视产业科技创新。德国联邦经济与能源部发布《国家工业战略 2030》，旨在有针对性地扶持重点工业领域，进一步提高德国的创新能力，以便在新一轮产业竞争中保持德国的领先地位。印度紧追中国，抢占全球产业市场。近年来，“在印度制造”和“生产挂钩激励”计划推动印度的基础设施、医疗保健、电子等产业的发展已初现成果，如果“生产挂钩激励计划”取得成功，那么印度新增制造业产值将在未来 5 年超过 5000 亿美元。

各国加强供应链审查，从产业链供应链层面层层加码，意图形成产业科技创新壁垒。美国以应对供应链中断风险为名，持续加强半导体等重点高技术产业的供应链审查。2019 年 7 月，美国发布《供应链安全战略》。2021 年 2 月，美国白宫宣布对美国供应链进行百日审查，以便识别本国关键产业中的供应链短板。

2021 年 6 月 8 日，美国白宫发布《建立弹性供应链，振兴美国制造业，促进基础广泛增长：第 14017 号行政命令下的百日审查》报告。欧盟审查并重视供应链多元化、常态化管理，目的是恢复其在半导体等战略领域的市场份额。2022 年 2 月 23 日，欧盟委员会正式提出《关于企业可持续尽职调查指令的立法提案》。该法案以环境保护、人权保护等名义，要求企业监管和上报其整条供应链，监督其供应商是否存在破坏环境、气候和人权的行为。

## 二、我国进入产业科技主导发展新阶段

当前，产业科技创新已经成为全球科技创新活动的中坚力量。相关数据显示，当前全球 80%左右的科技创新经费支出来自产业界。但我们要知道，过去并非一直如此。在新发展阶段，要加快构建新发展格局，产业科技创新能力建设就成为重中之重，推进产业科技创新由量变到质变、由技术突破到生态升级、由支撑发展到前瞻引领，打造“高效能创新链”，支撑高质量产业发展，成为当务之急。

### （一）文学、农业、医疗、军事等曾是科技创新主阵地

我国古代很长一段时期崇尚“士农工商”，社会资源和优秀人才都向着“士”汇聚，商人被视为社会底层的人，商人经营的各产业均不被重视，难以出现创新活动，也就难以孵化出很多有价值的创新成果。胡适曾把 1600 年左右我国和西方国家发生的科技创新活动做对比，提出我国和西方国家所用的研究方法极为相似，都是采用归纳法和经验法，但研究的对象完全不同：我国主要研究文字、音律、医学和军事，且更多地停留在案例整理上；西方国家则研究数学、物理和化学。此外，回溯科技发展史，军事也与科技创新有着密切的联系。第二次世界大战是一个重要的时机，美国在战后的技术水平比战前有了巨大的提升。为了备战，美国科学研究与发展办公室发展了多种关键技术，包括武器开发、通信与雷

达、电气工程学、喷气动力学、光学、化学、医药和原子能。美国科学研究与发展办公室与学界、业界展开广泛合作，合约超过 2200 个，价值近乎现在的 80 亿美元，比美国政府之前所有科学投资总和的两倍还多。此外，在第二次世界大战结束后，美国和苏联的冷战使得太空科技得以长足进步，通信科技和气象卫星也得到发展。

### （二）改革开放后，产业科技创新成为我国创新发展主战场

改革开放后，我国不断开放市场和经济领域、引进外资、实施出口导向等政策，我国企业，尤其是制造业和信息化等产业的企业逐渐成为科技创新的主体。截至 2021 年年底，全国 76.8%的研发经费由企业支出。相对乐观的是，我国当前和未来一段时期的市场需求都很大。一方面，我国庞大的人口基数带来的快速增长的市场需求是支持我国科技创新的宝贵财富。我国的人口众多，随着经济规模的不断扩大，消费市场的规模加速增长，促进产业结构升级和国民经济结构变革，带动我国产业科技创新能力建设。相关数据显示，我国的网民超过 7 亿人，移动电话用户突破 14 亿人，分别是美国总人口的 2 倍和 4 倍以上，居世界首位。我国有 9.27 亿个活跃的移动互联网用户，7.07 亿个活跃的微信用户，2.72 亿个活跃的支付宝用户，有力地推动我国数字经济的发展。另一方面，我国与金砖国家、“一带一路”沿线国家和地区等建立了良好的关系，这些国家和地区覆盖了全球 50%以上的人口、市场和矿产资源等，蕴藏着海量的市场，而这些市场是我国各产业科技创新发展的温床。

新一代信息技术引发的新一轮科技革命使得我国正逐渐成为和美国共同引领新一轮技术浪潮的国家，为我国实现“换道超车”提供可能。新一代信息技术产业作为主导产业，催生了快速增长的新兴产业，具备在世界舞台竞争的能力。自 20 世纪 90 年代以来，信息技术产业凭借其惊人的增长速度，成为当今世界上重要的战略性产业之一，同时由信息技术产业引发的人工智能、云计算等新兴产业也正在成为推动全球经济快速发展的重要引擎。此外，新一代信息技术引发创新体系、生产方式、产业形态等发生系统性变化，为我国开辟了一条与发达国

家站在同一起跑线上的新赛道。

### （三）加强产业科技创新能力建设已经成为必由之路

关键核心技术是要不来、买不来、讨不来的，我们只能靠自己，加快建设并完善自主、强韧、可持续的产业科技创新体系，提高内生技术能力和体系化创新能力，打造自主产业创新生态。尤其要在关键领域、“卡脖子”的地方下大功夫，努力实现关键核心技术自主可控，把创新主动权、发展主动权牢牢掌握在自己手中。在复杂的国际形势下，要提高产业科技创新能力，就必须体现全面性、持续性、先进性、扩散性。全面性，不是单个领域和少数领域，而应覆盖绝大部分领域。持续性，不是间歇性、脉冲型的技术突破，而是在较长历史跨度内持续实现技术的突破和以此为支撑的技术升级。先进性，是与其他国家相比，能够保持在领先地位或至少先进行列。扩散性，是不能限制在特定领域，如国防军工，而应广泛地扩散、渗透到国民经济各领域。

新一代信息技术、生物技术及新材料等加速交叉融合，已经成为未来产业颠覆性创新的核心动力，催生了诸如类脑科学、超级泛在网络、强人工智能等新兴融合性创新领域。我国可依赖超大规模生产能力、超大规模国内市场、超强资源整合能力和超高执行效率、新型举国体制等优势，为多学科、多领域的技术交叉融合创新提供更广阔的实现空间，从而成为全球产业科技创新的策源地和引领者。

执笔人：宋亮

第四章 | Chapter 4

# 我国产业科技创新能力建设的现状与存在的问题

习近平总书记强调，立足新发展阶段、贯彻新发展理念、构建新发展格局、推动高质量发展，必须深入实施科教兴国战略、人才强国战略、创新驱动发展战略，完善国家创新体系，加快建设科技强国，实现高水平科技自立自强。这为我国产业科技创新的发展指明了方向，绘就了蓝图。从神舟飞天、嫦娥奔月到天问探火、羲和逐日，浩瀚宇宙留下更多的“中国足迹”；“海斗一号”完成万米海试，北斗卫星导航系统全面开通，大批大国重器亮相世界；国产大飞机 C919 完成取证试飞，时速 600 千米的高速磁浮试验样车成功试跑，高端产业不断取得突破。党的十八大以来这些年是我国产业科技进步最大、创新能力提升最快的时期。世界知识产权组织发布的《全球创新指数报告》表明，我国从 2012 年的第 34 位上升到 2022 年的第 11 位，连续 10 年稳步攀升，位居中高经济收入国家之首；《全国科技经费投入统计公报》显示，我国全社会研发经费投入从 2012 年的 1.03 万亿元增长到 2021 年的 2.79 万亿元，研发投入强度从 1.84%增加至 2.44%。

## 一、我国产业科技创新能力建设的现状

### （一）产业科技创新基础能力不断夯实

工业生产稳定增长，服务业实现良好开局。近 10 年，我国第一、第二、第三产业的产值均呈现稳步增长态势，尤其是第二、第三产业的增长相对迅速，如图 4-1 所示。工业的增加值从 2011 年的 195 100 亿元提高到 2021 年的 372 500 亿元，尽管遭遇了一些冲击，2020 年、2021 年两年规上工业增加值的平均增速依然达到 6.1%。尤其是制造业的增加值占 GDP 的比例保持基本稳定，2021 年达到 27.4%。2011—2021 年，服务业的增加值从 216 100 亿元增加到 609 700 亿元。2021 年，服务业的增加值占 GDP 的比例为 53.3%，对经济增长的贡献率为 54.9%，拉动 GDP 增长 4.5%，逐渐从餐饮和商贸向金融、咨询等多个领域不断拓展。

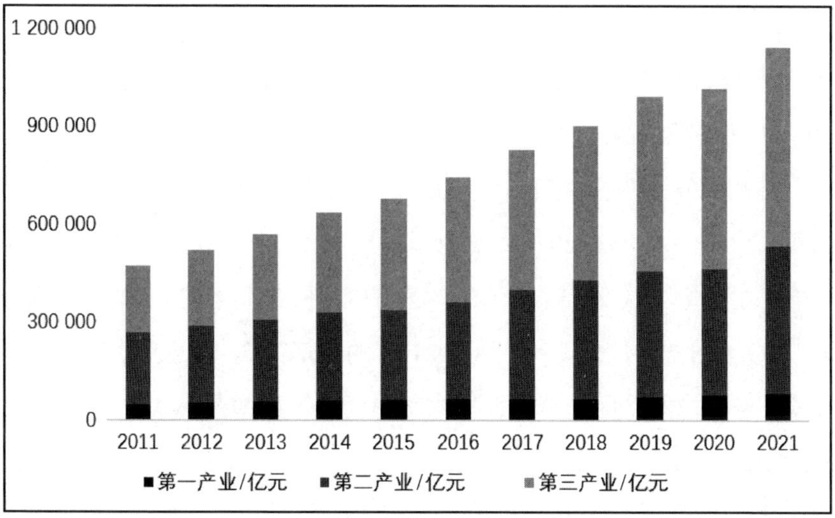


图 4-1 2011—2021 年我国 3 个产业的增加值情况

资料来源：《中华人民共和国 2011 年国民经济和社会发展统计公报》《中华人民共和国 2012 年国民经济和社会发展统计公报》《中华人民共和国 2013 年国民经济和社会发展统计公报》《中华人民共和国 2014 年国民经济和社会发展统计公报》《中华人民共和国 2015 年国民经济和社会发展统计公报》《中华人民共和国 2016 年国民经济和社会发展统计公报》《中华人民共和国 2017 年国民经济和社会发展统计公报》《中华人民共和国 2018 年国民经济和社会发展统计公报》《中华人民共和国 2019 年国民经济和社会发展统计公报》《中华人民共和国 2020 年国民经济和社会发展统计公报》《中华人民共和国 2021 年国民经济和社会发展统计公报》，赛迪智库整理，2022

### （二）产业科技创新主体能力大幅提升

企业的创新主体地位显著增强，高校的创新能力不断提升。作为重要创新主体之一，企业在研发投入、组织实施、成果转化等一系列产业科技创新活动中的重要作用日益凸显。在新能源汽车、钢铁等领域，一批具有核心竞争力的创新型领军企业崭露头角，展现出巨大潜力。《2021 年欧盟工业研发投入记分牌》的 2500 家企业中，我国上榜企业达到 597 家，较 2020 年增加了 61 家；《2021 全球独角兽榜》显示，我国的独角兽企业达到 301 家，比 2020 年增加了 74 家。截至 2021 年年底，我国已重点培育国家级专精特新“小巨人”企业达 4762 家，带动省级培育专精特新企业超过 4 万家。高校的创新能力不断提升，清华大学、北京大学、复旦大学连年入围国际高等教育研究机构 QS 发布的世界大学排名前50强。

科技服务机构的数量保持高速增长。科技服务机构是高校、科研院所与产业之间的桥梁，促进创新成果的市场化应用，是产学研协同创新过程中不可或缺的一部分。科技服务机构主要包括科技企业孵化器、众创空间和生产力促进中心等。由图4-2可知，2011—2021年，我国科技服务机构的数量实现高速增长。其中，科技企业孵化器从2011年的1034家增加到2021年的6227家，众创空间从2015年成立时的4471家增加到2021年的9026家。在企业、高校、科研院所和科技服务机构的共同支撑下，技术交易活力不断增强。

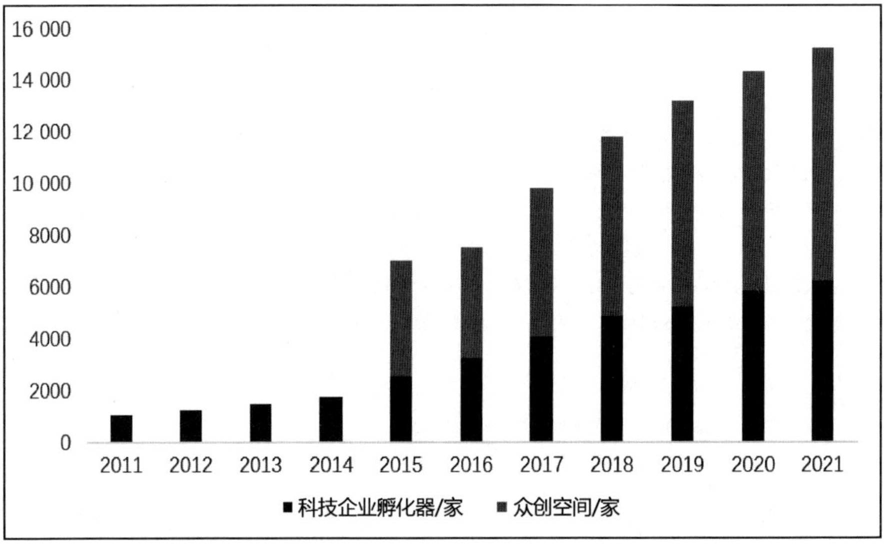


图4-2　2011—2021年我国科技服务机构的数量变化情况

资料来源：《中国火炬统计年鉴2021》《中国创业孵化发展报告（2022）》，赛迪智库整理，2022

## （三）产业科技创新投入能力日益增强

创新人才队伍不断壮大。创新人才是驱动产业科技创新发展的核心力量。2011—2020年，我国规上工业企业研发人员的总数从193.91万人增加到346.04万人，如图4-3所示。但我国规上工业企业的研发人员占全国研发人员的比例在

2014 年达到峰值 71.19%后，至此开始下降，并在 2020 年下降至 66.01%。理工科毕业生是开展产业科技创新活动的重要潜在资源，更是国际主流创新评价体系中的重要监测指标。2020 年，我国理工农医类毕业生达 243.4 万人，比 2019 年增加 17.2 万人，增幅达 7.6%，创 2013 年以来的新高，为产业科技创新活动的开展不断注入活力。

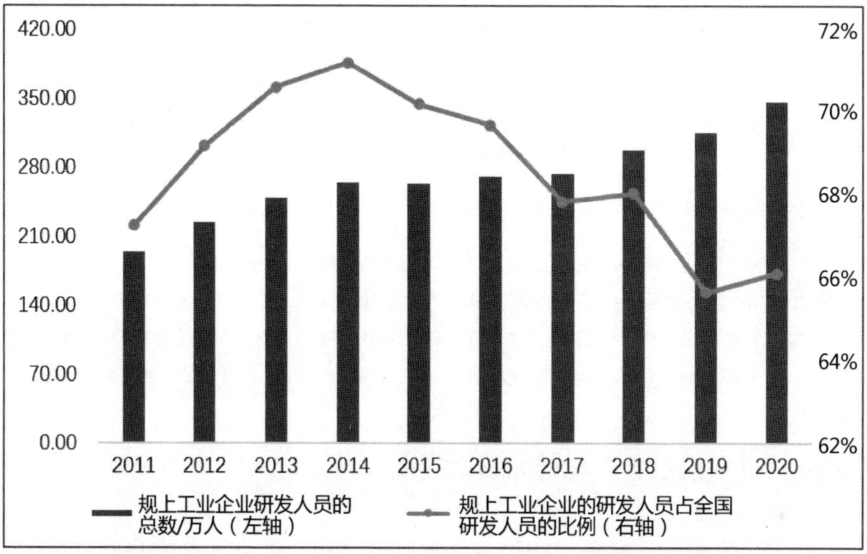


图 4-3　2011—2020 年规上工业企业的研发人员投入情况

资料来源：《2012 中国科技统计年鉴》《2013 中国科技统计年鉴》《2014 中国科技统计年鉴》《2015 中国科技统计年鉴》《2016 中国科技统计年鉴》《2017 中国科技统计年鉴》《2018 中国科技统计年鉴》《2019 中国科技统计年鉴》《2020 中国科技统计年鉴》《2021 中国科技统计年鉴》，赛迪智库整理，2022

研发经费投入持续提升，但规上工业企业的研发经费投入占全社会研发经费投入的比例逐渐降低。持续的资金投入是产业科技创新活动正常开展的重要保障。由图 4-4 可知，我国规上工业企业的研发经费投入从 2011 年的 6000 万亿元增长到 2021 年的 17 500 亿元，增加了将近 2 倍；但我国规上工业企业的研发经费投入占全社会研发经费投入的比例同样也在 2014 年达到峰值 71.1%，至此一路下降至 62.86%。我国规上工业企业的研发投入强度从 2011 年的 0.71%提升到 2020 年的 1.41%，却在 2021 年出现拐点，下降到 1.33%。

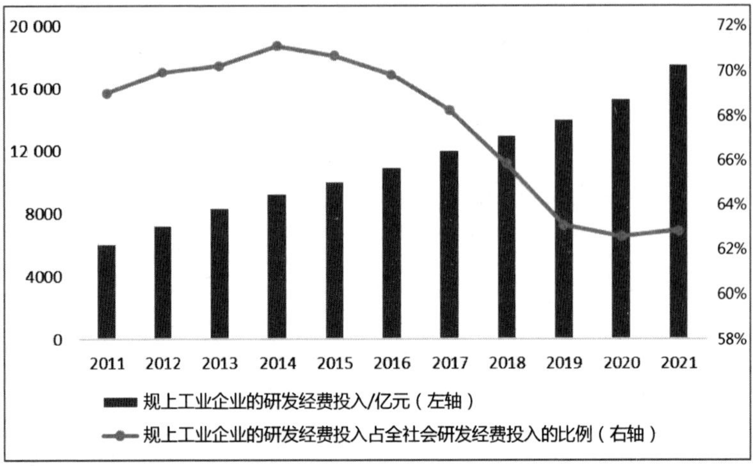


图 4-4　2011—2021 年我国规上工业企业的研发经费投入情况

资料来源:《2011 年全国科技经费投入统计公报》《2012 年全国科技经费投入统计公报》《2013 年全国科技经费投入统计公报》《2014 年全国科技经费投入统计公报》《2015 年全国科技经费投入统计公报》《2016 年全国科技经费投入统计公报》《2017 年全国科技经费投入统计公报》《2018 年全国科技经费投入统计公报》《2019 年全国科技经费投入统计公报》《2020 年全国科技经费投入统计公报》《2021 年全国科技经费投入统计公报》，赛迪智库整理，2022

## （四）产业科技创新产出能力显著提高

科技论文实现量质齐升。2011—2020 年，我国学者作为第一作者发表 SCI（Science Citation Index，科学引文索引）收录的论文数量从 14.36 万篇稳步提升到 50.16 万篇，占世界 SCI 收录论文总数的比例从 9.5%攀升到 21.5%，如图 4-5 所示。由图 4-6 可知，我国科技论文总被引频次从 2000—2010 年的 422.77 万次提升到 2011—2021 年的 4332.28 万次，平均每篇科技论文被引用次数从 2000—2010 年的 5.87 次平稳增加到 2011—2021 年的 12.87 次，这两个指标均保持稳定增长态势。

发明专利创造和储备不断加强。我国发明专利的申请量从 2011 年的 52.6 万项提升到 2021 年的 158.6 万项；我国发明专利的授权量从 2011 年的 17.2 万项增加到 2021 年的 69.6 万项，整体呈现增加趋势，如图 4-7 所示。截至 2021 年年底，国内（不含港澳台）每万人口的发明专利拥有量达到 19.1 项，是 2011 年的 8 倍；每万人口的高价值发明专利拥有量达到 7.5 项，是 2016 年的 2.5 倍。战略性新兴产业有效发明专利占国内总量的比例超过三成；维持年限超过 10 年的发明专利有效量占国内总量的比例达到 13.0%。2011—2021 年，我国 PCT 国际专利申请量从 1.64 万项提升至 6.95 万项，尤其是在新能源汽车、量子等产业表现突出。

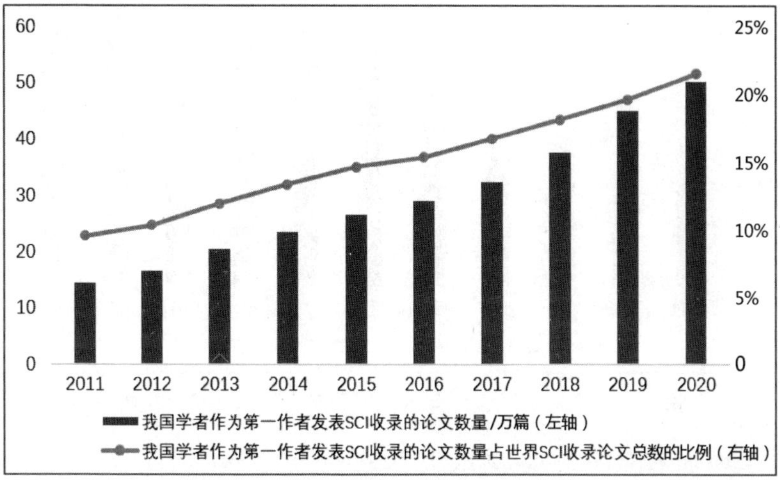


图 4-5　2011—2020 年我国学者作为第一作者发表 SCI 收录论文的情况

资料来源:《2011 年中国科技论文统计与分析简报》《2012 年中国科技论文统计与分析简报》《2013 年中国科技论文统计与分析简报》《2014 年中国科技论文统计与分析简报》《2015 年中国科技论文统计与分析简报》《2016 年中国科技论文统计与分析简报》《2017 年中国科技论文统计与分析简报》《2018 年中国科技论文统计与分析简报》《2019 年中国科技论文统计与分析简报》《2020 年中国科技论文统计与分析简报》，赛迪智库整理，2022

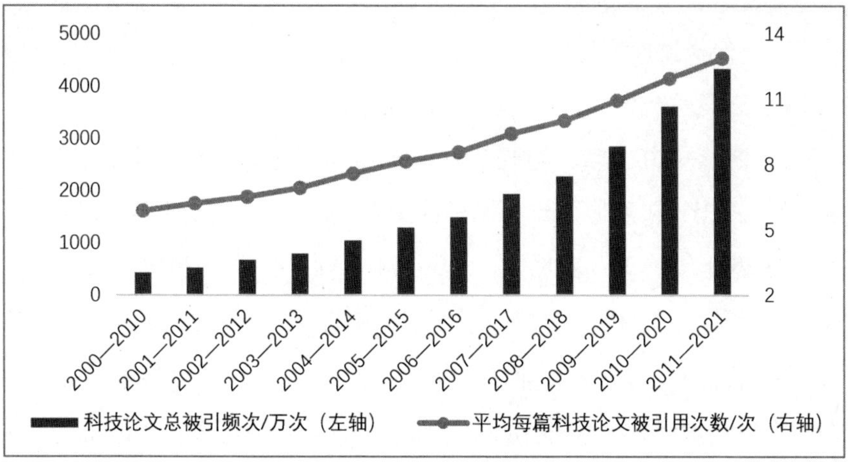


图 4-6　我国科技论文被引用情况

资料来源:《2011 年中国科技论文统计与分析简报》《2012 年中国科技论文统计与分析简报》《2013 年中国科技论文统计与分析简报》《2014 年中国科技论文统计与分析简报》《2015 年中国科技论文统计与分析简报》《2016 年中国科技论文统计与分析简报》《2017 年中国科技论文统计与分析简报》《2018 年中国科技论文统计与分析简报》《2019 年中国科技论文统计与分析简报》《2020 年中国科技论文统计与分析简报》，赛迪智库整理，2022

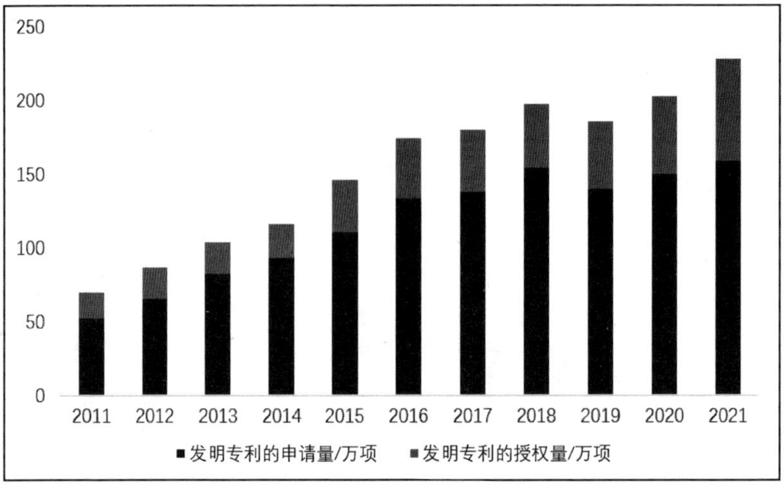


图 4-7　2011—2021 年我国发明专利的申请和授权情况

资料来源：《国家知识产权局 2011 年度报告》《国家知识产权局 2012 年度报告》《国家知识产权局 2013 年度报告》《国家知识产权局 2014 年度报告》《国家知识产权局 2015 年度报告》《国家知识产权局 2016 年度报告》《国家知识产权局 2017 年度报告》《国家知识产权局 2018 年度报告》《国家知识产权局 2019 年度报告》《国家知识产权局 2020 年度报告》《国家知识产权局 2021 年度报告》，赛迪智库整理，2022

## （五）产业科技创新成果转化能力不断提升

技术市场保持快速增长态势。在经济下行的情况下，各类创新主体持续为技术市场提供原创性技术供给，为科技创新注入源头活水，有效支撑经济复苏。由图 4-8 可知，2011—2021 年，全国技术合同成交额及全国技术合同成交额占全社会研发经费投入的比例持续提升。具体来看，全国技术合同成交额从 2011 年的 4700 亿元提升到 2021 年的 37 300 亿元；全国技术合同成交额自 2019 年首次超过同年研发投入经费以来，占全社会研发经费投入的比例在 2021 年迅速提升至 133.4%。

协同创新局面有所改善。2016—2020 年，规上企业开展创新合作的企业数量占全部企业数量的比例从 2016 年的 16.5%提升到 2020 年的 21.4%，尤其是大型企业中开展创新合作企业的数量所占的比例从 2016 年的 45.1%提升到 2020 年的 52.4%，协同创新活跃度改善提升。由图 4-9 可知，研究与开发机构研发经费内部支出中来源于企业资金部分所占比例从 2011 年的 3.05%缓慢提升到 2021 年的 3.96%；高校研发经费内部支出中来源于企业资金部分所占比例从 2011 年的

35.26%一直下降到2019年的26.26%，并在2020年回升到35.38%。可见，由企业牵头的协同创新活动更加活跃，而由研究与开发机构和高校牵头的协同创新活动的活跃度提升并不明显。

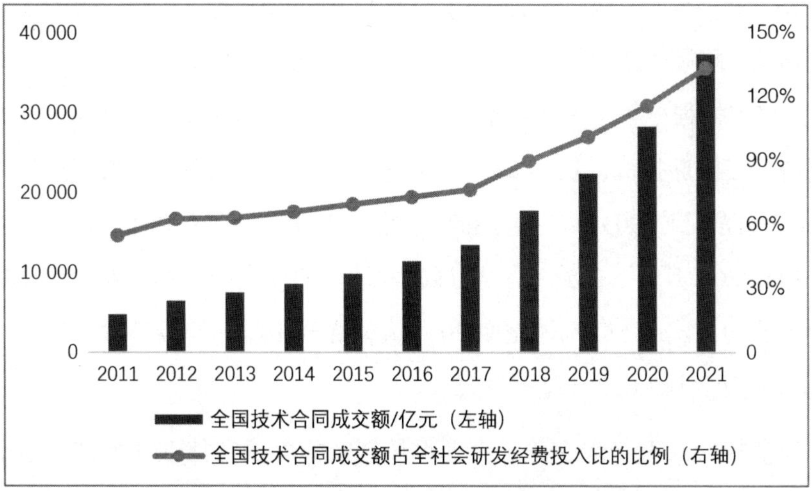


图4-8　2011—2021年全国技术合同成交额情况

资料来源：《2022全国技术市场年度统计年报》，赛迪智库整理，2022

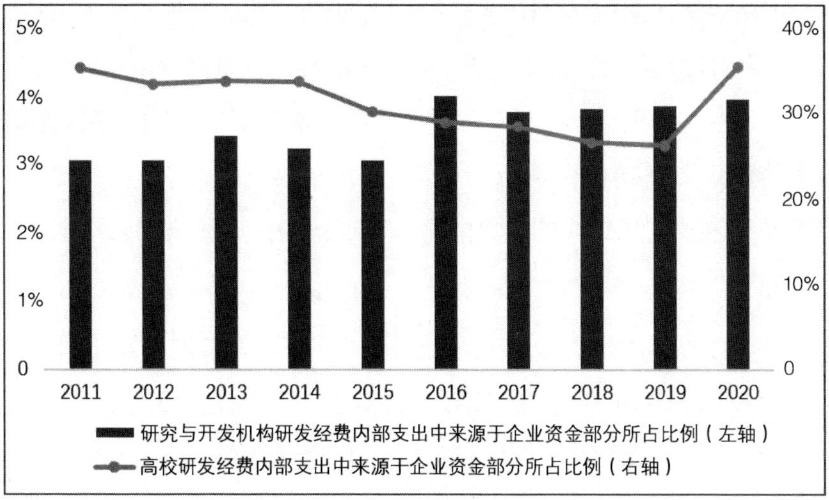


图4-9　2011—2021年研究与开发机构和高校研发经费内部支出中来源于企业资金部分所占比例

资料来源：《2012中国科技统计年鉴》《2013中国科技统计年鉴》《2014中国科技统计年鉴》《2015中国科技统计年鉴》《2016中国科技统计年鉴》《2017中国科技统计年鉴》《2018中国科技统计年鉴》《2019中国科技统计年鉴》《2020中国科技统计年鉴》《2021中国科技统计年鉴》，赛迪智库整理，2022

## （六）产业科技创新环境支撑能力不断增强

支持创新政策的效果显现。国家鼓励和支持科技创新活动的各项政策进一步落地落实，政策的效果持续显现。随着提高研发费用加计扣除比例、扩大适用范围、优化申报程序等多项政策措施落地落实，企业政策受惠面扩大，政策认同度及减税力度不断提高。自 2021 年 1 月 1 日起，制造业企业研发费用加计扣除比例由 75%提高到 100%，相当于企业每投入 100 万元研发费用，可在应纳税所得额中扣除 200 万元。2021 年，开展研发活动的规上制造业企业中享受加计扣除政策企业的占比达 58.4%，比 2020 年大幅提升 10%；享受政策相当于减免税额 2041.4 亿元，比 2020 年增长 22.3%。

法律法规体系进一步完善。产业科技创新方面的法律在规范创新活动中发挥着基础作用，主要包括《中华人民共和国专利法》《中华人民共和国促进科技成果转化法》《中华人民共和国科学技术进步法》《中华人民共和国科学技术普及法》等。《中华人民共和国专利法》在 2020 年进行了第四次修正，在保障科技人员权益、加大对侵权行为的惩处力度、完善司法程序等方面做出重大调整，为鼓励和保护发明创造、促进科技进步提供了重要法律依据。《中华人民共和国促进科技成果转化法》于 2015 年进行了修改，在总结改革试点经验的基础上，着力解决当前制约科技成果转化的突出问题，对现行的促进科技成果转化法做了重要补充和完善。

科研基础设施开放共享程度不断加深。2014 年，国务院发布《国务院关于国家重大科研基础设施和大型科研仪器向社会开放的意见》，明确提出："科技部会同有关部门和地方建立统一开放的国家网络管理平台，并将所有符合条件的科研设施与仪器纳入平台管理。科研设施与仪器管理单位（以下简称管理单位）按照统一的标准和规范，建立在线服务平台，公开科研设施与仪器使用办法和使用情况，实时提供在线服务。管理单位的服务平台统一纳入国家网络管理平台，逐步形成跨部门、跨领域、多层次的网络服务体系。"2017

年，科技部、国家发展和改革委员会、财政部联合印发了《国家重大科研基础设施和大型科研仪器开放共享管理办法》，加快推进科研设施与仪器向社会开放，进一步提高科技资源利用效率。2018 年，科技部、财政部联合印发了《国家科技资源共享服务平台管理办法》，将利用科学数据、生物种质与实验材料等科技资源在国家层面设立的专业化、综合性公共服务平台纳入统筹范围，并且明确利用财政性资金形成的科技资源，除保密要求和特殊规定外，必须面向社会开放共享，鼓励社会资本投入形成的科技资源通过国家平台向社会开放。

### （七）产业科技创新国际影响能力持续增强

国际影响能力不断增强。我国的货物出口总额从 2011 年的 12.32 万亿元提高到 2021 年的 21.73 万亿元，尤其是技术密集型的机电产品和高新技术产品的出口额，分别由 7.0 万亿元和 3.5 万亿元增长到 12.8 万亿元和 6.3 万亿元，制造业中间品贸易在全球的占比达到 20%左右。国际标准化组织的数据显示，2000 年之前，我国制定的国际标准仅为 13 项；2001—2015 年，我国制定的国际标准达到 182 项；2015—2020 年，随着经济和技术实力进一步提升，我国主持的国际标准数量超过了 800 项。

国际合作论文数量稳步增加，国际合作项目稳步开展。2011—2020 年，SCI 收录的我国国际合作论文数量从 4.03 万篇稳步增加到 14.45 万篇，占我国发表 SCI 论文总数的比例基本维持在 26%左右，如图 4-10 所示。2020 年，我国学者作为第一作者的国际合作论文共计 10.02 万篇，占我国全部国际合作论文的 69.3%，合作伙伴涉及 169 个国家和地区。我国围绕可持续发展设立了联合研发计划和创新基金，同 50 多个国家和地区开展联合研究，深度参与一批国际大科学工程，“一带一路”科技创新合作成效明显。国家重点研发计划基础前沿类专项、国家自然科学基金优秀青年科学基金项目向我国香港和澳门地区开放。

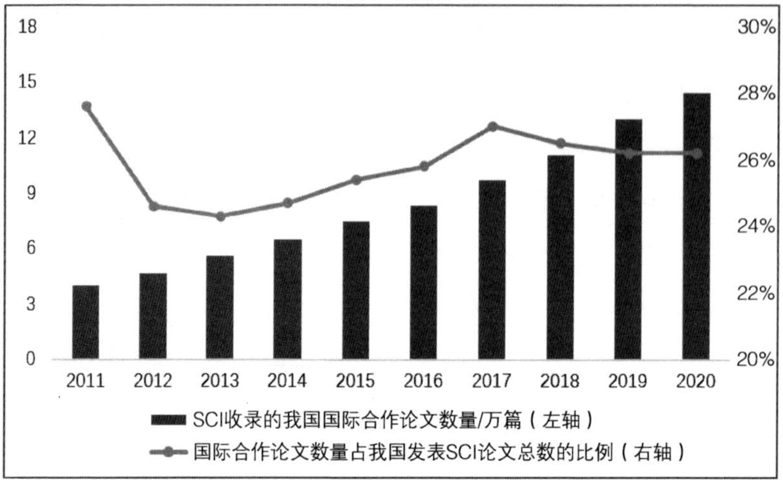


图 4-10　2011—2020 年 SCI 收录的我国国际合作论文情况

资料来源:《2011 年中国科技论文统计与分析简报》《2012 年中国科技论文统计与分析简报》《2013 年中国科技论文统计与分析简报》《2014 年中国科技论文统计与分析简报》《2015 年中国科技论文统计与分析简报》《2016 年中国科技论文统计与分析简报》《2017 年中国科技论文统计与分析简报》《2018 年中国科技论文统计与分析简报》《2019 年中国科技论文统计与分析简报》《2020 年中国科技论文统计与分析简报》，赛迪智库整理，2022

## 二、我国产业科技创新能力建设存在的问题

### （一）我国产业科技创新基础能力不强

我国产业科技创新基础建设积累不足。我国拥有 41 个工业大类、207 个工业中类、666 个工业小类，是世界上唯一拥有联合国产业分类中全部工业门类的国家。我国新能源汽车、钢铁等产业基础产品的可靠性、稳定性、一致性达到国际先进水平。在此支撑下，我国进入“并跑”甚至“领跑”的产业越来越多，量子通信走在世界前列，国产 HPV 疫苗广泛接种。但与发达国家 100 多年的工业积累相比，我国产业链的“断点”“堵点”较多，核心基础零部件（元器件）、关键基础材料、先进基础工艺和产业技术基础“四基”薄弱，不能适应产业发展和需求侧的变化。目前，我国产业发展仍存在部分关键核心技术、关键原辅材料、核心装备、高端检验检测仪器等受制于人的问题。在新能源汽车产业中，“缺芯少魂”局面依旧存在；在软件产业中，底层算法、开源框架方面的基础仍比较薄

弱，“地基”仍然不牢。

### （二）我国企业的综合实力不强

我国企业引领发展的能力还不够强，盈利能力偏弱。与国际先进企业相比，我国大型企业引领发展的能力还不够强，尤其是在全球供应链主导权、关键核心技术创新能力、行业话语权、自主知识产权等方面还有较大差距。我国在世界500强企业榜单的入围数量从2019年首次超过美国后，已经连续4年位居第一；尽管我国上榜企业的数量优势持续扩大，但盈利能力仍然偏弱。以2022年的数据为例，我国上榜企业的平均利润为41.2亿美元，低于世界500强企业同期62.0亿美元的平均利润，美国上榜企业的平均利润是我国的2.4倍。

我国科技领军企业偏年轻化和本土化，而国外老牌领军企业占据先发优势。当前，我国科技企业快速成长，尤其是在软件、钢铁等领域，虽然起步较晚，但是呈现年轻化的特征，已经进入全面快速发展车道。相比之下，美国、德国等发达国家的“年轻”科技领军企业较少，领导国外科技发展的依然是多家百年工业巨头企业。例如，《2021年欧盟工业研发投入记分牌》中的全球工业研发投资前500强科技领军企业，我国科技领军企业的平均年龄仅为19.6岁，美国则为55.3岁。同时，我国科技领军企业“走出去”程度不够，美国则是国内外营收齐头并进。我国科技领军企业的营收依靠本土市场，而美国企业注重国内外市场平衡，并将营收区域分布均衡作为自身经营的重要考核指标。

### （三）我国创新人才队伍、研发经费投入结构有待优化

我国创新人才分布不均衡，高端人才不足。尽管我国研发人员总量连续9年稳居世界首位，但受薪资待遇、传统观念等影响，传统产业面临“找不到、招不来、留不住”人才的困境，人才流失严重。例如，我国钢铁产业的研发人员占从业人员的比例约为30%，不足日本和韩国的一半，并且还在逐年下滑。此外，我国创新人才队伍中的高端领军型人才、尖端核心技术人才、产业骨干供给仍然不足。我国当前“卡脖子”困境的背后其实是高端人才的不足，在科睿唯安发布的

2021 年度“高被引科学家”名单中，来自全球 70 多个国家和地区的 6602 人次科学家入选，我国入选科学家为 935 人次，占比为 14.2%，而美国入选科学家为 2622 人次，占比高达 39.7%。

我国基础研究和应用研究经费投入依然不足。目前，全球科技创新竞争逐步向基础和应用研究等前端环节延伸，在技术竞争最激烈的生物医药、人工智能等产业，众多美国科技企业已在主动投入基础研究和应用研究，以维持其核心竞争力。但我国企业的研发经费投入长期以试验发展类为主，基础和应用研究的经费投入很少。具体来看，2020 年，我国企业的基础和应用研究经费在总经费中的占比仅为 0.5%和 3.0%。其中，规上工业企业的基础和应用研究经费在其研发经费中的占比也仅为 0.3%和 2.7%，这严重制约了我国自主创新能力的提升。

## （四）我国科技论文的影响力、海外知识产权保护力度亟待提升

我国科技论文的数量排名靠前，但影响力不大。按出版年统计，我国科技人员发表的国际论文的数量已经连续 12 年排在世界第二位，与排在第一位的美国的差距逐渐减小。如表 4-1 所示，我国论文总被引频次连续 5 年排在世界第二位，我国篇均被引频次与世界平均值的差距在逐渐减小，但篇均被引频次位次在发表科技论文 20 万篇以上的国家和地区中排名靠后。以量子产业为例，我国科技论文的数量明显在全球处于领先地位，但高被引论文数量远不及美国。总体来看，我国科技论文的数量虽多，但全球科学影响力不大、认可度不高。

表 4-1　在发表科技论文 20 万篇以上的国家和地区中，我国科技论文的数量及被引用情况

| 时间段 | 总被引频次位次 | 篇均被引频次位次 | 篇均被引频次与世界平均值的差距 |
|---|---|---|---|
| 2000—2010 年 | 8 | 12 | — |
| 2001—2011 年 | 7 | 13 | — |
| 2002—2012 年 | 6 | 14 | — |
| 2003—2013 年 | 5 | 14 | — |
| 2004—2014 年 | 4 | 15 | 3.48 |
| 2005—2015 年 | 4 | 15 | 3.15 |
| 2006—2016 年 | 4 | 15 | 2.95 |
| 2007—2017 年 | 2 | 15 | 2.1 |

续表

| 时间段 | 总被引频次位次 | 篇均被引频次位次 | 篇均被引频次与世界平均值的差距 |
|---|---|---|---|
| 2008—2018 年 | 2 | 16 | 2.61 |
| 2009—2019 年 | 2 | 16 | 1.76 |
| 2010—2020 年 | 2 | 16 | 1.32 |
| 2011—2021 年 | 2 | 16 | 0.79 |

资料来源:《2011 年中国科技论文统计与分析简报》《2012 年中国科技论文统计与分析简报》《2013 年中国科技论文统计与分析简报》《2014 年中国科技论文统计与分析简报》《2015 年中国科技论文统计与分析简报》《2016 年中国科技论文统计与分析简报》《2017 年中国科技论文统计与分析简报》《2018 年中国科技论文统计与分析简报》《2019 年中国科技论文统计与分析简报》《2020 年中国科技论文统计与分析简报》，赛迪智库整理，2022

我国 PCT 国际专利申请量连续 3 年位居榜首，但海外知识产权纠纷的比例上升较快。由图 4-11 可知，我国 PCT 国际专利申请量在 2017 年首次超过日本，位居世界第二；在 2019 年首次超过美国，跃居榜首；在 2021 年更是以超过第二名接近 1 万项的优势，巩固了世界第一的位置。具体来看，2021 年，我国 PCT 国际专利申请量占全球申请总量的比例提升至 25.1%，美国占比则为 21.5%。《2021 年中国专利调查报告》显示，我国企业遭遇海外知识产权纠纷的比例为 3.0%，是 2020 年的近 4 倍。尤其是中大型企业的增幅最大，该比例已高达 8.7%。同时，调查发现 71.8%的海外知识产权纠纷发生在制造业。

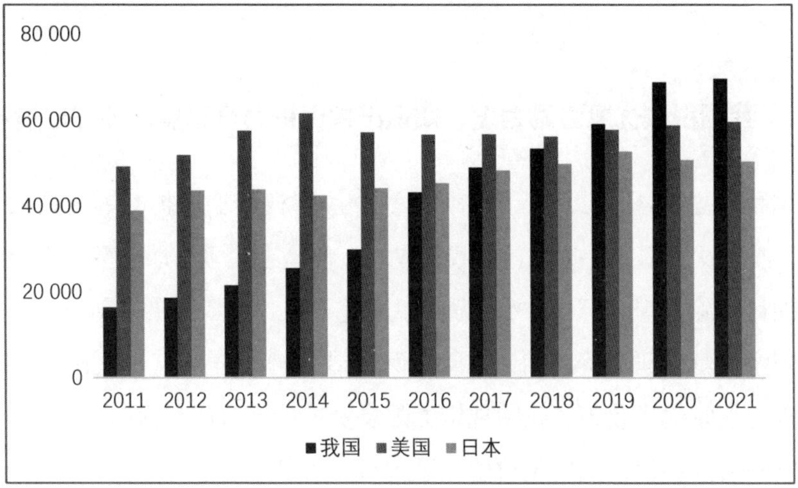


图 4-11 2011—2021 年我国、美国和日本的 PCT 国际专利申请量（单位：项）

资料来源:《2021 中国科技统计年鉴》，赛迪智库整理，2022

## （五）我国科技成果转化能力尚有较大提升空间

我国高校、科研院所的发明专利产业化率相对较低。截至 2022 年 7 月，国内（不含港澳台）的发明专利有效量就已经超过 300 万项，专利数量众多。我国已经成为专利数量大国，但积累了大量“沉睡专利”等待转化。《2021 中国专利调查报告》显示，2021 年，我国有效发明专利产业化率为 35.4%，其中企业为 46.8%、科研院所为 15.6%、高校为 3.0%（比 2020 年降低了 0.8%），这与高校和科研院所创新资源集中、科技成果丰硕形成巨大反差。值得注意的是，专利不能满足市场化需要或专利申请本身不以转移、转化为目的是影响高校和科研院所的有效发明专利产业化率的主要因素。

我国知识产权贸易逆差依然不小。2020 年，我国在全球知识产权贸易总额中排名第五，位列美国、荷兰、日本、德国之后，成为知识产权贸易的重要参与者。美国、日本和德国是我国知识产权进口的主要来源地。以疫苗产业为例，美国处于明显的技术输出地位，侧重于日本和中国等亚洲市场的布局，而我国处于技术输入地位，海外布局较为薄弱。尽管我国在全球知识产权市场已从进口引进为主转为进出口双向发展，知识产权出口与进口的比率从 2004 年的 5∶95 提升至 2020 年的 18∶82，但仍处于知识产权贸易逆差状态。而美国在全球前十大知识产权贸易顺差国家中排名第一。

## （六）我国税收优惠激励力度、知识产权保护力度和反垄断详尽度不足

我国税收主要通过研发费用加计扣除、固定资产加速折旧等政策来激励企业创新。但研发费用加计扣除比例仅为 75%，制造业企业、科技型中小企业的研发费用加计扣除仅提高至 100%，力度还远远不够。尤其是在基础研究方面，一些发达国家的基础研究费用加计扣除比例达到 200%～400%，而我国在该方面还没有明确的税收优惠政策。我国规定的固定资产最低折旧年限一般都大于两年，用于研发的仪器和设备的单位价值不超过 100 万元才能一次性计入成本扣除，这对处于研发初期或亟待技术更新的企业的激励效果不佳。而发达国家规定的

固定资产最低折旧年限较短，尤其对老旧设备和建筑，甚至要求必须采用加速折旧法，以实现更新替换。

我国知识产权保护力度和反垄断详尽度不足。产业科技创新法律法规主要通过保护知识产权、反垄断、促进成果转化等来保障创新活动的顺利进行。国外的反垄断法是一个完善的法律法规体系，除了包括正式的反垄断主法，还包括极为详尽的配套法律文件，并佐以大量的经典案例和操作指南。美国不断强化对创新者的保护力度，扩大保护范围，建立起相对完善的知识产权法律保护体系。欧盟及其成员方通过建立专门的委员会，有效地利用与创新相关的立法保护知识产权。我国于 2022 年对《中华人民共和国反垄断法》进行了修改。但与发达国家相比，我国知识产权维权周期长、成本高、索赔难等问题还比较突出，尤其是知识产权侵权的惩罚力度不够，未对侵权行为产生较强的威慑作用。

### （七）我国出口产品的技术含量有待提升

我国对外出口产品仍然依托劳动力成本低廉优势，且部分出口依赖外资企业。我国纺织、鞋帽、塑料、橡胶制品等劳动密集和产品技术含量相对不高的传统产业对发展中国家及发达国家存在普遍的贸易顺差，具有明显的优势。在技术密集型产品贸易中，尽管机电产品对发展中国家和发达国家存在贸易顺差，但我国仅参与了其中非核心部件的制造和产业链中低端的加工装配环节。整体来看，我国的加工贸易仍然以劳动密集型为主，在高附加值产品的生产、贸易方面优势不足。长期以来，在我国的外资企业的出口更是占据着我国出口总额的半壁江山，尤其是外资企业主导的加工贸易，是我国对外出口贸易的重要引擎。与美国和日本以出口自己的产品为主不同，我国对外出口的产品中有很大一部分并不是我国企业生产的。在加工贸易中，我国从东亚、欧美等地进口零部件，进行加工装配后再向欧美等全球主要市场出口，因此我国的出口产品中其实有很大一部分并非我国自己的产品。

执笔人：延玲玲

# 思路篇

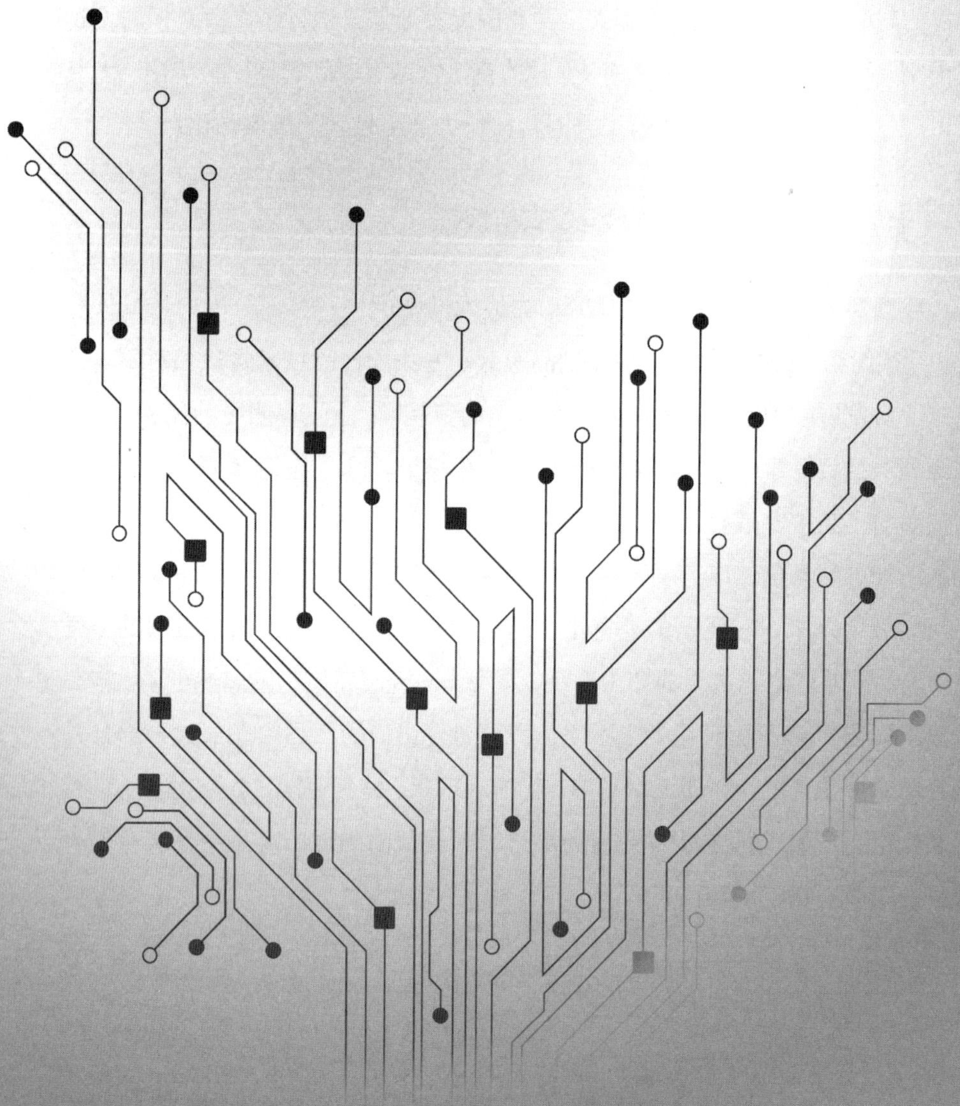

第五章 | Chapter 5

# 产业科技创新能力建设的总体思路与基本原则

## 一、总体思路

党的二十大报告指出，必须坚持科技是第一生产力、人才是第一资源、创新是第一动力，深入实施科教兴国战略、人才强国战略、创新驱动发展战略，开辟发展新领域新赛道，不断塑造发展新动能新优势。要写好产业科技创新这篇大文章，就必须深刻认识建设现代化产业体系的范畴，深刻理解“科技是第一生产力”和“创新是第一动力”的内涵，从而总结产业科技创新的发展规律和基本特征，提出具有针对性的路径与建议。

要坚持以习近平新时代中国特色社会主义思想为指导，深入贯彻党的十八大、十九大和二十大精神，立足新发展阶段，贯彻新发展理念，构建新发展格局，面向世界科技前沿、面向经济主战场、面向国家重大需求、面向人民生命健康，以支撑和引领制造强国、网络强国建设为宗旨，坚持“14436 战略”，增强产业科技创新能力，为提高全要素生产率、提升产业链供应链韧性和安全水平提供有力的支撑，推动现代化产业体系高质量发展。其中“14436 战略”是指 1 项战略方针（“创新是第一动力”）、4 项基本原则（坚持自立自强、坚持企业主体、坚持应用牵引、坚持生态支撑）、4 个战略任务（促进企业技术创新能力提升、加强产业关键核心技术攻关、打造产学研用协同创新模式、强化产业科技创新技术基础）、3 条路径（强化新技术的赋能作用，促进传统产业“老树开花”；加快技术链、资金链、信息链多链融合，开辟战略性新兴产业新领域新赛道；促进新型创新主体及组织培育，实现未来产业颠覆性技术突破）、6 项对策建议（完善产业科技创新的政策工具箱、加快攻克一批关键核心技术产品、建立健全产业科技成果转化体系、创新产业科技创新人才引培模式、夯实标准库专利池产业技术基础、持续优化产业科技开放合作机制）。

## 二、基本原则

### 1. 坚持自立自强

着眼于产业高质量发展的急迫需要和长远需求，加快关键核心技术攻关，重点突破工程化、产业化、商业化瓶颈环节，强化产业自主技术体系，提升产业链供应链自主可控能力和竞争力，全面塑造发展新优势。

### 2. 坚持企业主体

充分发挥企业在科技创新决策、研发投入、科研组织和成果转化应用等方面的主体作用，促进各类创新要素向企业聚集。发挥龙头骨干企业的引领支撑作用，激发中小微企业进行创新活动，推动大中小企业融通创新。

### 3. 坚持应用牵引

将市场主导和政府引导相结合，加深应用场景开放程度，推动重点领域创新先导区先行先试和示范引领，发挥技术驱动作用，促进关键核心技术集成创新和关键设备推广应用，加快科技成果转移、转化，促进技术—产业—市场迭代发展。

### 4. 坚持生态支撑

强化标准验证与检测、计量检测、质量可靠性试验验证、知识产权等产业技术基础，加快技术、人才、金融、政策等要素的融合和互动，健全产业科技创新生态体系。

执笔人：宋亮

第六章 | Chapter 6

# 产业科技创新能力建设的战略任务

## 一、促进企业技术创新能力提升

### （一）加快培育技术创新骨干企业

实施“专精特新—单项冠军—领航企业”梯度培育工程，加快专精特新企业成长为单项冠军、单项冠军壮大为领航企业的进程，形成一批具有生态主导力和核心竞争力的龙头企业。以中央企业、民营科技领军企业为核心，聚焦国家重大需求，推动技术创新骨干企业牵头组建创新联合体，联合高校、科研院所和行业上下游企业共建国家制造业创新中心、产业创新中心等平台载体，承担国家重大科技项目。

### （二）激发中小企业的技术创新活力

深入推进中小企业的“双创”工作，实施科技型中小企业“倍增计划”，以培育专精特新“小巨人”企业为重点，带动孵化百万家创新型中小企业。引导中小企业增强质量品牌创新升级能力，参与制定相关业务领域的技术标准，开展创新性、先进性和国际性团体标准应用示范。按照产业链梳理专精特新“小巨人”企业掌握的关键核心技术产品图谱，分级分类组织中小企业与大企业对接，助力中小企业融入大企业的产业创新链中。

### （三）推动大中小企业融通创新

通过短期项目合作、长期技术攻关和定期技术交流等形式，促进大企业带动中小企业创新发展。推动大企业和中小企业联合高校与科研院所等组建一批大中小企业融通、产学研用协同的创新联合体，鼓励其承接科技重大项目，加强共性技术研发。引导大企业向中小企业开放品牌、设计研发能力、仪器和设备、试验场地等各类创新资源，共享产能资源，加大对中小企业创新的支持力度。推动大中小企业创新资源共享，完善科研成果供需双向对接机制，促进大企业承担的重大科技项目研发成果向中小企业转移、转化。

## 二、加强产业关键核心技术攻关

### （一）以受制于人技术的突破带动重点产业链补短板

精准分析短板，针对产业链薄弱环节，以重要产品为突破口，攻克一批制约产业发展的关键核心技术和产品，补齐产业链供应链短板，实现重点领域关键核心技术有效供给，满足重要产品的市场需求。坚持底线思维，同时强化国家战略引领，在制造、金融、能源等重点领域以国产化替代为契机，发挥应用市场对技术研发方向、路线选择及各类创新要素配置的决定性作用，引导资本、人才、数据等资源要素被更多地投向“卡脖子”技术攻关，提高极限条件下企业的生存能力，保障我国重点领域产业链供应链的安全、稳定。

### （二）以先发技术的布局促进重点产业链锻长板

持续跟踪欧美国家、日本、韩国等国家的前沿交叉领域的技术突破、国际贸易、科技金融、政策法律、监管制度动态，分级分类强化对技术发展的监测、评估和预警，精准研判未来亟待“锻长”的技术产品。聚焦 5G/6G 通信、核电装备、先进轨道交通等具有一定先发优势的领域，通过机制创新、要素聚集、平台搭建、数智赋能和政策支持，加快重点环节、核心产品的前瞻布局和底层原理架构突破，集中优势资源做大做强一批不可替代的长板技术。坚持“赛道转化”和“技术代差”并重，加快储备一批撒手锏技术，加强标准体系、专利组合、基础理论等产业链的护城河作用，增强优势领域的门槛效应，提高我国在国际产业博弈中的主导权和话语权，保障产业链供应链的稳定性和竞争力。

## 三、打造产学研用协同创新模式

### （一）培育新型的产学研用协同创新主体及组织

聚焦于跨领域、跨学科的先进制造业，打造一批进行产学研用协同攻关的创新组织，其中的创新主体之间以群体跃进的方式构建起多元技术相互支撑、齐头并进的链式发展结构。加快构建龙头企业牵头、高校和科研院所支撑、各创新主体相互协同的创新联合体，促进龙头骨干企业和科技型中小企业与高校及科研院所共建一批股份制企业、研究开发中心、中试基地等新型研发机构，开展促进科技成果转化的专项行动，实行知识产权共享，实施技术转移。瞄准新技术产业化过程中诸如工程化中试、小规模量产等关键环节，大力培育和壮大新型桥接型技术平台和转移机构，依托高校和科研院所建立中试基地、工程化实验室、检验检测平台等行业共性技术研发载体，能够使广大中小企业以较低的成本享受新技术带来的产业红利。

### （二）建立新型的产学研用协同合作关系

打破企业、高校、科研院所、金融机构及第三方中介之间的壁垒，分产业和分技术环节创新激励机制、共享机制和评价机制等各项机制，将松散的资源聚集在一起，形成紧密的协调合作，面向市场需求提升技术创新的反应速度和快速市场化运作水平，促进知识经济、技术创新、经济发展和创新主体发展成为一个连续的有机体。持续健全产业与科技协同对接机制，推动高校、科研院所、第三方中介等的科技成果转化项目库向企业开放，加快各级科技计划等成果在企业的转化和产业化。健全关键核心技术攻关新型举国体制，把政府、市场、社会有机结合起来，推进重点项目协同和研发活动一体化，发展高效、强大的共性技术供给体系，形成龙头企业、配套企业、高校、科研院所、金融机构、第三方中介等协同联动和竞合共生的生态发展格局，提高科技成果转移、转化的成效。

## 四、强化产业科技创新技术基础

### （一）做好重点领域标准体系的规划与布局

建立重大科技项目与标准化工作联动机制，完善标准必要专利制度，推动建立标准与知识产权联动工作机制。建立健全工业碳达峰、碳中和标准体系，强化新兴产业、未来产业标准化研究的布局，加快产业链关键标准的研制、应用，持续优化标准体系供给结构，优先支持重点领域标准和基础通用类标准的研制，做好量大面广的技术和产品标准的制定工作。持续深化国际标准合作，以我国标准在国内市场的实际应用为基础，支持企业、行业协会等积极参与国际标准的制定，强化国际标准化人才梯队的培养，促进国内国际双循环。

### （二）强化全面质量管理

开展制造业重点领域质量管理升级行动，以组织企业实施数字化质量管理和提升关键过程能力为抓手，推广先进质量管理方法和工具，推动制造业质量管理数字化、网络化、智能化发展，夯实企业全面质量管理的技术基础。聚焦于机械、航空、汽车、电子、家电等行业的基础零部件、关键元器件及重点产品，实施重点产品可靠性"筑基工程"和"倍增计划"，突出可靠性攻关任务，提出考核要求，总结并推广一批可靠性解决方案，提高企业的关键环节质量管控水平。以标准为牵引，推动计量、检验检测、认证认可融合发展，健全国家质量基础设施一体化发展体制机制，提高全链条技术方案的供应水平。

### （三）提升知识产权供给质量

建立健全制造业高价值专利跟踪评估机制，从市场角度开展科学、高效的知识产权评价，引导和激励行业知识产权的高质量创造。在重大项目、重大工程中，引导企业强化专利、商业秘密、商标、著作权等知识产权成果的统筹布局。聚焦于量子科技、类脑智能、生物医药等战略前沿领域，培育知识产权运用试点企业，推广典型案例。开展制造业创新成果产业化试点，依托地方具有比较优势的产业聚集区，构建"中心+承载区+平台"模式，促进知识产权成果落地运用及转化。

执笔人：王凡

第七章 | Chapter 7

# 新时期提升我国产业科技创新能力的路径选择与对策建议

## 一、路径选择

### （一）强化新技术的赋能作用，促进传统产业“老树开花”

传统产业不等同于夕阳产业或是落后产业，推进传统产业技术创新不仅能催生出新的投资机会，有效拓展国内需求；还有望拓展生产可能性边界，孕育未来产业变革，有效对冲劳动力成本的上升，提高生产效率和企业的盈利水平，形成更多经济增长点和增长极。事实上，当前我国传统产业所占比例仍然较高、吸纳就业人口较多，因此我国必须重视传统产业在我国产业科技创新能力建设中的重要地位。我国传统产业的转型升级为数字技术、绿色低碳技术的发展提供了重要的应用场景和巨大的市场空间。例如，长三角和珠三角地区的诸多钢铁及冶金等传统制造企业“机器换人”的过程就释放了对智能机器人、数字孪生及数字流水线的大量需求，也为我国工业控制软件企业与系统集成商提供了重要的本地市场与发展机遇。总体来看，下一步必须力争通过“老树开花”等模式加速推进传统产业的新一轮技术改造，强化工业基础和提升技术创新能力，促进重点领域生产设备、技术、效能、产品质量的全面提升，为稳增长注入新的动力，为高质量发展开辟新的空间。

作为吸纳就业的主阵地和稳定经济发展的基本盘，传统产业不能囿于狭隘的、局部的技术改造视角，必须保持一种开放包容的姿态，主动与云计算、区块链、人工智能等新一代信息技术深度融合，以数据为核心，依托工业互联网打造“智慧大脑”，加快数字化、绿色化、智能化转型，实现流程、工艺、生产和管理的优化升级，持续提升生产效率和产品质量，推动整个产业向高端化、个性化、定制化、服务化迈进，不断满足新的消费需求。为此，通过结构调整和技术改造，使发展重心转向高附加值的产业或产业链环节，催生出一系列新技术、新业态和新模式，是我国传统产业转型升级的主攻方向，也是整体产业科技创新能力提升的必然选择。

一是从跟随式技术创新转向自主创新高值化发展。钢铁、冶金、汽车制造等传统产业的成长趋缓，以外延式扩大再生产发展为主，其产品往往需求弹性小、附加值较低。传统产业科技创新能力提升必须遵循“提升一批，规范一批，淘汰一批”的原则，强化核心基础零部件（元器件）、关键基础材料、先进基础工艺、产业技术基础的建设，实现关键核心技术产品自主可控、安全可靠。通过重构战略理念，以及导入新技术、新工艺、新装备和网络技术，促进传统产业的流程创新、产品创新和模式转变，逐步以更多符合市场需要的高附加值产品来取代传统的落后产品，变低端市场的红海为中高端市场的蓝海。以钢铁产业为例，尽管我国已经成为世界上最大的钢铁生产国，在粗钢、生铁产能方面处于绝对领先地位，但仍迫切需要在特钢和高端钢铁等高精尖“卡脖子”产品上加快攻克高强、高韧、低屈强比综合调控难题，建立市场—基地—钢厂—市场循环创新机制，以便围绕国家重大需求，确保研究成果能被实际应用于国民经济主战场。

二是从信息技术赋能转向智能化、服务化发展。立足我国钢铁、冶金、汽车制造等优势传统产业，加快重点产业的数字化、智能化、网络化改造，以及智能生产线、智能车间的建设，着力推动大数据、云计算、区块链等先进技术与产业转型升级相融合，为自身转型发展提供源源不断的动力。从事传统产业的制造企业必须跳出研发、制造、销售产品及简单的售后服务，而应面向高端客户提供个性化大规模定制、综合解决方案、智能信息服务等高附加值服务，加快自主销售体系的建设，促进企业业务范围从低端加工制造环节向“微笑曲线”两端高附加值的研发、设计、销售及售后服务环节延伸拓展，实现全产业链发展。未来，我国以钢铁产业为代表的传统产业需进一步结合自身生产制造过程中对信息实时性要求高、生产流程变量多、采销两端要素杂等特征，着力突破“孤岛控制”“条线分割”“界面有缝”“衔接粗放”等瓶颈，利用数字技术对装备、系统等开展集成，在人员、技术、资源、制造上实现数据共享，打好数字化转型的基础。

三是从节能减排转向绿色发展。绿色发展是构建高质量现代化经济体系的必然要求，传统产业作为我国能源消费和碳排放的重要领域之一，承担着实现“双碳”目标的艰巨任务。各地区、各部门必须充分利用节能减排、技术改造、绿色信贷等政策手段，通过产品设计、原材料选择、设备工艺改革、生产过程管理和物料内部循环再利用等措施，推进绿色化技术创新，以及清洁生产方式、循环利用技术的推广应用，使钢铁、冶金、装备制造、能源开采等的生产过程尽可能减少原材料和能源消耗，减少废物排放数量并降低废物的毒性。以构建新型供应链为重点，加快推动绿色铸造，推动钢铁、冶金、机械制造产业向高端、智能、绿色转型，使部分产业跻身世界领先行列。例如，钢铁产业可以合理且有序地推进系统效能提升、资源循环利用、流程优化创新、冶炼工艺突破、产品迭代升级、捕集封存与利用等多种低碳技术路线探索，围绕低能耗冶炼技术，节能高效轧制技术，全流程质量检测、预报和诊断技术，生产流程智能控制技术，高端装备用材等升级需求进行技术攻关，形成钢—焦—化—氢全闭环低碳生产链条，同时向氢能重卡、光伏绿电等相关领域延伸，利用信息化、数字化和智能化技术，强化钢铁企业精准碳排放管控，提升碳排放管理水平和低碳竞争力。

### （二）加快技术链、资金链、信息链多链融合，开辟战略性新兴产业新领域新赛道

构建现代产业体系是制造业高质量发展的重要基础，也是提升产业科技创新能力的核心要义，其中着眼于构建新发展格局，培育和壮大战略性新兴产业是关键所在。当前，以新能源汽车、软件、疫苗等为代表的战略性新兴产业尚处于成长初期，未来的发展潜力巨大，对经济社会具有全局带动和重大引领作用。值得关注的是，近年来布局发展战略新兴产业已成为大国博弈的焦点，而其中所涉及的储能电池、电机电控、智能算法、mRNA 序列设计等多种关键核心技术也是中外竞争的关键。未来，依托我国超大规模市场、人口规模红利及完整工业体系优势，立足需求牵引、市场带动，加强应用示范和场景创新，推进产学研用深度融合，加快科技、产业、金融、人才协同发展，系统提升产业创新体系效能，增强制造业高质量发展的内生动力是我国战略性新兴产业科技创新能力建设的主攻方向。

加快构建技术链、资金链、信息链深度融合的生态体系，培育新业态、新模式，发展特色产业集群，打造战略性新兴产业科技创新的策源地，对于产业科技创新能力的提升具有重要的战略意义。

一是围绕重点方向部署技术链。目前，实现一批“从 0 到 1”“1 到 $N$”的突破，特别是要注重开辟新领域、提出新理论、发展新方法，取得重大开创性的自主创新成果，这既是国际科技竞争的制高点，又是战略性新兴产业发展的核心竞争力所在。例如，近年来，我国新能源汽车产业科技创新硕果累累，不仅整车制造水平显著提升、关键零部件核心技术取得了一系列突破，整车信息安全防护也从边界防御向主动安全的纵深防御体系跃升。但面对战略矿产资源争夺激烈、动力电池原材料大幅上涨的新矛盾，未来我国必须巩固锂离子动力电池技术优势，加快发展钠离子、固态电池、燃料电池等新型电池技术，促进电池技术和材料多元化，同时建设高效的动力电池回收利用体系，有效缓解稀有金属资源的供给矛盾，支撑新能源汽车产业持续健康发展。因此，提升战略性新兴产业科技创新能力，要借助技术路线图、产业竞争地图、科学计量分析体系等多元战略工具，加强战略性新兴产业的战略研判和前瞻部署，明确产业链环节中的重点研发领域和技术需求，甄别关键共性技术和重大技术。建立新型的产学研用协同合作关系，分产业和分技术环节创新激励机制、共享机制和评价机制等各项机制，将松散的资源聚集在一起，形成紧密的协调合作，面向市场需求提升技术创新的反应速度和快速市场化运作水平。

二是围绕技术创新部署资金链。在战略性新兴产业科技创新的过程中，产业是基石和根本，金融是催化剂，二者相互渗透、相互支撑、相互促进，不断创造新的价值，实现“1+1 > 2”的效应。总体来看，以新能源汽车、软件、疫苗等为代表的战略性新兴产业的投资风险高且投资回收期长，试验期发展成败具有很大的不确定性，政府部门必须抓好国家财政精准扶持和社会资本广泛参与两条建设主线，紧跟市场环境和监管要求的不断变化，为产业科技创新提供源源不断的动力。自新冠疫情爆发以来，我国疫苗产业迎来了快速发展的“窗口期”，在免疫反应测试、动物保护测试、免疫原生产工艺（放大）优化、临床前毒理研究等诸多环节，企业对中长期贷款、信用贷款的需求更加迫切。为此，商业银行、风险投资、种子基金等金融机构立足主业，找准自身定位，聚焦于目标客户，创新商业模式，在前端研发、临床试验、推广应用等关键环节予以精准支持，构建自身独特的产业金融服务优势，对于我国疫苗产业科技创新能够起到事半功倍的作用。由于战略性新兴产业科技创新主体多元且复杂，既有以市场应用为导向开展技术研发的行业龙头企业，又有关注前沿技术的成果实际运用的创新型中小微企业，这就要求相关部门针对不同技术发展阶段和主体特征，发挥不同融资体系的比较优势，聚焦于工程化中试、小规模量产、产业化推广等薄弱环节，用好、用足现有金融扶持政策，按照商业可持续原则，积极帮扶信用良好、技术实力强、市场潜力大的企业开展技术攻关、专利布局、标准建设等活动。与此同时，金融监管部门要重视产业科技创新资金来源和运用的稳定性、合规性、有效性、安全性，不断加强股权结构、企业治理、关联交易、风险管理体系等方面的建设管控。

三是围绕产业科技创新部署信息链。在数字经济时代，数据信息既是国民经济发展的重要基础，又是战略性新兴产业科技创新竞争的新焦点。因此，产业部门必须推动新一代信息技术与制造业融合发展，加速工业企业的数字化、智能化转型，提高制造业的数字化、网络化、智能化发展水平，推进制造模式、生产方式及企业形态变革，带动产业转型升级。加快新型信息基础设施建设，注重数据库、算法库和测试平台（如无人驾驶、视觉识别）等软性基础设施适度超前布局，实施“东数西算”工程，推进云网协同发展，提升数据中心跨网络、跨地域进行数据交互的能力，以及面向特定场景的边缘计算能力，强化算力统筹和智能调度。例如，在新能源汽车产业中，将企业云和车联网构建作为重点，在不断完善稳态基础架构的同时，通过人工智能、大数据融合 AR/VR（Augmented Reality/Virtual Reality，增强现实/虚拟现实）等能力和业务场景的结合，构建敏态基础架构，以便支持创新业务的快速响应，为构建核心技术和产品竞争力提供坚实的保障。

### （三）促进新型创新主体及组织培育，实现未来产业颠覆性技术突破

随着新一轮科技革命和产业变革突飞猛进，学科交叉融合不断发展，科学研究范式发生深刻变革，技术创新路径正由“梯次渐进”向“连锁核爆”模式转变，

以量子科技、生物医药、新型能源等为代表的未来产业将以跨界融通形式呈现，成为今后全球产业竞争的必争之地。未来产业创新能力建设的关键不仅仅是传统的土地、劳动等，还有科技领军型人才、重大科研设施、巨额资本、海量数据等多种要素的供给，研发周期长达数十年，攻关成本以上百亿美元计。例如，量子计算机是一项对传统技术体系产生冲击、促进重构的重大颠覆性技术创新，未来有望加速智能传感器、精准医疗、搜索算法、科学成像等众多领域的发展模式"变更赛道"，但其研发过程涵盖结构、器件、工艺及检测等一系列核心科技难题，需要依靠态叠加原理、量子纠缠、自动控制等多学科和跨领域的高水平专业技术团队协同攻关，从样机走向产业化的过程更是对精密度、可靠性、速度等指标的终极考验。

"十四五"规划明确指出，在类脑智能、量子信息、基因技术、未来网络、深海空天开发、氢能与储能等前沿科技和产业变革领域，组织实施未来产业孵化与加速计划，谋划布局一批未来产业。为此，加速谋划布局未来产业新赛道需要遵循以下两点。一方面，我国必须以面向世界科技前沿为导向，加强前瞻布局和基础研究，提升自主创新能力。未来产业（以量子科技、类脑智能、未来网络、新型能源为代表）的不确定性、高风险性和长周期性决定了政府既不能大水漫灌式地大面积扶持，又不能完全寄希望于企业在现有发展环境下自由发展壮大，关键在于政府的精准引导，打造"科学预见—科技研发—投资孵化—产业落地—收益回报—迭代预见"的良性循环，加强前沿技术多路径探索、交叉融合和颠覆性技术供给，突出关键共性技术和现代工程技术创新，推动基础研究、应用研究和产业化协同布局。国家层面要借鉴发达国家的经验并结合我国产业发展的基础和条件，加快研究并制定前沿交叉产业发展规划，明确未来发展的重点方向、重点领域、战略任务、发展路径和战略举措，系统谋划重点领域的重大项目布局；针对涉及跨学科、跨领域的前沿交叉领域，鼓励开展前沿探索课题，在科技创新2030——重大项目、"颠覆性技术创新"重点专项（"十四五"国家重点研发计划）中支持一批基础性、交叉性、前瞻性新型科技项目工程，对于在重大原创性突破研究过程中急需解决的关键问题实行滚动立项，持续增加基础研究的研发经费。当前，我国北京怀柔、上海张江、安徽合肥、粤港澳大湾区 4 个综合性国家科学中心聚集了一大批技术、人才、设施、数据等创新资源要素，有望成为我国未来产业科技创新的策源地。因此，我国要加快布局一批未来产业技术研究院，开展前瞻性、战略性重大问题研究，密切跟踪、科学研判世界前沿科技和未来产业的发展动态，做好预测、风险评估并及时提出应对措施，为未来产业发展奠定坚实的基础。

另一方面，我国要加快培育新型企业创新主体及组织，支撑多元化、深层次、高强度产业科技创新活动。相比于传统产业和战略性新兴产业，未来产业技术共享、转化机制更加丰富，已从各环节单兵突进的“接力赛”变成多主体协同发力的“篮球赛”，学科领域的边界日益模糊，创新链的整合能力更强，新技术从研发进入市场的周期更短，科学研究与技术创新的联系日益紧密、相互交织，形成协同互促的组织方式。因此，未来产业科技创新迫切需要新型企业创新主体及组织来承担，通过金融支持、标准规制、项目倾斜等方式促进资源要素向它们聚集，协调政府治理和企业自治之间的关系，全面提升各类主体的技术创新能力。例如，在量子产业中，以跨领域、跨行业知识及技术聚集为特征的创新联合体，有望系统且高效地整合人才、资金、知识、数据等资源要素，促进技术跨界融合，在前沿交叉领域催生出一系列新产品、新模式、新业态，北京量子信息科学研究院、合肥高新区量子信息与量子科技创新研究院等新型研发机构是其中的典型代表。又如，“队长+蜂群”形式的创新型企业联盟能够在基因技术、氢能与储能等未来产业科技创新中大放异彩：“队长”企业能够整合上下游中小企业实现跨领域、跨行业的技术集成，从而形成垂直一体化产业生态体系；“蜂群”企业则是围绕某类技术形成中小企业群落，群落内的企业共同建立和遵循行业标准进行有限创新，人才、信息等创新要素能够横向流动。

## 二、对策建议

### （一）完善产业科技创新的政策工具箱

遵循“底线思维+定向调控”的思路框架，统筹经济社会发展、科技创新与产业安全可控之间的关系，高度重视政策集成，完善创新容错纠错机制，综合运用货币金融、财政税收、研究开发、知识产权等多种工具，建立健全产业科技创新政策的“一揽子”计划。进一步加强产业科技创新政策与宏观政策的一致性评估，谨慎出台影响“六稳”“六保”、市场预期，以及具有排他性和收缩效应的政策措施。限制政府自身直接介入技术创新本身，特别是直接干预市场机制运行的行政权力，减少诸如利率优惠、压制工业用地价格等干预型政策工具选择，降低创新主体对要素价格的过度依赖，将经费使用权、分配权进一步下放给科技领军企业和关键配套企业等创新主体，扩大政府采购、研发费用加计扣除、首台（套）保险等政策的适用范围。强化需求侧政策的制定和实施，推出以创新型产品与服务为导向的政府采购、以技术研发为主的商业采购等政策措施，增加能源、电力、金融、通信等公共领域的需求，深化为重大攻关成果初始市场介入的制度性改革。进一步规范重点领域的产业科技创新市场秩序，完善网络环境下消费者隐私及商业秘密保护制度，加强反垄断的执法力度，依法依规打击各种垄断行为，做好头部企业的反垄断审查，维护产业科技创新市场的公平竞争，加大反不正当竞争的执法力度，依法打击各类不正当竞争行为。

### （二）加快攻克一批关键核心技术产品

坚持聚焦重点、远近结合的原则，围绕钢铁产业、新能源汽车产业、软件产业、疫苗产业、量子产业等重点产业，制定年度重大短板攻关推进目录，按照细分方向构建涵盖关键卡点、技术链条、供应体系“三位一体”的产业图谱，通过财政直接拨款，力争在 3～5 年内攻克一批“卡脖子”的技术难题，解决产业链供应链的燃眉之急。改革重大科技项目立项和组织管理方式，实施挂图作战、“揭榜挂帅”和“赛马制”等制度，推动技术总师负责制，组建创新联合体并组织重大创新任务，加快突破一批关键共性技术和“卡脖子”技术。鼓励行业头部企业联合上下游制定关键核心技术产品国产化替代计划，主动参与重大技术装备攻关工程等目录编制，建立健全国内同准备份、降准备份机制。拓展优化首台（套）应用扶持政策和保险补偿机制，鼓励制定地方首台（套）重大技术装备保险补偿政策，扩大优质产品承保、担保范围，加快重点领域创新产品的推广应用。着力打造一批关键共性技术研发平台，鼓励组建重大技术装备研发创新联盟，结合行业发展情况制定攻关任务的时间表、路线图，建立产学研用结合、上下游衔接、大中小企业协同的创新机制。

## （三）建立健全产业科技成果转化体系

针对高校、科研院所，以及国有企业、头部民营企业的关键核心技术产品建立科技成果全周期管理制度，形成科技创新和知识产权管理、科技成果转化相融合的统筹协调机制，优化科技成果披露制度，健全国有企事业单位科研人员离岗或在岗创业实施细则。支持建设各类科技成果转化载体，持续推动中央、省区、地市 3 个层级的科技成果转移、转化示范区发展，加快在京津冀、长三角、粤港澳大湾区、成渝双城经济圈内建设创新创业聚集区，推进大学科技园成为高校成果转化首站和区域创新创业核心孵化园，探索和推行“创新飞地+跨域制造”科技成果转移、转化与产业化模式。加大金融对科技成果转化的支持力度，创新科技信贷产品，结合未来产业的发展特征和企业的需求，适时推出多样化的信贷产品。同时，对于由于信贷而导致贷款本金损失的金融机构进行风险补偿，从而降低未来产业相关的科技型中小企业的信贷门槛。深化技术转移服务体系建设，建立技术转移机构库，支持其开展技术搜索、科技评价、概念验证、技术投融资等专业服务，以及产业技术领域的技术转移服务和跨境技术转移服务，鼓励众创空间、投资机构、科技咨询服务机构拓展技术转移功能。

## （四）创新产业科技创新人才引培模式

加强人才引进，持续推行“人才+项目”引才模式，加强产业创新人才需求预测，完善重点行业人才信息库，建立产业人才信息发布平台。在深圳河套、珠海横琴、新疆石河子地区建立新型产业科技创新研究中心（研究院），遵循“重点支持、来去自由”原则，采用“民办官助”模式鼓励和吸引海外制造业人才（特别是领军型人才）前往内地开展基础研究、前沿领域研究工作，打造国际人才交流合作平台，为我国产业科技创新提供人才支撑。优化外籍人才来我国工作流程、缩短办理时限，加快发放“服务绿卡”，并为高端外国专家和重点引智单位提供预约服务、“一站式”服务和上门服务等便捷服务措施。制定重点产业发展急需人才、紧缺人才开发目录，鼓励“一人一议、一事一政策”，营造人才引进的良好制度环境。加大产业科技创新人才个人所得税优惠力度和加强成果转化激励。创新人才评价和激励机制，推进职称制度分类改革，探索建立“市场+业内”双向评价体系，对从事集成技术创新、关键零部件攻关、智能化开发等领域的基础研究、应用研究、成果转化等不同科研活动的人员，建立分类评价制度，突出市场应用导向，弱化对论文、专利等量化指标的考核，对于高新技术企业的主要研发人员，进行个人所得税减免和优化，探索重大发明/专利/奖励等所得税抵扣方式，增强职务发明等成果转化的激励。

### （五）夯实标准库专利池产业技术基础

布局制造业协同创新的综合性公共服务平台，提供技术研发、检验检测、技术评价、技术交易、质量认证、人才培训等专业化服务。统筹推进国家标准体系的建设，注重国家标准、行业标准和团体标准化工作的紧密结合，动态更新和完善重点领域的技术标准体系建设方案。鼓励我国企业牵头，联合高校、科研院所参与国际性技术创新和产业联盟，组建新型全球性、区域性标准化组织，把我国标准提升为具有国际认可度的全球性标准。鼓励科技领军企业把技术优势转化为标准优势，积极牵头制定国内外行业标准，深度参与国内外标准和技术法规的制定，积极向国际组织贡献中国技术方案。聚焦于新能源汽车、软件、量子等产业，加强高价值专利等知识产权的培育，提升知识产权转化能力，引导重点领域开展 PCT 申请，完善重点领域的海外专利布局。支持第三方知识产权服务机构的发展，推动在数字经济、人工智能、量子科学等新领域新业态建立产业专利池，促进知识产权高效运用。

### （六）持续优化产业科技开放合作机制

尽管近年来以美国为代表的西方国家对我国的科技封锁打压持续升级，但我国仍需实施更加开放包容、互惠共享的国际科技合作战略，更加主动地融入全球创新网络。加强与境外主流媒体的联系，运用国际化话语体系和表述方式深入阐释我国产业科技创新理念及方案，尽量降低海外对我国的戒备和警惕心态，避免科技和学术领域“硬脱钩”。转挂钩和软挂钩，紧密跟踪新兴发展中国家和关键小国，特别是QS发布的世界大学排名、泰晤士高等教育世界大学排名等排名中非欧美国家的重点大学，加快海外人才布局，通过与以色列、马来西亚、新加坡、沙特等国家共建海外技术创新研究院、工程研发中心、前沿学科等方式，积极参与国际重大科学工程项目，实现与欧美国家的“明脱暗连”。积极牵头并参与国际大科学计划和大科学工程，凝聚欧美、亚非拉、东亚等国家和地区的行业力量，建立国际创新合作平台，以便吸引高端人才，联合开展科学前沿问题研究，促进我国与其他国家产业链、技术链、创新链、资金链的深度扭抱，建立长期稳定的合作。加快国际标准和规则的运用，支持我国企业加入世界主要技术标准组织，参与国际性技术创新和产业联盟，通过人才引进、合作研发、委托研发、参股并购、专利交叉许可等方式，为我国产业科技创新体系营造良好的国际合作环境，提高我国在全球科技治理中的影响力和规则制定能力。

执笔人：王凡

# 专 题 篇

第八章 | Chapter 8

# 钢铁产业科技创新面临的困境及思考

钢铁产业是以从事黑色金属矿物采选和黑色金属冶炼加工等工业生产活动为主的工业产业，包括金属铁、铬、锰等的矿物采选业、炼铁业、炼钢业、钢加工业、铁合金冶炼业等细分产业，是国家重要的原材料工业之一。钢铁生产流程依次分为炼铁、炼钢、浇注及轧钢环节。钢铁产业链上游为铁矿石、锰矿石、铬矿石、石灰石、煤炭、电力等资源和能源产业，下游为基建、汽车、机械等产业（见图 8-1）。在统计上，钢铁产品包括生铁、粗钢、钢材 3 类[①]，2021 年我国 3 类产品的产量分别为 8.7 亿吨、10.3 亿吨和 13.7 亿吨[②]。

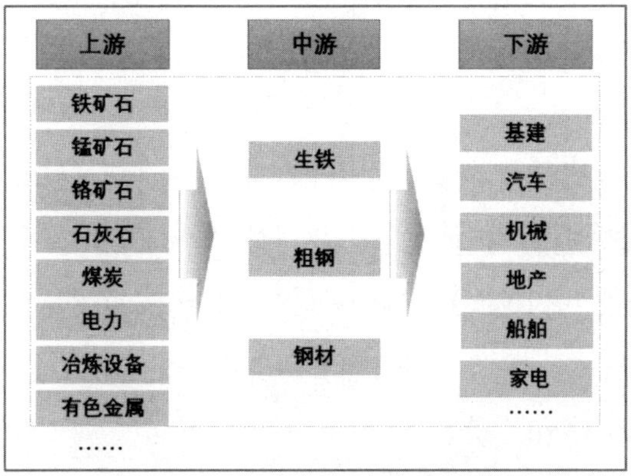


图 8-1 钢铁产业链示意图

资料来源：公开资料，赛迪智库整理，2022

我国钢铁产业的水平在几十年内获得了空前的提高，我国是全球最大的钢铁生产国和消费国，钢铁产能长期保持全球第一，现已建成全球最为完备和较为先进的钢铁生产体系。我国钢铁产业的技术创新，从引进国外技术装备和生产工艺到开展自主创新，从模仿学习再到逐步超越，技术水平大幅提升，企业竞争力显著增强，带动了我国钢铁产业链向中高端迈进，有力地支撑了我国制造业的高质量发展和制造强国的建设，也为实现低碳绿色高质量发展奠定了坚实的基础。

---

① 生铁是直接由高炉中生产出的粗制铁，可进一步精炼成钢、熟铁等，或重新融化铸造成特定形状；粗钢是指完成了冶炼全过程［包括铁水预处理、熔炼、二次冶金（即炉外精炼）、浇注或连铸等］，未经塑性加工的钢，是以铁为主要元素、含碳量一般在 2%以下并含有其他元素的金属材料；钢材是钢锭、钢坯或钢材通过压力加工制成的所需要的各种形状、尺寸和性能的材料。

② 出自国家统计局网站的《2021 年国民经济持续恢复 发展预期目标较好完成》。

但同时，我国钢铁产业仍然存在大而不强的问题，在一些技术领域与美国、日本、欧洲国家还有一定的差距。例如，钢铁产能中大部分是粗钢产量，特钢占比较低，一些高端特钢仍需依赖进口；部分关键核心技术仍由美国、日本等国家控制，节能减排等绿色冶炼技术与主要发达国家仍有较大差距。我国钢铁产业尚需进一步加快关键核心技术攻关，借鉴和吸取国外钢铁产业科技创新的经验和教训，推动产业向高端化、绿色化方向迈进。

## 一、创新能力

本研究选取产业科技创新基础能力、产业科技创新主体能力、产业科技创新投入能力、产业科技创新产出能力、产业科技创新环境支撑能力、产业科技创新国际影响能力 6 个维度的相关细分指标，结合钢铁产业的特征，通过国内纵向比较和国际（美国、日本、韩国、德国等）横向比较的方式，对我国钢铁产业科技创新能力进行全面测度和评价。

### （一）产业科技创新基础能力雄厚，产业链配套率高

从产业规模来看，我国钢铁产业规模总体保持快速增长，钢铁产量稳居全球首位，产业科技创新基础能力雄厚。近几十年来，我国钢铁产业保持较快发展，其中在 2000 年以后，在国内外巨大消费需求的拉动下，我国钢铁产业规模实现爆发式增长。2021 年，我国钢铁（粗钢）产量为 103 279 万吨，是 2000 年的 8 倍以上；生铁产量为 86 857 万吨，钢材产量为 133 667 万吨，焦炭产量为 46 446 万吨，均为全球第一。从全球钢铁产量对比来看，我国年钢铁产量已连续 25 年保持全球第一，远超美国、日本、德国等传统工业强国。2021 年，我国钢铁产量占到全球总产量的 52.94%。从特钢产业规模来看，近年来我国特钢产量均在 1 亿吨以上，同样居全球首位。我国历年钢铁（粗钢）产量及增长率如图 8-2 所示。

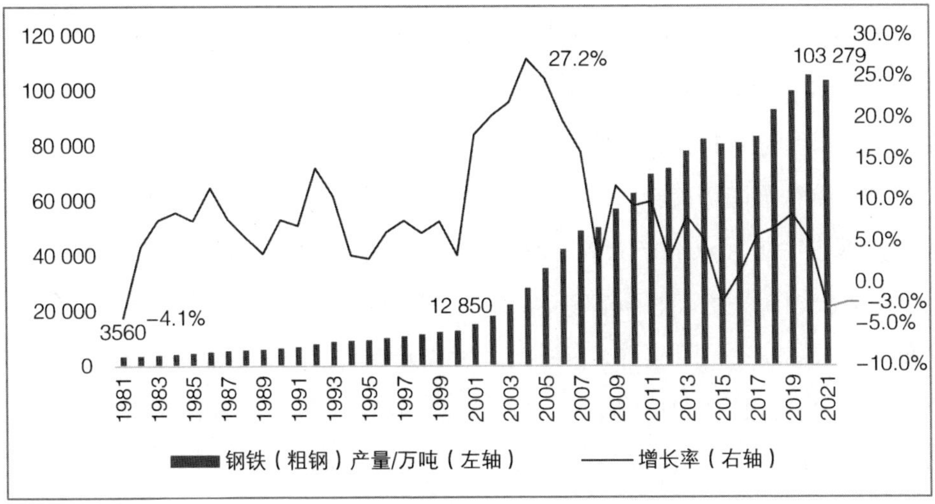


图 8-2 我国历年钢铁（粗钢）产量及增长率

资料来源：中国钢铁工业协会，赛迪智库整理，2022

2021 年全球前十大产钢国及其粗钢产量和同比增减情况如图 8-3 所示。

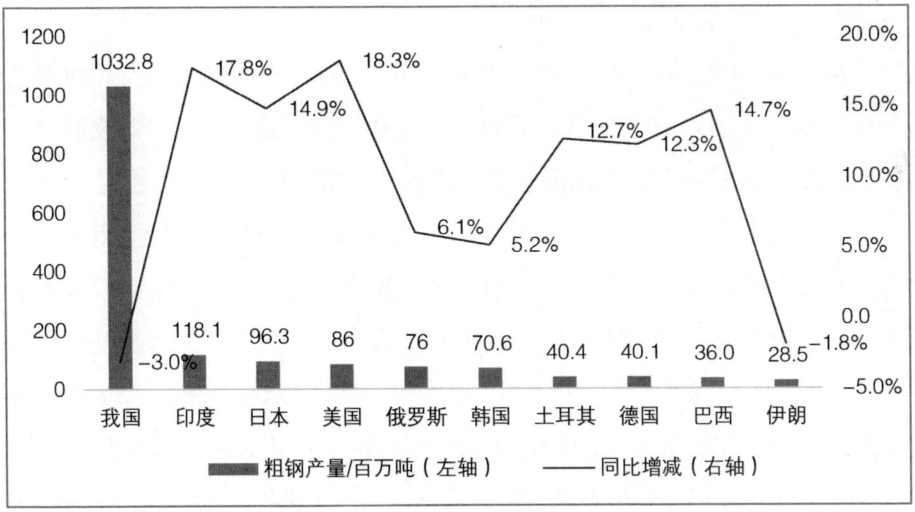


图 8-3 2021 年全球前十大产钢国及其粗钢产量和同比增减情况

资料来源：世界钢协，赛迪智库整理，2022

从产业生态来看，我国拥有完备的钢铁产业生态体系，产业链配套率高，但大量铁矿石及部分高端特钢依赖进口，产业科技创新基础较扎实但仍有提升空间。我国钢铁产业的生产体系完备，从铁矿石等原材料采选、焦化、冶炼设备生产，到炼铁、炼钢、轧钢，再到钢铁产品的市场应用，各环节均有成熟的工艺，相关设备能够自给，并且部分企业的技术装备、冶炼工艺较为先进，能够生产从生铁、粗钢到特钢的各类产品，满足市场大部分应用需求。但我国钢铁冶炼技术与日本等钢铁强国仍有较大差距，特别是在高端特钢领域短板明显。2021 年，我国特钢进口量为 604.07 万吨，其中每年从日本进口的 200 万吨左右的钢铁产品，均为我国无法生产的高端特钢。同时，虽然我国的铁矿石资源丰富，但品位很低、开采难度大，因此需大量进口。2021 年，我国铁矿石的总需求量为 14.22 亿吨，其中进口量达 11.24 亿吨，占总需求的 79%，并且进口量的 80%以上来自澳大利亚（61.7%）和巴西（接近 20%），铁矿石供应长期掣肘于其他国家。

## （二）产业科技创新主体能力加速提升，企业竞争力显著增强

从企业的数量来看，我国钢铁企业的数量先增后减，数量庞大，产业科技创新主体充足。钢铁企业是钢铁产业科技创新的重要主体，在生产产品的过程中发明和改良技术、更新冶炼设备和积累生产经验等，促进产业技术装备和生产工艺的革新。20 世纪的后 10 年，我国钢铁企业的数量较为稳定，该时期钢铁产业平稳发展。2000—2014 年，我国钢铁企业的数量急剧增加，最多时达到 14 000 余家（见图 8-4），这表明该时期我国钢铁产业发展迅猛，同时企业的数量增加带来更为激烈的市场竞争。总体来看，新增大量钢铁企业为产业科技创新带来大量创新主体，也带来更多的创新动力。2014 年以来，由于全球钢铁产能过剩、环境污染压力加大等，我国实行“去产能、去库存”等政策措施，逐步淘汰大量钢铁产业的落后产能，关停部分技术水平低的企业，钢铁企业数量大幅减少。但同时，这些政策也促使现存企业加大科技研发投入力度，改进技术工艺，推动其向绿色化、数字化和产品质量高端化迈进，促进钢铁产业科技创新能力提升。

从上市企业来看，我国钢铁产业上市企业的数量快速增加，已超越美国和日本，企业竞争力显著增强。2015—2022 年 5 月，我国钢铁产业上市企业的数量显著增加，从 2015 年的 14 家增加到 2020 年 5 月的 46 家（见图 8-5），逐步超越美国、日本的数量（美国、日本两国 3 年来钢铁产业上市企业的数量基本未

变），产业发展势头强劲，企业的竞争力和产业科技创新主体能力逐步提升。但同时，我国钢铁产能远超美国、日本，而上市企业的数量直到近几年才赶上和超过美国、日本，说明我国钢铁产业存在明显的大而不强的问题，企业规模小、竞争力不强且行业资源较为分散，将限制企业科技创新能力的提升。

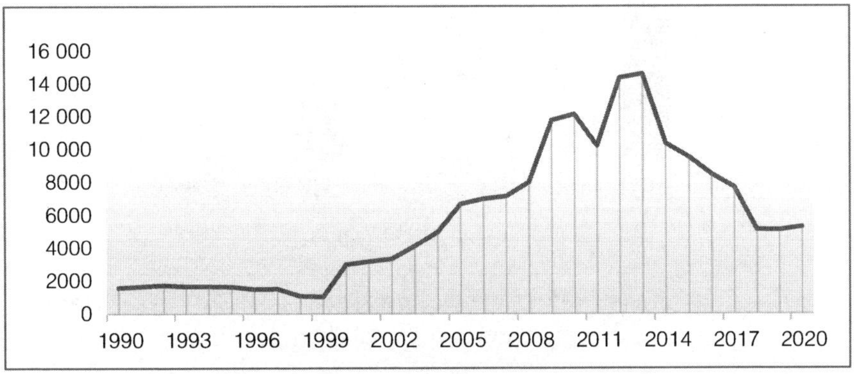


图 8-4　我国钢铁企业的数量（单位：家）

资料来源：中国钢铁工业协会，赛迪智库整理，2022

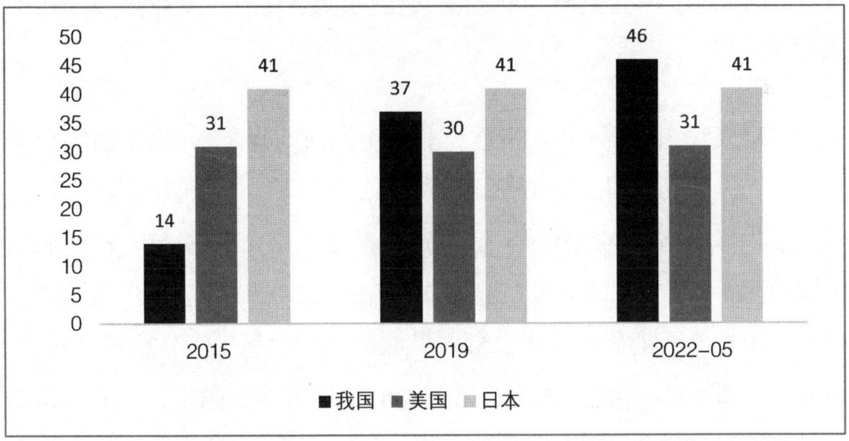


图 8-5　我国、美国、日本钢铁产业上市企业的数量（单位：家）

资料来源：Wind，赛迪智库整理，2022

从行业组织来看，我国钢铁行业组织的数量及会员的数量远超美国、日本、韩国，为创新主体的技术交流合作提供了更多平台。截至 2022 年 5 月，我国加入行业组织的钢铁企业的数量超过 200 家，远超美国、日本、德国；我国钢铁行业协会/研究中心的数量超过 70 家，也远超美国、日本、韩国（见图 8-6）。我国钢铁行业组织和行业内活跃的企业数量庞大，便于企业间的技术交流与合作，为企业科技创新能力提升提供了较大的支持。

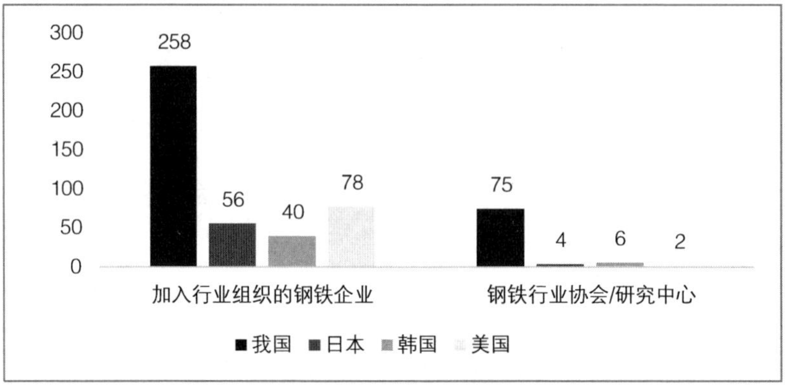


图 8-6　各国加入行业组织钢铁企业的数量及钢铁行业协会/研究中心的数量（截至 2022 年 5 月，单位：家）

资料来源：中国钢铁工业协会、日本铁钢联盟、韩国钢铁协会、美国钢铁协会，赛迪智库整理，2022

### （三）我国钢铁产业上市企业的研发支出快速增长，产业科技创新投入能力显著增强

从国内研发投入来看，我国钢铁产业上市企业的研发支出快速增长，研发支出占营收的比例有所上升，各产业细分领域的研发支出均呈增长态势，产业科技创新投入能力显著增强。近年来，我国钢铁产业上市企业的研发支出增长迅速，从 2016 年的 20 996.38 百万元增长到 2021 年的 71 348.73 百万元（见图 8-7）。我国钢铁产业上市企业的研发支出总额占营收的比例也呈现上升趋势，从 2016 年的 2.01%上升到 2021 年的 2.75%（见图 8-8），这表明我国钢铁产业上市企业对产业科技创新更加重视，投入更多资源开展创新活动，其产业创新研发投入能力稳步提升。从细分领域来看，近年来，我国钢铁产业各细分领域的研发支出均呈现增长态势，但各细分领域的研发支出差距较大。其中，普钢和板材的研发支出占比较高，两类特钢的占比相对较低（见图 8-9），但两类特钢的研发支出占营收的比例高（见图 8-10），这表明特钢技术创新投入力度正逐步加大。目前，我国还需进一步优化钢铁产业投入结构，锚定产业高质量发展的目标，进行关键核心技术攻关，提升产业整体科技创新能力。

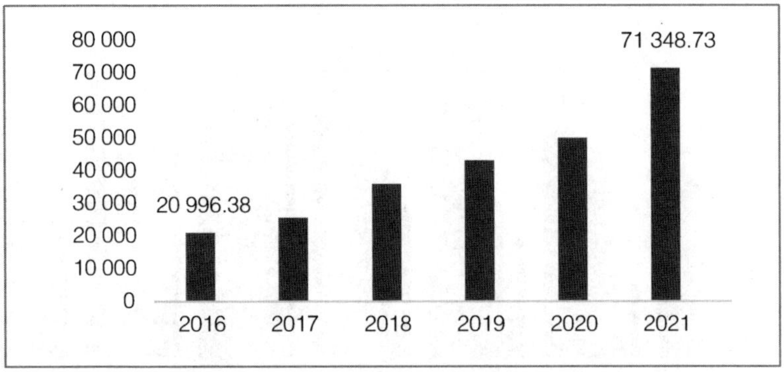


图 8-7 我国钢铁产业上市企业的研发支出（单位：百万元）

资料来源：Wind，按申万行业分类，赛迪智库整理，2022

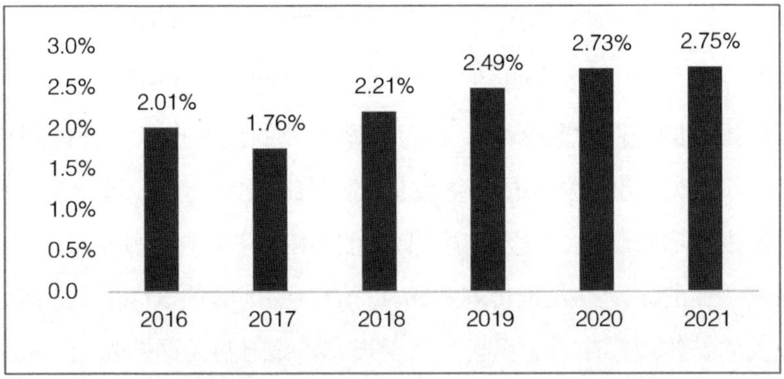


图 8-8 我国钢铁产业上市企业的研发支出总额占营收的比例

资料来源：Wind，按申万行业分类，赛迪智库整理，2022

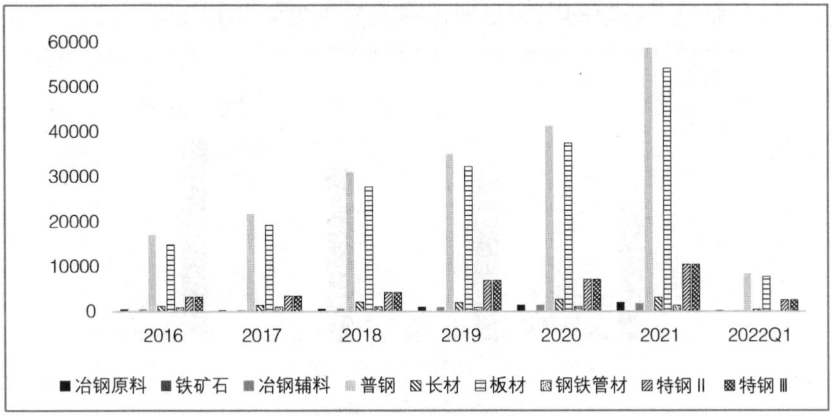


图 8-9 我国钢铁产业各细分领域的研发支出（单位：百万元）

资料来源：Wind，按申万行业分类，赛迪智库整理，2022

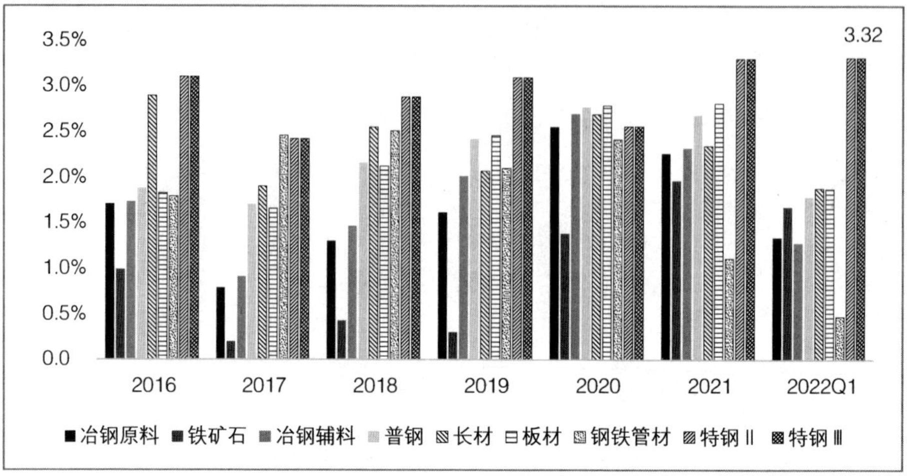


图 8-10　我国钢铁产业各细分领域的研发支出占营收的比例

资料来源：Wind，按申万行业分类，赛迪智库整理，2022

从研发投入的国际比较来看，我国钢铁产业的研发投入的整体规模远超日本、韩国，但钢铁产业研发人员占产业员工总数的比例过低。近年来，我国钢铁产业的研发投入增长较快，投入规模已远超日本、韩国（见图 8-11）。其中 2019 年我国钢铁产业的研发投入是日本的约 13 倍、韩国的约 31 倍。从钢铁产业科技创新投入的整体规模来看，我国远高于日本、韩国两大钢铁强国。从钢铁产业研发人员占产业员工总数的比例来看，我国钢铁产业的研发人员占产业员工总数的比例较低，仅为 30%左右，不足日本和韩国的一半，且近几年我国钢铁产业研发人员占产业员工总数的比例呈现下降趋势（见图 8-12）。

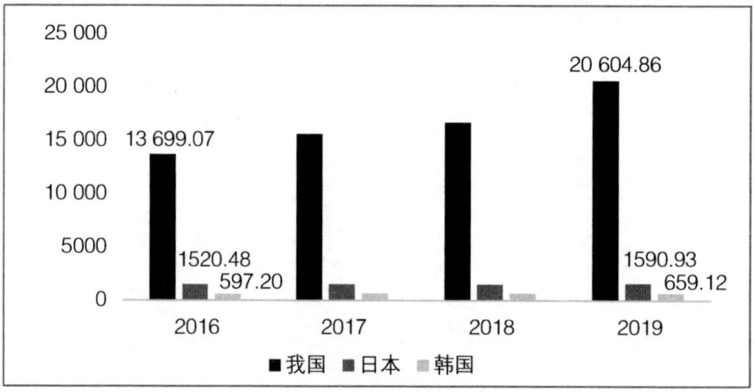


图 8-11　各国钢铁产业的研发投入（单位：百万美元）

资料来源：OECD，赛迪智库整理，2022

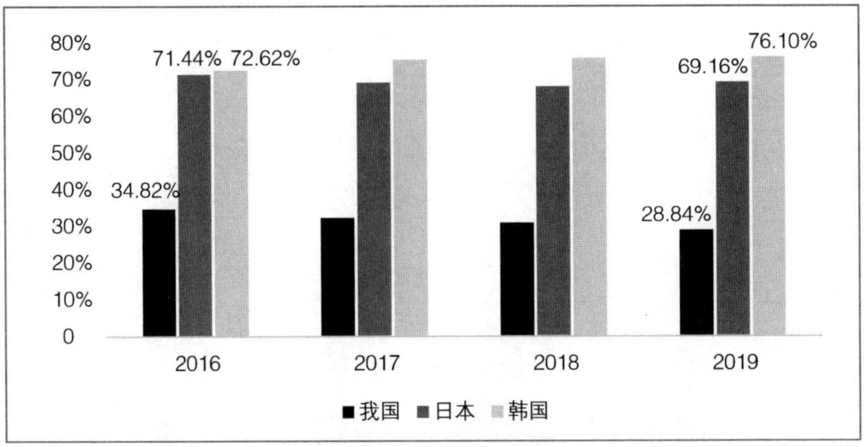


图 8-12 钢铁产业研发人员占产业员工总数的比例

资料来源：OECD，赛迪智库整理，2022

## （四）钢铁产业的整体技术竞争力增强，但产业科技创新产出能力与钢铁强国仍有差距

从专利授权量来看，我国钢铁产业的专利授权量远少于美国、日本、韩国，专利产出能力不强。美国、日本、韩国均为钢铁产业专利大国，其每年的专利授权量远超我国。其中，2021 年我国钢铁产业专利授权量为 1458 项，而美国、日本、韩国分别为 3985 项、4219 项和 3382 项（见图 8-13）。我国钢铁产业的产量规模和研发投入巨大，但在专利授权量上仍远少于发达国家，说明我国钢铁产业的创新投入-产出效能较低、产业整体技术水平不高。

我国的专利产出能力虽弱于美国、日本、韩国等国，但仍处于加速增强阶段，与其差距不断缩小。冶金工业信息标准研究院、国家知识产权局知识产权出版社共同研究的“2021 钢铁企业专利创新指数”数据显示，2016—2020 年，我国钢铁企业的专利申请量整体呈现平稳上升趋势，其中发明专利占比从 49.56%提高到 55.20%，平均专利价值度不断提升。在全球企业对比中，日本制铁株式会社（以下简称日本制铁）和韩国浦项制铁集团公司分别位列该指数的第一和第二，中国宝武钢铁集团有限公司（以下简称中国宝武）位列第三，鞍山钢铁集团公司（以下简称鞍钢集团）、中国冶金科工集团有限公司（以下简称中冶集团）、首钢集团有限公司（以下简称首钢集团）和山东钢铁集团有限公司（以下简称山钢集团）也进入前 10 位；在 Top 30 的钢铁企业中，我国有 13 家企业入选，占比达 43.3%[①]。由此可见，我国钢铁产业头部企业的专利产出能力较强。

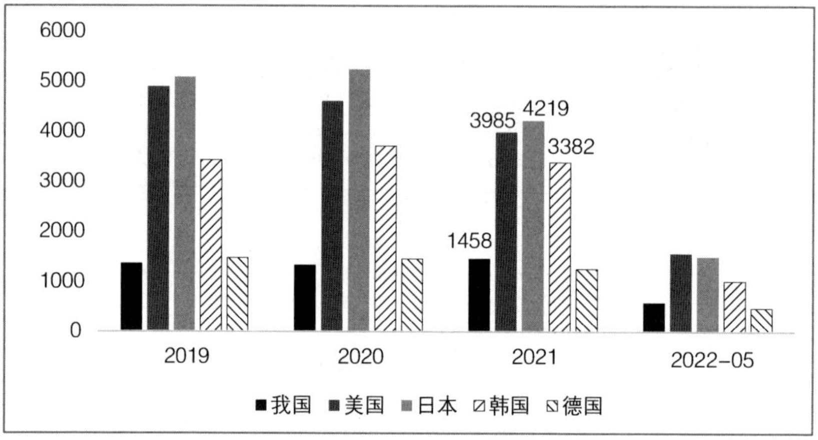


图 8-13 各国钢铁产业专利授权量（单位：项）

资料来源：欧洲专利局世界专利检索系统（欧洲专利数据库）、欧洲专利局，赛迪智库整理，2022（统计口径：选择公开日最早的文本，按专利优先权国家进行统计；统计范围包括冶铁、金属材料及涂层材料处理、矿石处理、金属精炼）

2021 中国钢铁企业专利创新指数综合得分（Top 30）如表 8-1 所示。

表 8-1 2021 中国钢铁企业专利创新指数综合得分（Top 30）

| 排名 | 企业 | 综合得分 |
|---|---|---|
| 1 | 中国宝武（宝钢集团有限公司） | 94.52 |
| 2 | 首钢集团 | 84.13 |
| 3 | 鞍钢集团 | 81.99 |
| 4 | 鞍钢集团（攀钢集团有限公司） | 81.12 |
| 5 | 山钢集团 | 77.87 |
| 6 | 中国宝武［马钢（集团）控股有限公司］ | 75.65 |
| 7 | 中冶集团（中冶赛迪工程技术有限公司） | 71.50 |
| 8 | 新兴铸管股份有限公司 | 70.82 |
| 9 | 中冶集团（中冶南方工程技术有限公司） | 70.73 |
| 10 | 中国钢研科技集团有限公司 | 70.71 |
| 11 | 包头钢铁（集团）有限责任公司 | 70.69 |
| 12 | 中冶集团（中冶京诚工程技术有限公司） | 69.49 |

① 出自搜狐网的《权威发布！“2021 中国钢铁企业专利创新指数”、“2021 全球钢铁企业专利创新指数”》。

续表

| 排名 | 企业 | 综合得分 |
|---|---|---|
| 13 | 中冶焦耐工程技术有限公司 | 67.23 |
| 14 | 河北钢铁集团有限公司（唐山钢铁股份有限公司） | 66.93 |
| 15 | 河北钢铁集团有限公司（承德钢铁集团有限公司） | 66.80 |
| 16 | 南京钢铁集团有限公司 | 66.65 |
| 17 | 中冶集团（中冶长天国际工程有限公司） | 65.63 |
| 18 | 中冶集团（中冶建筑研究总院有限公司） | 65.57 |
| 19 | 昆明钢铁集团有限责任公司 | 65.48 |
| 20 | 河北钢铁集团有限公司（邯钢铁集团有限责任公司） | 65.38 |
| 21 | 江苏沙钢集团有限公司 | 65.11 |
| 22 | 中国宝武（广东省韶关钢铁集团有限公司） | 65.10 |
| 23 | 中国宝武［太原钢铁（集团）有限公司］ | 64.87 |
| 24 | 中国宝武（宝钢集团新疆八一钢铁有限公司） | 64.70 |
| 25 | 中信泰富特钢集团（江阴兴澄特种钢铁有限公司） | 63.65 |
| 26 | 江苏永钢集团有限公司 | 63.37 |
| 27 | 河北钢铁集团有限公司（舞钢公司） | 63.34 |
| 28 | 广西柳州钢铁集团 | 63.28 |
| 29 | 酒泉钢铁（集团）有限责任公司 | 63.24 |
| 30 | 敬业集团有限责任公司 | 63.23 |

资料来源：冶金工业信息标准研究院、国家知识产权局知识产权出版社，赛迪智库整理，2022

2021 全球钢铁企业专利创新指数综合得分（Top 30）如表 8-2 所示。

**表 8-2　2021 全球钢铁企业专利创新指数综合得分（Top 30）**

| 排名 | 企业 | 综合得分 |
|---|---|---|
| 1 | 日本制铁 | 95.31 |
| 2 | 韩国浦项制铁集团公司 | 93.02 |
| 3 | 中国宝武 | 91.67 |
| 4 | JFE 公司（日本钢铁工程控股公司） | 85.54 |
| 5 | 鞍钢集团 | 84.36 |
| 6 | 中冶集团 | 83.23 |
| 7 | 蒂森克虏伯集团钢铁公司 | 81.90 |
| 8 | 首钢集团 | 78.33 |
| 9 | 山钢集团 | 77.03 |
| 10 | 安赛乐米塔尔钢铁集团 | 76.64 |
| 11 | 现代制铁公司 | 75.77 |
| 12 | 新兴铸管股份有限公司 | 75.63 |
| 13 | 中国钢研科技集团有限公司 | 75.62 |

续表

| 排名 | 企业 | 综合得分 |
|---|---|---|
| 14 | 河北钢铁集团有限公司 | 75.48 |
| 15 | 塔塔集团钢铁公司 | 75.10 |
| 16 | 中钢集团（中国台湾） | 75.01 |
| 17 | 包头钢铁（集团）有限责任公司 | 74.78 |
| 18 | 南京钢铁集团有限公司 | 74.21 |
| 19 | 奥钢联集团公司 | 74.16 |
| 20 | 江苏沙钢集团有限公司 | 67.10 |
| 21 | 昆明钢铁集团有限责任公司 | 65.75 |
| 22 | 谢维尔钢铁公司 | 63.42 |
| 23 | 纽柯钢铁公司 | 62.91 |
| 24 | AK 钢铁控股公司 | 49.09 |
| 25 | 耶弗拉兹集团 | 47.08 |
| 26 | 京德勒西南钢铁公司 | 39.54 |
| 27 | 印度钢铁管理局 | 39.12 |
| 28 | 美国钢铁公司 | 38.74 |
| 29 | 瑞典钢铁有限公司 | 38.36 |
| 30 | 俄新钢 | 36.37 |

资料来源：冶金工业信息标准研究院、国家知识产权局知识产权出版社，赛迪智库整理，2022

从先进技术产出来看，我国钢铁产业的先进技术产出数量多，但仍有部分技术依赖外国。《世界金属导报》每年评出的世界钢铁工业十大技术（工艺）要闻显示，我国 2019—2021 年分别有 8、9、8 项技术入选，远超其他国家（见图 8-14）。目前，我国的代表性先进技术、装备和产品包括百米钢轨全长余热淬火工艺技术、取向硅钢技术、大容积捣固焦炉炼焦技术、超薄“手撕钢”（0.02 毫米）、超级钢、100 吨低密度钢板、5000 立方米$^3$ 及以上先进高炉、300 吨及以上先进转炉、5500 毫米宽厚板轧机及一系列冶炼智能控制系统等。同时，我国进口钢材中仍有 20%左右（超过 200 万吨）未能实现国产替代，数量虽然不多，但多是高端特钢，主要应用于航空轴承、航天发动机、时速 350 千米以上高铁的行走及制动部件、第四代核电机组、630℃以上超超临界火电机组、5G 及信息产业关键部件等，涉及重点工程、重大装备、国防军工和高端装备关键部件及材料等关键领域。

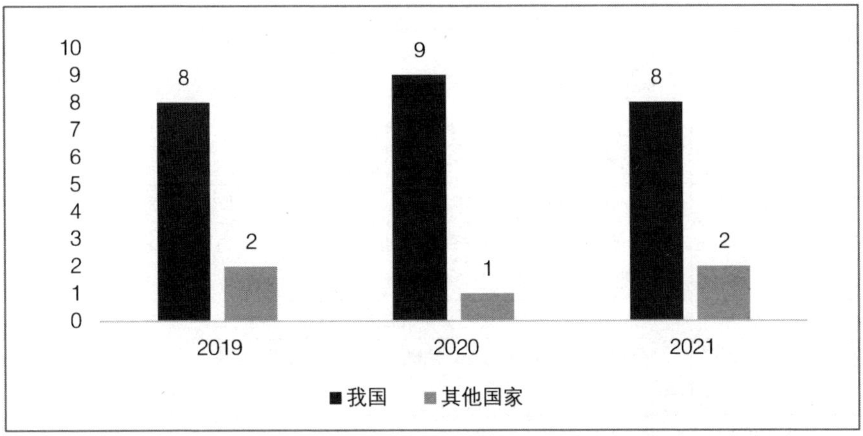


图 8-14 各国钢铁产业年度十大先进技术拥有量（单位：项）

资料来源：《世界金属导报》，赛迪智库整理，2022

我国钢铁产业的先进技术一览表如表 8-3 所示。

**表 8-3 我国钢铁产业的先进技术一览表**

| 序号 | 时间 | 技术名称 |
|---|---|---|
| 1 | 2019 年 | “手撕钢”［太原钢铁（集团）有限公司］ |
| 2 | 2019 年 | R6 级系泊链钢（江阴兴澄特种钢铁有限公司） |
| 3 | 2019 年 | 新一代智能化多功能钢卷运输系统（北京首钢股份有限公司） |
| 4 | 2019 年 | 超薄带技术（江苏沙钢集团有限公司） |
| 5 | 2019 年 | 钢铁煤电生产水的分质分级循环利用关键技术、钢铁行业非常规污染物脱除技术和钢铁工业园主体生产与污染控制一体化成套技术等（鞍钢集团） |
| 6 | 2019 年 | 基于新型微晶材料的煤气源头污染物综合治理技术（中冶京诚工程技术有限公司） |
| 7 | 2020 年 | 稀土耐蚀普碳钢原理与技术创新（上海大学） |
| 8 | 2020 年 | 柔性化高棒技术装备（中冶京诚工程技术有限公司） |
| 9 | 2020 年 | 国际首台套不锈钢中厚板免加热在线固溶处理工艺技术（东北大学等） |
| 10 | 2020 年 | 熔融钢渣高效罐式有压热闷处理技术与装备（中冶建筑研究总院有限公司和中冶节能环保有限责任公司） |
| 11 | 2020 年 | “水土云”工业互联网平台（中冶赛迪工程技术有限公司） |
| 12 | 2020 年 | 2060MPa 世界超高强度桥梁缆索用盘条（江阴兴澄特种钢铁有限公司） |
| 13 | 2020 年 | 多种炉型的大型焦炉：6.25 米、6.73 米、7.15 米等捣固焦炉和 7.2 米、7.3 米、7.6 米等顶装焦炉（山东省冶金设计院股份有限公司和意大利保尔沃特公司） |
| 14 | 2020 年 | 自主知识产权的双热机轧制工艺技术+重载模块轧机（涟源钢铁集团有限公司双高棒项目） |
| 15 | 2021 年 | 烧结智能控制系统（中钢设备有限公司） |

续表

| 序号 | 时间 | 技术名称 |
|---|---|---|
| 16 | 2021 年 | 烧结矿竖式冷却工艺（新型的鼓风冷却加引风除尘）[ 鞍钢集团工程技术有限公司和普锐特冶金技术（中国）有限公司 ] |
| 17 | 2021 年 | 智慧高炉大数据智能感知及可视化管理平台（中冶南方工程技术有限公司） |
| 18 | 2021 年 | 5G+AI 铁钢界面智慧管控系统（中冶赛迪工程技术有限公司） |
| 19 | 2021 年 | 新一代 6.78 米大容积捣固焦炉炼焦技术（中冶焦耐工程技术有限公司） |
| 20 | 2021 年 | 世界首款 19.8 级（最高强度等级）超高强度紧固件（上海大学等） |
| 21 | 2021 年 | “BD1350+BDM850”先进轧制工艺模式（中冶京诚工程技术有限公司） |
| 22 | 2021 年 | 绿色智能全废钢连续加料电弧炉—精炼—连铸—直接轧制短流程生产线（东北大学等） |

资料来源:《世界金属导报》，赛迪智库整理，2022

从企业技术竞争力来看，我国钢铁企业的全球技术竞争力较强，但与日本钢铁巨头企业仍有差距。新材指数发布的“2020 世界钢铁企业技术竞争力排名”显示，在入围的 50 家企业中，我国钢铁企业达到 31 家，我国钢铁企业的技术竞争力整体上优势明显。从排名来看，日本制铁、JFE 公司两家日企分别排名第一和第二，中国宝武位居第三；在排名前 10 的企业中，日本有 3 家，我国有 2 家，韩国有 2 家，美国、奥地利、德国各 1 家，我国钢铁企业的整体实力强，但与日本钢铁巨头企业仍有较大差距（见表 8-4）。

表 8-4　2020 世界钢铁企业技术竞争力排名（Top 20）

| 排名 | 企业名称 | 国家/地区 | 专利能力 | 产品能力 | 综合运营能力 | 总分 |
|---|---|---|---|---|---|---|
| 1 | 日本制铁 | 日本 | 41.60 | 28.32 | 19.30 | 89.22 |
| 2 | JFE 公司 | 日本 | 38.58 | 26.26 | 19.59 | 84.43 |
| 3 | 中国宝武 | 中国 | 35.32 | 25.44 | 22.16 | 82.92 |
| 4 | 韩国浦项制铁集团公司 | 韩国 | 35.28 | 24.49 | 21.15 | 80.92 |
| 5 | 日本神户制钢所 | 日本 | 39.48 | 16.70 | 20.47 | 76.65 |
| 6 | 纽柯钢铁公司 | 美国 | 26.05 | 21.56 | 25.93 | 73.54 |
| 7 | 现代制铁公司 | 韩国 | 29.99 | 21.81 | 20.98 | 72.78 |
| 8 | 鞍钢集团 | 中国 | 28.96 | 24.26 | 19.20 | 72.42 |
| 9 | 奥钢联集团 | 奥地利 | 31.03 | 20.69 | 19.43 | 71.15 |
| 10 | 蒂森克虏伯集团 | 德国 | 32.69 | 19.36 | 18.97 | 71.02 |
| 11 | 太原钢铁（集团）有限公司 | 中国 | 28.67 | 19.50 | 22.81 | 70.98 |
| 12 | 首钢集团 | 中国 | 34.25 | 19.28 | 17.16 | 70.69 |
| 13 | 安赛乐米塔尔钢铁集团 | 欧洲 | 26.76 | 24.72 | 18.74 | 70.22 |

续表

| 排名 | 企业名称 | 国家/地区 | 专利能力 | 产品能力 | 综合运营能力 | 总分 |
|---|---|---|---|---|---|---|
| 14 | 南京钢铁集团 | 中国 | 26.90 | 18.61 | 23.15 | 68.66 |
| 15 | 湖南华菱钢铁集团有限责任公司 | 中国 | 22.93 | 20.21 | 24.00 | 67.14 |
| 16 | 京德勒西南钢铁公司 | 印度 | 24.82 | 19.64 | 20.76 | 65.22 |
| 17 | 河北钢铁集团有限公司 | 中国 | 26.86 | 19.43 | 18.73 | 65.02 |
| 18 | 马钢（集团）控股有限公司 | 中国 | 26.59 | 17.52 | 20.80 | 64.91 |
| 19 | 瑞典钢铁有限公司 | 瑞典 | 22.43 | 17.04 | 24.69 | 64.16 |
| 20 | 新兴铸管股份有限公司 | 中国 | 25.26 | 15.30 | 22.76 | 63.32 |

资料来源：新材指数，赛迪智库整理，2022

从进出口价格来看，我国钢铁产业的出口价格总体略高于进口价格，但差距不大，这在一定程度上表明我国钢铁产业进出口产品的平均质量相当，甚至出口产品的质量略高于进口产品的质量。同一时期的钢铁产品的价格与其质量正相关，即产品价格越高，产品质量一般越好。2017—2021 年 10 月，我国钢铁产业的进出口价格呈现较大波动，但进出口价格的总体变化趋势基本一致。总体来看，我国钢铁产业的进口价格略低于出口价格（见图 8-15），但差距不大，这在一定程度上表明我国钢铁产业出口产品的质量略高于进口产品的质量。从国际比较来看，我国钢铁产业的出口价格与日本、美国的差距不大，但基本一直低于韩国（见图 8-16），这在一定程度上表明我国钢铁产业出口产品的质量略低于韩国。

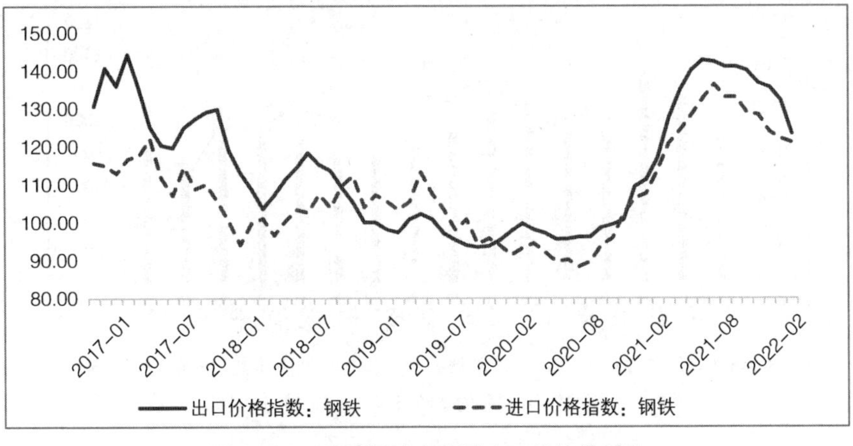


图 8-15 我国钢铁产业进出口价格的对比

资料来源：中华人民共和国海关总署，Wind，赛迪智库整理，2022

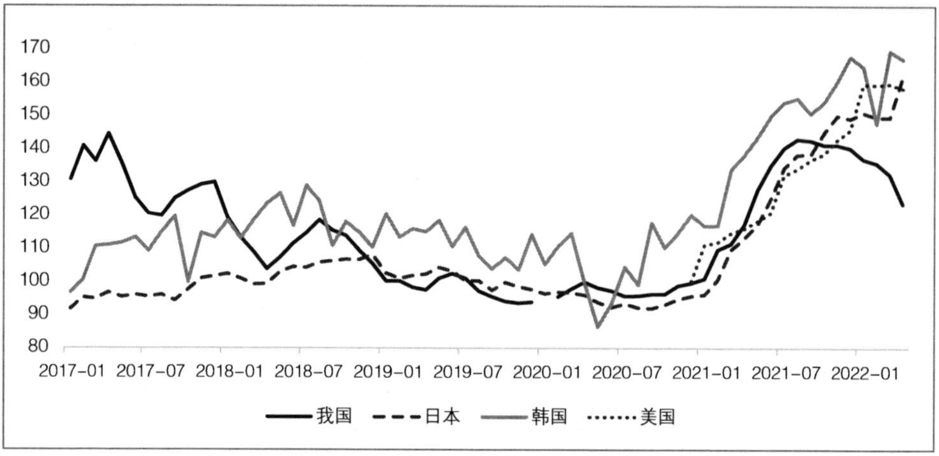


图 8-16　各国钢铁出口价格指数

资料来源：Wind、中华人民共和国海关总署、日本财务省、韩国央行、美国联邦储备局，赛迪智库整理，2022

但在特钢领域，我国的出口价格远低于进口价格，出口特钢的质量总体低于进口特钢的质量，高端特钢技术与外国的差距明显。2021 年，我国进口特钢 604.07 万吨，进口均价为 1681.64 美元/吨；出口特钢 2051.75 万吨，出口均价为 1127.25 美元/吨，出口价格仅为进口价格的 67%（见图 8-17）。我国高端钢材的质量与先进国家仍有较大差距，高端钢材依赖进口的问题较为严重，钢铁产业的产品结构有待优化，高端钢材的国产替代空间较大。但自 2015 年以来，我国特钢的进出口价格差距呈现缩小趋势，我国特钢的质量正在进一步提升。

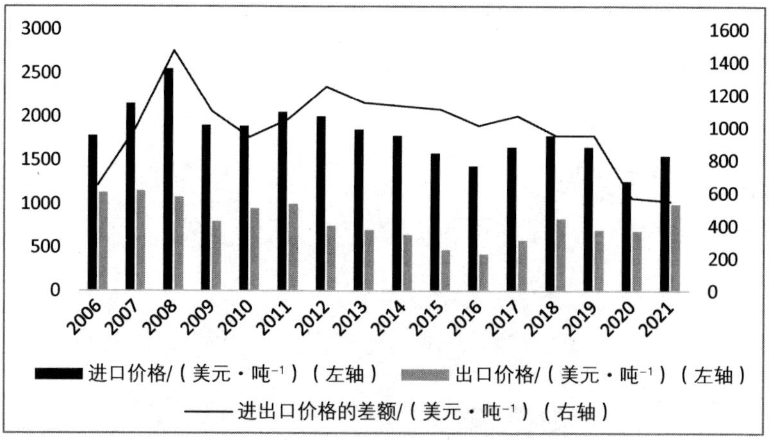


图 8-17　我国特钢进出口价格的对比

资料来源：钢联数据，赛迪智库整理，2022

### （五）产业科技创新环境支撑作用明显，但产业分散影响了科技创新能力的进一步提升

从各国政策的特征来看，主要钢铁大国基本上都曾出台过与促进钢铁产业创新发展相关的政策，大多涉及优化产业结构、加强技术创新、促进绿色化发展等方面。日本、中国的特征是宏观政策与产业政策相结合，美国、德国等国家以宏观调控政策为主。日本的钢铁产业政策影响最大，对推动产业创新发展具有极其重要的作用。日本的政策虽然在不同时期呈现出不同的特征，但是主要关注钢铁产业技术引进及创新、财政金融支持、开拓国际市场、通过企业合并增强企业竞争力、产业高端化发展、化解产能过剩、绿色化与节能等。美国主要通过宏观的工业政策促进钢铁产业创新发展，自 20 世纪 70 年代以来，美国钢铁产业竞争力下降，美国政府出台了一系列贸易保护政策及补贴政策，以保护其国内钢铁产业。美国钢铁企业借此机会优化产品结构、加强技术更新。同时，美国还加大了对技术创新及环境保护的政策激励。德国的政策主要关注促进企业兼并重组、产业高端化发展、对技术投入的扶持、绿色化发展和自动化、智能化转型。如表 8-5 所示，近年来，我国出台了多项政策促进钢铁产业化解落后产能、优化产业结构、加强技术研发，以及向绿色化、低碳化、数字化、智能化方向转型升级，鼓励开展产业科技创新，促进产业高质量发展。

**表 8-5　我国近年来的钢铁产业政策**

| 序号 | 政策名称 | 发布时间 |
|---|---|---|
| 1 | 《钢铁企业超低排放改造技术指南》 | 2020 年 |
| 2 | 《关于完善钢铁产能置换和项目备案工作的通知》 | 2020 年 |
| 3 | 《关于提高部分产品出口退税率的公告》 | 2020 年 |
| 4 | 《关于做好 2020 年重点领域化解过剩产能工作的通知》 | 2020 年 |
| 5 | 《中华人民共和国国民经济和社会发展第十四个五年规划和 2035 年远景目标纲要》 | 2021 年 |
| 6 | 《钢铁行业产能置换实施办法》 | 2021 年 |
| 7 | 《关于钢铁冶炼项目备案管理的意见》 | 2021 年 |
| 8 | 《关于取消部分钢铁产品出口退税的公告》 | 2021 年 |

续表

| 序号 | 政策名称 | 发布时间 |
|---|---|---|
| 9 | 《2030 年前碳达峰行动方案》 | 2021 年 |
| 10 | 《“十四五”工业绿色发展规划》 | 2021 年 |
| 11 | 《“十四五”原材料工业发展规划》 | 2021 年 |
| 12 | 《关于促进钢铁工业高质量发展的指导意见》 | 2022 年 |
| 13 | 《关于印发“十四五”节能减排综合工作方案的通知》 | 2022 年 |

资料来源：工业和信息化部、财政部，赛迪智库整理，2022

从市场集中度来看，全球钢铁市场的地区集中度和企业集中度较高，我国钢铁产业和企业在全球钢铁市场中具有较大的影响力。不过，我国国内钢铁产业集中度偏低。近年来，全球钢铁产业集中度呈不断上升趋势，前十大钢铁企业的产量占比由 1992 年的 19.8%上升至 2021 年的 27.5%，其中，排名前 3 的中国宝武、安赛乐米塔尔钢铁集团、鞍钢集团占据全球钢铁市场约 13%的份额，市场集中度较高。亚洲和欧洲是主要的钢铁市场，占据全球钢铁市场约 75%的份额，而我国是全球最大的钢铁生产国和消费国。从我国钢铁产业集中度来看，2021 年，我国前十大钢铁企业的粗钢产量仅占全国总产量的 41.5%，远低于美国、日本、韩国等国家，产业集中度过低。此外，企业规模小、资源分散等因素也限制了我国钢铁企业创新能力的进一步提升。

### （六）我国钢铁产业的国际影响能力较强，但产业国际科技合作仍显不足

从国际影响来看，我国钢铁总产量、钢铁总消费量、钢铁出口总量和钢铁企业规模均为全球第一，钢铁产业的国际影响能力较强。2021 年，我国粗钢产量约为 10.3 亿吨，约占全球总产量的 52.9%（见图 8-18）；我国钢铁消费量约为 9.5 亿吨，约占全球总消费量的 51.9%（见图 8-19）；我国钢铁出口量约为 6620 万吨，排名全球首位，远超其他国家。世界钢铁协会发布的 2021 年世界钢铁企业排行情况显示，我国钢铁企业在世界钢铁企业 50 强名单中占据 28 个席位，达到一半以上，远超其他国家，如图 8-20 所示。

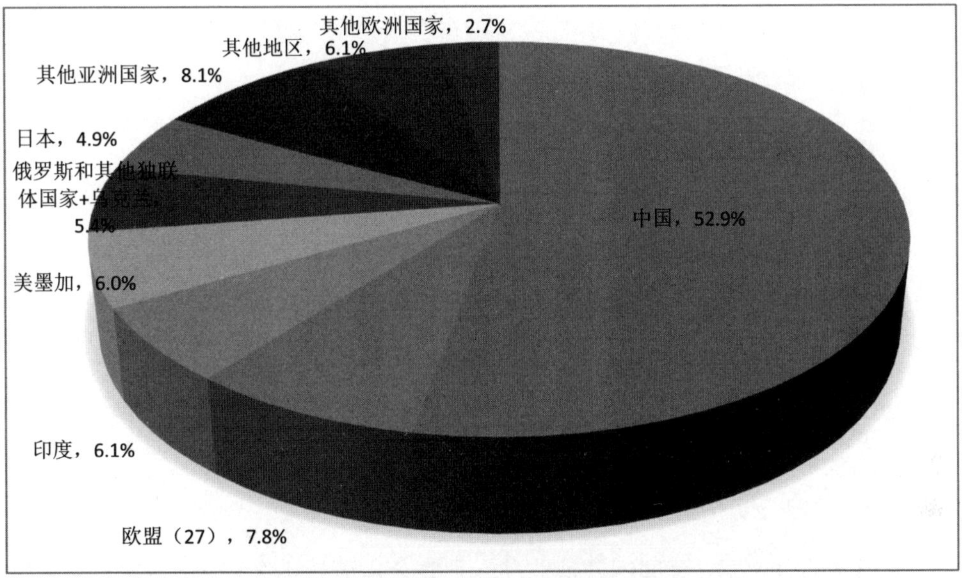


图 8-18 2021 年全球粗钢产量区域分布

资料来源：世界钢铁协会，赛迪智库整理，2022

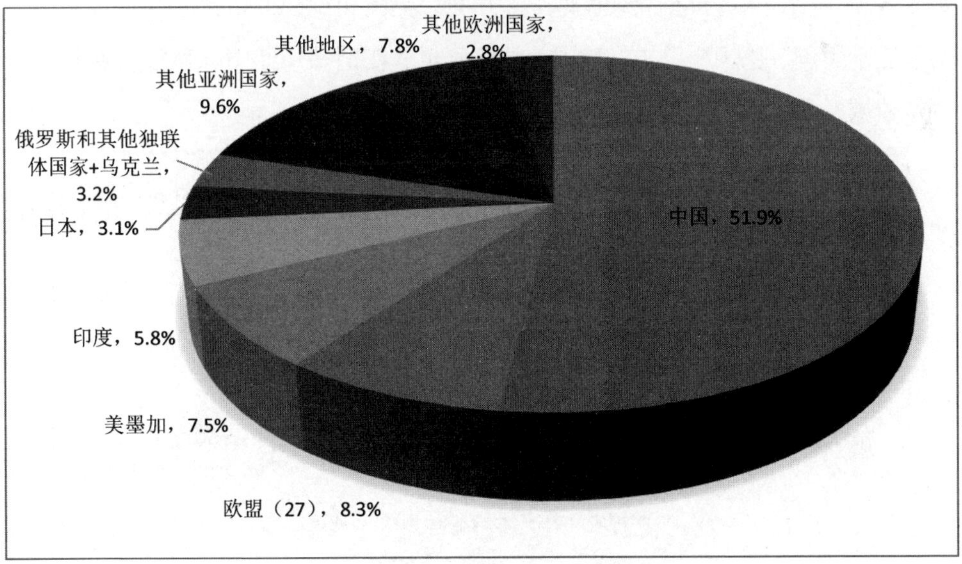


图 8-19 2021 年全球钢铁消费量区域分布

资料来源：世界钢铁协会，赛迪智库整理，2022

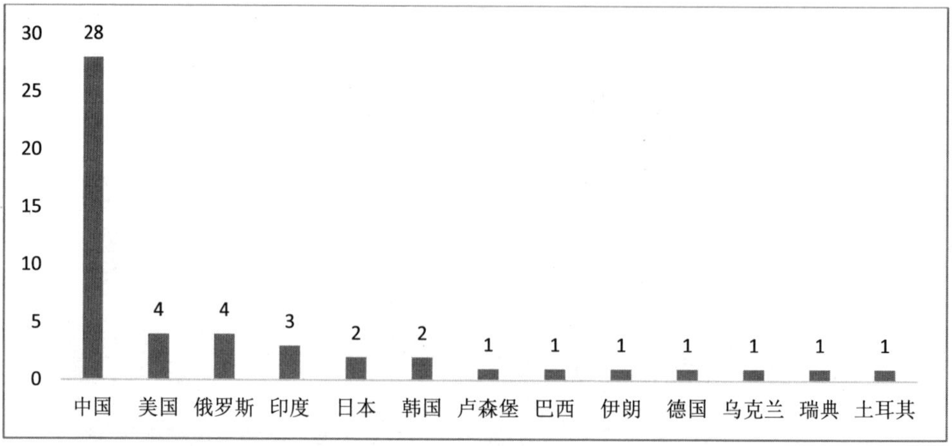


图 8-20　2021 年世界钢铁企业 50 强名单中各国的企业数量（单位：家）

资料来源：世界钢铁协会，赛迪智库整理，2022

从开放合作来看，我国钢铁产业的专利联合申请量不多，国际合作论文占比过低，开放合作能力较弱。如图 8-21 所示，在专利联合申请量方面，美国遥遥领先，远多于其他国家；其次是中国和日本（两国专利联合申请量的差距不大）。如图 8-22 所示，在国际合作论文占比方面，美国和德国的占比较高，我国的占比远低于美国、德国、日本、韩国。由此可见，在钢铁产业国际科技合作和学术合作领域，我国仍与美国有较大的差距。

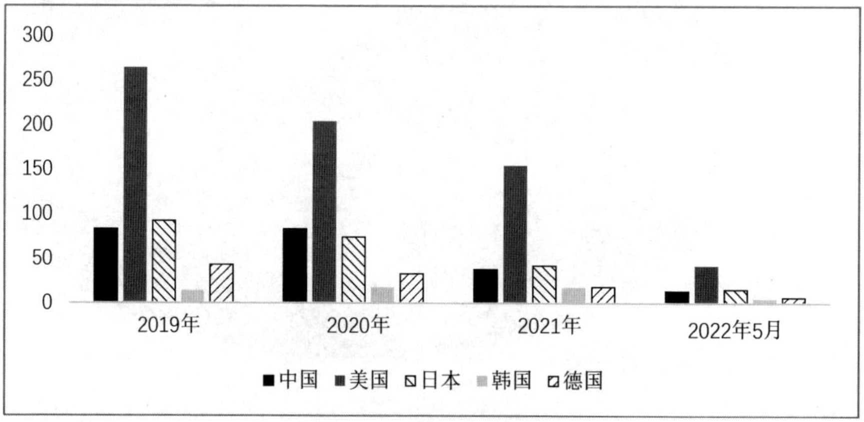


图 8-21　各国的专利联合申请量（单位：项）

资料来源：欧洲专利局世界专利检索系统（欧洲专利数据库）、欧洲专利局，赛迪智库整理，2022

（统计口径：选择公开日最早的文本，按专利优先权国家进行统计；统计范围包括冶铁、金属材料及涂层材料处理、矿石处理、金属精炼）

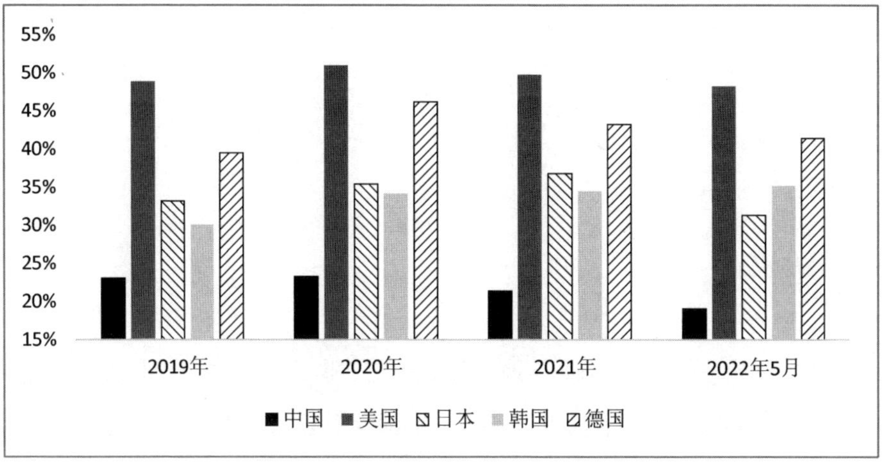


图 8-22 各国的国际合作论文占比

资料来源：Web of Science™，赛迪智库整理，2022
（统计范围：论文、会议论文、书籍评论、社论材料、综述论文、会议摘要等 14 项内容）

从引进国外技术装备和生产工艺到开展自主创新，从模仿学习到消化吸收，再到逐步超越，我国钢铁产业技术水平大幅提升，钢铁产量遥遥领先，企业竞争力显著增强。近年来，我国钢铁产业创新能力显著提升、技术装备水平不断提高、产品质量体系逐步完善，推动产品结构优化升级，钢铁产品质量大幅提升。我国钢铁企业和科研院所下大力气开展技术创新，产业科技创新投入显著增加，在高端特钢、新材料研发、绿色冶炼等技术领域及“卡脖子”产品研发等方面不断取得突破，冶炼工艺和管理水平不断提高，超薄“手撕钢”、汽车用钢、高速钢轨、建筑用钢、大型变压器用电工钢和高性能长输管线用钢等产品的技术水平处于全球前列，满足了我国经济转型升级中钢铁产业下游用户不断增长的高端钢材需求，带动了我国钢铁产业链向中高端迈进，有力支撑了我国制造业的高质量发展和制造强国建设。

与此同时，虽然我国钢铁产业规模和技术水平整体上处于全球前列，但是，总的来看，钢铁产业大而不强的问题尚未得到解决。目前，在一些技术领域，我国与美国、日本、欧洲等国家和地区有较大的差距，特别是高端特钢领域的技术仍有不足，在部分高端钢铁领域，我国仍然依赖某些发达国家，特别是对日本特钢的依赖较为严重。此外，在绿色冶炼技术、废钢利用技术、智能化装备技术等领域，我国也较为薄弱。从整体角度来看，我国钢铁产业发展不均衡，特钢产量远低于粗钢产量，而且技术落后的中小型企业数量较多。未来，我国需要进一步提升钢铁产业的整体科技创新水平，助推钢铁产业高质量发展。

## 二、创新模式

作为国民经济的重要基础产业，现代钢铁产业已发展一个半世纪以上，世界上先后出现了英国、德国、美国、日本、中国等钢铁大国和强国，各国积极引进先进技术，进行设备更新、工艺优化和技术创新，推动钢铁产业技术水平不断跃升。各国的钢铁产业创新发展过程基本上经历了技术引进、集成创新、自主创新等阶段，高速发展期、成熟期、衰退期、调整转型期等时期，以及从支持提高钢铁产能、加大研发投入，到化解落后产能、企业兼并重组、开发绿色节能技术和数字化、智能化改造等促进钢铁产业平稳发展的政策、措施的更迭。全球钢铁产业的典型创新模式大致可以划分为市场需求驱动型、产业高端化驱动型、技术追赶驱动型，如表 8-6 所示。

**表 8-6　全球钢铁产业的典型创新模式**

| 序号 | 典型创新模式 | 代表国家 | 主要特征 |
|---|---|---|---|
| 1 | 市场需求驱动型 | 美国 | 美国铁路、建筑、汽车等行业庞大的钢铁应用需求推动其成为全球钢铁产业的佼佼者，带动企业引进技术及自主创新 |
| 2 | 产业高端化驱动型 | 日本 | 在资源的约束下，日本钢铁产业发展受限，产业高端化成为其主要方向，推动日本在引进技术的基础上加强集成创新和自主创新 |
| 3 | 技术追赶驱动型 | 中国 | 我国钢铁产业的基础较为薄弱，工业化建设急需先进钢铁技术。我国先后从苏联、日本、欧美等国家和地区引进技术装备，加速技术创新 |

资料来源：公开资料，赛迪智库整理，2022

### （一）市场需求驱动型

美国是全球公认的钢铁大国和强国，其钢铁产业发展历史悠久、技术成熟。自 19 世纪末至 20 世纪 70 年代，美国的钢铁产量连续 80 年居全球首位，最高年产量曾达到 13 680 万吨，其 2021 年的钢铁产量约为 8600 万吨，居全球第四位。美国钢铁产业的技术装备水平和生产工艺曾经全球领先，后来虽然被日本等国家超越，但是依然在全球范围内处于先进之列。各国钢铁产业的技术创新往往在不同程度上源于市场需求，而美国是最早将钢铁产品大规模应用于各项建设的国家之一，市场驱动技术创新的特征非常明显。自 19 世纪 60 年代以来，美国的铁路、桥梁、高楼、汽车等大规模应用钢铁产品，快速的工业化、城市化建设对钢铁产业的规模和质量提出了更高的要求，带动了钢铁产业的技术装备引进和工艺优化、自主创新，使美国一度成为全球第一的钢铁大国和强国。

19 世纪后期，美国完成了工业革命，其国内工业化建设快速推进，铁路、桥梁等基础设施建设和机械制造等工业建设的需求快速增加。例如，从 19 世纪 60 年代到 19 世纪末，美国的铁路总里程从 4.8 万千米增长到超过 31 万千米，拉动了钢铁产品的市场需求。1860—1900 年，美国的钢铁产量由 1.3 万吨增长到 1141 万吨，年均增速达 18%。钢铁市场的巨大需求带动了技术创新和工艺改进，大量的新技术和更高效的炼钢方法得到了应用，如在 19 世纪 60 年代，美国引进了英国人亨利·贝塞麦发明的转炉炼钢法和法国人皮·马丁、德国人威廉·西门子发明的平炉炼钢法，并对工艺进行了改进，极大地提高了钢铁产业的生产效率和生产能力，满足了钢铁市场的需求，加之生产技术先进和产品品种齐全、质量高，美国钢铁产业实现了空前的大发展。在这个时期，美国建设了多家大型钢铁企业，钢铁产业聚集效应明显，其通过优化企业管理、利用规模效应等手段，提高了产业生产效率和企业的利润。同时，在引进先进技术装备和工艺的基础上，面对国内快速增长的钢铁产品需求和激烈的市场竞争，美国钢铁企业在实践过程中逐步开展技术创新，优化工艺和工序，提高钢铁产量和质量，并在这个过程中积累了大量的技术、工艺和冶炼经验。

自 19 世纪末登顶全球 GDP 首位至 20 世纪 70 年代，美国的经济、科技等领域高速发展，工业化、城市化进程加速。1900—1960 年，美国处于城市化进程加速发展时期，其城镇化率从 40%提高到 70%，进入经济高速发展期，工业产值迅速增长，成为稳居全球第一的工业强国，带动钢铁需求大量增长，特别是第二次世界大战时期军工领域的大规模需求，以及战后“黄金时期”的城市工业、服务业繁荣发展和城市化建设，促使基础设施建设需求和住房需求激增。1953年，美国的钢铁产量突破 10 000 万吨，1973 年达到 13 680 万吨的最高点，在全球范围内长期处于遥遥领先的地位。在这个时期，美国钢铁产业的技术创新成果加速涌现，如连续热轧技术、连续浇铸技术、氧气炼钢技术等，这些技术创新成果相继在美国得到应用。例如，1952 年，氧气顶吹转炉在奥地利问世。在得知此消息后，包括美国的麦克劳斯等在内的企业迅速建成氧气顶吹转炉车间并投产，这种生产方式在美国迅速推广，降低了高炉的焦炭消耗量。无论是在产量上还是在技术水平上，新技术和新设备都使美国钢铁产业远超其他国家，其生产技术和生产设备水平全球领先。与此同时，美国钢铁产业的高速发展促使美国钢铁企业把更多利润投入技术创新，这个时期成为美国钢铁产业技术创新最为密集的时期。美国的钢铁企业组织结构完善、钢铁厂和单个生产设备规模大、经济规模合理，而且在技术装备和生产工艺方面长期保持全球领先地位。此外，美国还将先进设备出口至日本、欧洲等国家和地区，促进了全球钢铁产业的现代化发展。

自 20 世纪 70 年代以来，由于美国经济发展速度放缓、市场需求萎缩、钢铁产业成本上升，以及日本、欧洲等国家和地区的钢铁产业竞争力提升等因素的影响，美国钢铁产业走向衰退期和调整转型期，新技术应用与创新步伐逐渐放缓。目前，钢铁产业已成为受美国政府贸易保护的基础产业之一。

### （二）产业高端化驱动型

在资源极为贫乏的情况下，经过一个多世纪的发展，日本通过技术引进、学习、模仿创新，进而开展自主创新的形式，形成了特色鲜明的钢铁产业技术创新体系，发展为全球第三大钢铁生产国，技术创新水平国际领先，并长期保持着钢铁大国和强国的地位。日本钢铁产业快速发展，有两个因素功不可没：一是科技创新，推动钢铁产业向集约化、高端化方向发展；二是国际贸易，拓展国际钢铁市场，形成强大的全球竞争力。

在第二次世界大战结束后，日本的钢铁产业基本被战争摧毁。从 20 世纪 50 年代开始，日本经济逐步步入正轨，钢铁产业恢复到战前水平。在这个时期，日本注重引进美国先进的冶炼技术装备和生产工艺，技术水平大幅提升，加之日本劳动力密集，因而钢铁产业迅速发展。20 世纪 50 年代，日本钢铁产业以满足国内因战后重建而快速增长的市场需求为主要任务。由于日本国土面积狭小，没有太多的煤铁资源，煤炭、铁矿石等炼钢原材料很快消耗殆尽，需要从国外大量进口，因此，高昂的成本成为日本钢铁产业迅速发展的瓶颈。在资源约束和国际钢铁产业的技术竞争压力下，日本改变了钢铁产业粗放发展的路径，通过技术创新来优化工艺、节约资源、提高效率，从而降低成本。日本持续加大对钢铁产业的研发投入，对引进技术及工艺进行二次创新，积极开展自主创新，推动节能技术进步和产品高端化成为其钢铁产业发展的出路。

日本的钢铁产业高端化是指通过技术创新提高冶炼效率和资源利用效能，加快推进产品高附加值化，提高产品的技术水平和国际竞争力。从 20 世纪五六十年代开始，日本大力引进美国先进的技术装备，并增加钢铁产业的技术研发投入，进行二次创新，其钢铁产业的技术水平迅速提升，并在 20 世纪 70 年代逐步追上甚至超越美国，多项技术全球领先。1956—1981 年，日本投入了约 16 亿美元引进先进技术、大量购买行业专利，加速实现钢铁产业现代化，并跻身技术出口国行列；1974—2000 年，日本投入了近 280 亿美元支持钢铁产业技术研发，这一金额是美国同期的 3 倍以上。在这个时期，日本通过财政支持鼓励本国钢铁企业研发创新，推动钢铁企业从生产基础钢铁产品逐步转向产品深度加工，产业发展重心明显向产业链后端和价值链高端转移，高技术含量、高附加值产品的比例明显提高。目前，日本的钢铁冶炼技术处于全球公认的领先地位，特别是底吹技术、炉渣飞溅保护、熔炉精炼等关键技术优势突出。日本主要生产高附加值产品，其高端特钢的产量和出口量均居全球首位。

早期，日本钢铁产业的技术创新受政府的影响较大，政府在投入大量研发资金之外，还相继出台了大量产业政策，推动钢铁产业向高端化发展。在政策的支持下，日本培育了大量优秀钢铁企业，并通过兼并重组形成了日本制铁、JFE 公司、日本神户制钢所、日本制钢所等具有极强国际竞争力的钢铁巨头企业，关停低效生产线和高炉设备，实现集约化经营，钢铁企业的创新主体地位得以充分展现，技术创新能力不断提升。

日本钢铁企业高度重视技术创新。以 JFE 公司为例，其拥有完善的科研组织架构，如图 8-23 所示，JFE 公司内设 JFE 钢铁研究所，主要负责钢铁技术研发，下设 18 个研究部，是全球钢铁领域最大的研究所之一①。JFE 公司每年投入大量资金、人力开展产品和工艺研发，2019 年，其钢铁业务研发投入为 343 亿日元，研发投入占总营收的比例为 1.28%，专利数量在全球钢铁企业中遥遥领先，截至 2022 年 5 月，JFE 公司的专利申请量为 49 076 项，远超排名第二的宝山钢铁股份有限公司的 10 574 项。

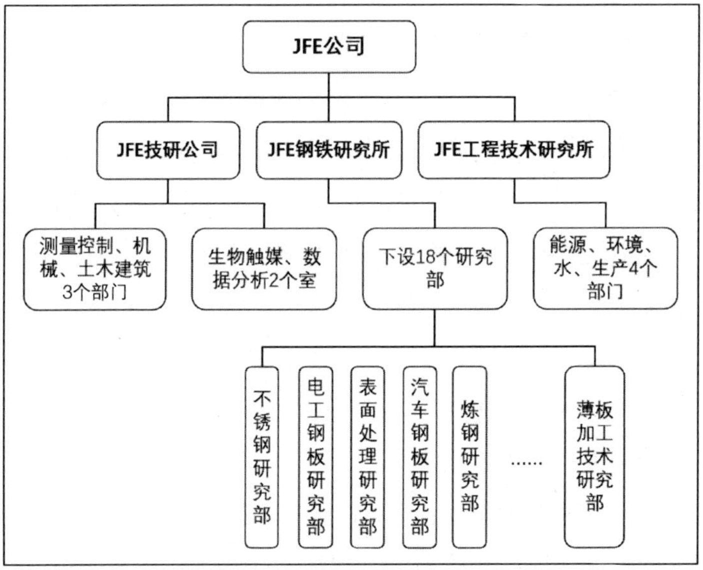


图 8-23　JFE 公司的科研组织架构

资料来源：公开资料，赛迪智库整理，2022

同时，日本钢铁企业注重技术合作研发，包括与高校、科研院所、社会机构、

① 于晓莹，陈妍，张晶，等. JFE 集团技术研发体制及发展战略[J]. 冶金经济与管理，2022（1）：39-42.

世界级创新平台、产业链上下游企业等的合作，特别是与其他钢铁企业的合作非常紧密。日本钢铁企业之间的向心力极强，能够为新技术研发项目通力合作，开展技术合作研发。

日本钢铁产业主要依赖国际贸易，进口原材料和资源，出口钢铁产品和技术。在 20 世纪 70 年代后，制造业向海外转移和欧美国家的进口限制对日本钢铁出口造成了一定的冲击，促使日本坚定走技术创新道路的信心，加速实现出口钢铁产品向高附加值产品的转变，并注重开拓亚洲市场。经过几十年的努力，日本已稳居钢铁强国地位，其冶炼工艺先进、钢铁产品附加值高，特别是在特钢领域优势明显，占据全球特钢市场 33%左右的份额，是我国进口高端特钢的主要来源。

### （三）技术追赶驱动型

中华人民共和国自成立以来，从一个落后的农业国发展为先进的工业国，工业化建设取得了举世瞩目的伟大成就。其中，作为国民经济重要基础产业的钢铁产业贡献巨大。70 多年来，我国的粗钢年产量从不足 16 万吨增长到 10 亿吨以上，多年稳居全球第一，成为全球最大的钢铁生产国、消费国和出口国。70 多年来，我国钢铁产业的技术创新模式实现了从引进、消化、吸收、再创新到自主创新和综合跨越的转变，产业技术水平稳步提升，装备现代化水平大幅提高，产业生产力充分释放，产品结构持续优化，产业技术创新重大成果不断涌现，产业高质量发展趋势逐步形成。目前，我国钢铁产业技术创新体系已较为完善，创新能力较为突出。一方面，钢铁产业的创新发展极大地满足了我国国民经济各领域高质量发展的需求，支撑了我国经济发展；另一方面，经济发展创造了巨大的产业需求，促进了钢铁产业规模和质量的提升，促使我国钢铁产业的国际地位不断提高。

20 世纪 50 年代初期，我国学习苏联的钢铁产业模式和技术，开始进行技术追赶。当时，我国工业基础非常薄弱，钢铁产业十分落后，1949 年的粗钢产量不足 16 万吨，生铁产量为 25 万吨。经过第一个“五年计划”，我国钢铁产量在

1957 年达到 535 万吨，位居全球第九。在这个时期，我国钢铁产业引进了苏联的技术和冶炼设备，并学习其工业模式，扩建了鞍钢集团，新建了武汉钢铁集团公司、包头钢铁集团有限责任公司等钢铁联合企业，大力发展重工业，钢铁产业的发展取得了一定的成绩。

20 世纪 60 年代，鉴于获取苏联先进技术装备的难度加大，我国开始自主研发一些冶金技术装备。在经济困难的条件下，我国自主设计和建成了当时在国际上较为先进的转炉炼钢厂，开发和研制了连铸技术装备，成功研发并应用了高炉喷煤等技术。1965 年，我国钢铁产量达 1223 万吨，比 1957 年的钢铁产量增加了一倍以上。20 世纪 60 年代中期至 70 年代中期，我国工业受到了较大的冲击，钢铁产业同样如此，粗钢产量一度下滑，钢铁产业的技术创新总体上呈停顿、徘徊甚至倒退状态，工程方法基本上沿用、套用或照搬苏联，没有形成完整的钢铁产业技术创新体系。在此期间，攀钢集团有限公司、武汉钢铁集团公司的热轧-冷轧薄板等工程的建设对我国钢铁产业布局、技术产品开发应用等具有重要意义。

改革开放后，我国引进了西方先进的技术装备和管理经验，加速进行技术追赶。从 1978 年到 20 世纪末，我国积极引进西方先进的冶炼技术和企业管理制度，对钢铁企业进行现代化改造升级，激发了钢铁企业的活力，并在此基础上开展集成创新和自主创新，钢铁产业的技术创新水平大幅提升。同时，我国经济高速发展，钢铁产业需求大幅提升，促进钢铁企业经营者投入资源开展自主研发和创新，带动了我国钢铁产量和质量的提升。在这个时期，我国钢铁产业积极开展技术引进和国际合作，通过引进、消化、吸收和应用推广，大大提升了技术装备水平，我国进入了追赶全球先进钢铁技术水平的攻坚期。1978 年，我国决定全套引进日本新日铁的技术装备，建设上海宝山钢铁厂。这个决定既提升了我国钢铁产业的技术装备水平，也开启了引进国外先进技术装备发展我国钢铁产业的新阶段。各地钢铁企业进一步消化、吸收上海宝山钢铁厂引进的先进工艺和技术装备，我国钢铁产业的技术装备水平实现了整体跃升。在这个时期，我国引进了连铸、连轧、炉外精炼等国际先进的冶炼技术装备，加速了钢铁产业技术装备水平的现代化进程。

从 20 世纪 80 年代开始，我国钢铁企业相继进行改建、扩建和技术改造升级，推动钢铁产业的技术装备水平实现整体跃升。1981 年，武汉钢铁集团公司引进建成我国第一条 1700 毫米带钢轧机工程，并经国家验收正式交付生产，这标志着我国的热轧-冷轧薄板生产综合工艺技术装备达到了国际先进水平。1987 年，鞍钢集团等一批钢铁企业通过引进外资，对老旧设备进行改造升级，彻底改变了技术装备和生产工艺落后的面貌，实现了产能的进一步提高。在引进西方技术装备的基础上，我国在部分技术领域开展集成创新和自主创新，开发了一批关键核心技术和行业共性技术，钢铁产业的科技创新水平进一步提升。

进入 21 世纪，我国积极推进钢铁产业自主创新，加速提升产业整体技术水平。在经济高速发展的带动下，我国钢铁产业需求旺盛，钢铁产量迅速增长。20 多年来，我国钢铁产业开发和应用了许多新技术、新装备、新工艺，加速推进技术装备改造升级，大规模应用转炉，普及连铸、连轧工艺，大幅提升技术装备的大型化、自动化水平；钢铁产品体系趋于完善，产品种类不断丰富、质量不断提升，为我国经济发展提供了高质量的钢铁产品，产品自给率和国内外市场占有率大幅提升。在提高生产效率和产品质量的同时，我国钢铁产业的产品结构逐步优化，特钢等高质量钢铁产品的比例有所提高，推动钢铁产业向产业链中高端迈进。目前，我国已基本形成以企业为主体、市场为导向、产学研用相结合的钢铁产业技术创新体系，以公共技术平台、共同研究开发、战略联盟合作等为载体的创新模式逐渐兴起，产业创新能力和水平大幅提升。自 2008 年以来，受全球金融危机、内需拉动不足等因素的影响，我国钢铁产业出现了产能过剩现象，产业发展受到挑战。2014 年以后，我国钢铁产业进入平台期，“去产能”“去库存”成为促进产业发展的关键。同时，随着资源和生态环境约束的加剧，特别是“双碳”政策的推动，我国钢铁产业急需加快从粗放的规模扩张向集约型创新发展的优化升级步伐。

## 三、主要困境

### （一）在“双碳”政策背景下，产业绿色转型压力巨大

为应对气候变化问题，各国积极推进绿色转型，已有130多个国家和地区做出了碳中和目标的承诺，绿色转型已成为全球性共识。我国作为全球气候变化治理的积极参与者、贡献者和引领者，于2020年提出了碳达峰、碳中和目标。钢铁产业是典型的能源消费产业和碳排放重点产业，面对全球产业绿色化、节能化发展趋势，特别是在我国“双碳”政策背景下，钢铁产业的发展面临多重挑战，产业绿色转型压力巨大。国家统计局的数据显示，2020年，我国钢铁产业的碳排放总量为18亿吨，占全国碳排放总量的15%，占全球钢铁产业碳排放总量的60%以上。目前，我国正在积极推动钢铁产业践行“双碳”政策、实现绿色转型，淘汰落后、高污染产能，推进全流程工艺绿色化。不过，我国的绿色冶炼技术、废钢利用比例等仍有待提升。绿色冶炼设备不足、短流程炼钢产能占比过低、绿色设计产品覆盖面不广等问题导致我国钢铁产业的吨钢碳排放量高于全球平均水平，绿色转型势在必行且任重道远。

### （二）产业结构不合理，产业大而不强的问题明显

我国钢铁产业规模和技术水平整体上处于全球前列，但产业结构不合理的问题依然突出，产业大而不强的问题尚未得到解决。造成这些问题的原因主要有以下3个。一是钢铁产业集中度不高。我国超过一半的钢铁产能来自中小型民营钢铁企业，这些钢铁企业规模小、竞争力不强、创新资源分散，导致研究机构分立，造成重复研究和盲目投入，影响企业创新能力的提升。二是钢铁产业同质化竞争严重。不锈钢、电工钢、汽车板等产品出现过剩迹象，特别是中低端领域产品同质化竞争问题突出，而一些高端特钢仍然需要从日本进口，存在高端产品供给不足、中低端产品过剩的现象。三是钢铁产业附加值偏低。我国钢铁产业关键品种的生产技术与发达国家存在较大的差距，产品品种以粗钢为主，特钢占比较低，高附加值产品难以自给自足。例如，在我国进口的钢材中，约20%的钢材是

国内无法生产的，而且它们大多是应用于重点工程、重大装备等关键领域的高端特钢，这导致我国钢铁产业极易受制于人。

### （三）产业科技创新整体能力不强，产业自主创新能力较弱

一方面，通过学习、引进、消化、吸收、再创新，我国钢铁产业的创新能力显著提升，在技术和产品开发、行业专利申请、标准制定等方面取得了一定的成果；另一方面，产业科技创新整体能力不强的问题十分明显，阻碍了我国从钢铁大国发展为钢铁强国的进程。造成这个问题的原因主要有以下两个。一是产业科技创新体系有待完善且运行不畅。当前，我国多数钢铁企业的研发体系不够完善，产学研用全链条协同创新机制不健全，与国际先进钢铁企业仍有很大的差距。二是产业整体研发效能和自主创新能力仍有较大的提升空间，特别是关键核心技术领域的创新短板比较明显，严重制约了钢铁产业高质量发展的步伐。我国钢铁产业自主创新能力较弱，缺乏原创性技术成果和基础理论产业融通技术研究，原始性技术仍然需要从国外引进；行业共性技术、关键核心技术领域的突破不够，缺乏关键装备、高端产品等创新成果，一些高端钢铁产品目前仍无法实现自研自产。

### （四）受多种因素的影响，钢铁产业链供应链受阻

从我国钢铁产业链来看，产业链上游开采环节的铁矿石资源不足是限制产业发展的重点问题。我国钢铁产业规模巨大，铁矿石消耗量居全球首位。我国铁矿石储量虽然很大，但是大多开采难度大且质量较差，开采成本甚至高于从国外进口的成本，因而铁矿石等重要原材料大量依赖进口。目前，我国从国外进口的铁矿石占比达到 85%以上，其中从澳大利亚进口的铁矿石占比在 60%左右，从巴西进口的铁矿石占比接近 20%，对外依存度较高。近几年，澳大利亚等国家哄抬铁矿石价格，致使我国钢铁企业的成本猛增，严重压缩了企业的利润；钢铁产品价格进一步上涨，增加了产业链下游应用环节的成本压力。由于新冠疫情的原

因，国际物流受阻，全球钢铁产业链供应链遭受重大冲击，钢铁原材料、钢铁产品的进出口等受到影响。同时，随着中美贸易摩擦升级，国际贸易环境有所恶化，美国对我国钢材出口政策持续施压，我国钢铁产品出口面临风险，加剧了全球钢铁产业链供应链“断链”风险。

## 四、发展建议

### （一）加快关键核心技术攻关和行业共性技术研发

鼓励多元主体开展协同攻关，加大对技术研发的支持力度，锚定钢铁产业的发展趋势和当前的技术装备研发需求，重点围绕高端特钢、核心基础零部件用钢等高品质钢铁产品领域开展技术攻关，补齐技术短板；加快低碳冶金、高效轧制、核心材料等关键核心技术攻关，以及对先进电炉、特种冶炼、高端检测等行业共性技术和专用装备、零部件的研发，优化迭代冶炼工艺，研发高性能、高附加值产品，提升产业整体竞争力。

### （二）推动钢铁产业绿色化生产工艺创新

优化顶层设计，加快制定和完善钢铁产业碳达峰、碳中和行动方案，做好绿色布局，完善碳汇交易等配套制度；加大在低碳领域的科技投入，重点研发熔融还原、副产焦炉煤气或天然气直接还原炼铁、钢铁化工联产等前沿低碳冶金技术，特别是加强对氢冶金技术的探索和应用，推动低碳冶金技术的研发，突破绿色冶炼工艺的技术瓶颈；实施全流程、全系统节能化与绿色化改造，加速发展电炉等绿色短流程生产工艺，推广先进技术装备，提高铁素资源利用效率，尤其是加强对废钢的循环利用，推动钢铁产业效能水平进一步提升。

### （三）持续推进钢铁产业转型升级

鼓励钢铁企业通过兼并重组做大做强，集中优势创新资源，提升钢铁企业的科技创新能力，打造全球领先的钢铁企业；加快钢铁产品结构优化升级，推进产能结构优化，加速淘汰落后产能、压缩过剩产能，增强中高端产品供给能力，推动高端钢材品种研发和产业化，提高产业附加值；充分利用大数据、人工智能、物联网等技术的赋能赋智作用，加快推进钢铁产业数字化、智能化转型升级，优化生产工艺、提升产品质量，推动钢铁产业降本增效。

执笔人：赵会来

第九章 | Chapter 9

# 新能源汽车产业科技创新面临的困境及思考

新能源汽车是采用非常规的车用燃料作为动力来源，综合车辆动力控制和驱动等方面的先进技术，形成的技术原理先进、具有新技术和新结构的汽车。新能源汽车包括电池动力汽车、混合动力汽车、插电式混合动力汽车、增程式电动汽车、燃料电池汽车等主要类型，如图 9-1 所示。

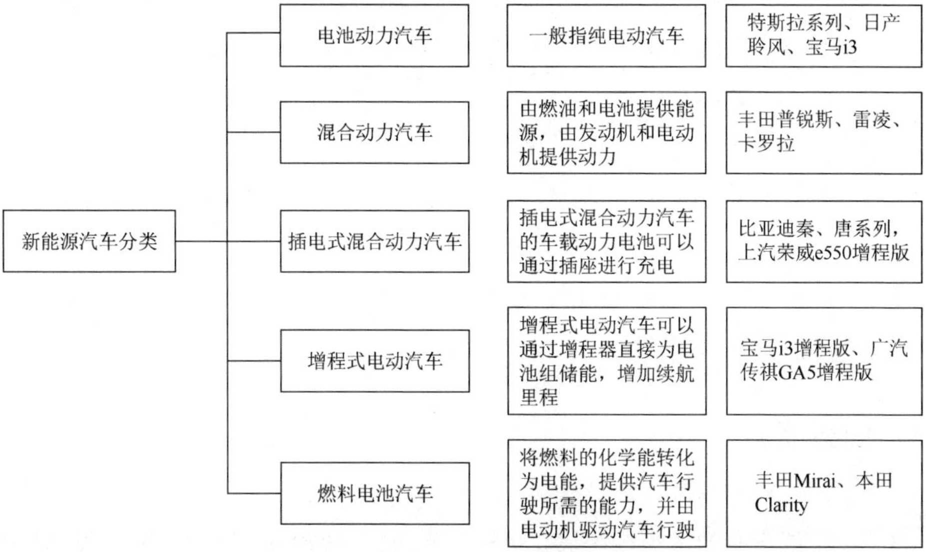


图 9-1　新能源汽车的主要类型

资料来源：公开资料，赛迪智库整理，2022

新能源汽车是全球汽车产业转型升级、绿色发展的主要方向。新能源汽车产业是我国着力培育发展的战略性新兴产业之一，经过十多年的发展，我国已经构建了非常完善的新能源汽车产业链。如图 9-2 所示，我国的新能源汽车产业链上游主要供应电解液、正极材料、负极材料和隔膜等核心原材料；产业链中游主要供应电池、电机、电控“三电系统”的零部件，包括配电模块、充电模块、半导体元件和变速器等；产业链下游主要指新能源汽车的整车制造，包括电池动力汽车、混合动力汽车和燃料电池汽车等主要类型。我国始终将科技创新作为新能源汽车产业发展的内核，围绕新能源汽车产业技术研发和创新成果转移、转化进行战略部署，构建完备的产业科技创新体系，培育具有国际竞争力的产业科技创新能力。

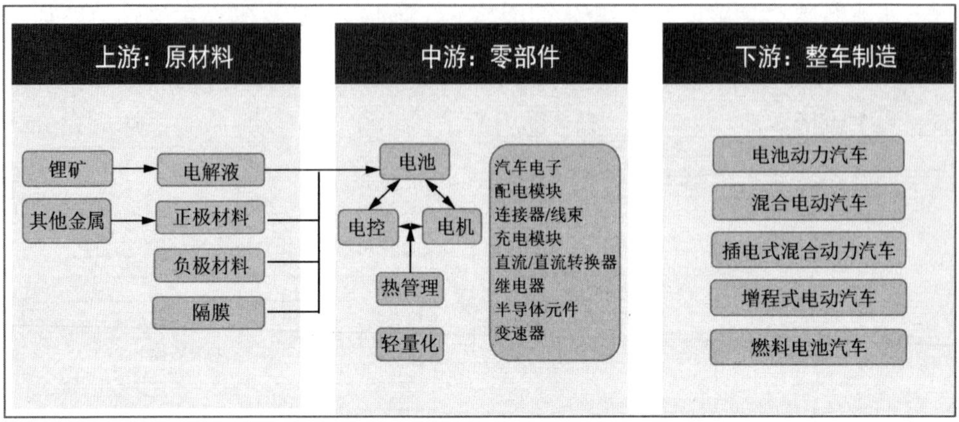


图 9-2　我国的新能源汽车产业链

资料来源：公开资料，赛迪智库整理，2022

## 一、创新能力

我国传统汽车的发展历程只有短短几十年，与发达国家相比，汽车发动机等核心技术差距明显，追赶难度大。在这种背景下，新能源汽车产业被认为是一条全新赛道，我国已在这条全新赛道上积累了诸多创新优势（包括动力电池、驱动电机、电控系统等核心零部件领域），核心技术和工业升级态势良好，这是我国在全球汽车产业竞争中的突破点。为了准确评估和衡量我国新能源汽车产业科技创新能力，本书从产业科技创新主体能力、产业科技创新投入能力、产业科技创新产出能力、产业科技创新成果转化能力、产业科技创新环境支撑能力 5 个维度出发，选取独角兽企业数量的全球占比、专精特新企业的数量、高新技术企业的数量、规上工业企业 R&D 经费投入占主营业务收入的比例、创新政策累计发布数量等多个细分指标，分析我国新能源汽车产业科技创新能力，梳理我国新能源汽车产业科技创新能力发展的现状、优势和不足。节能与新能源汽车技术路线图如图 9-3 所示。

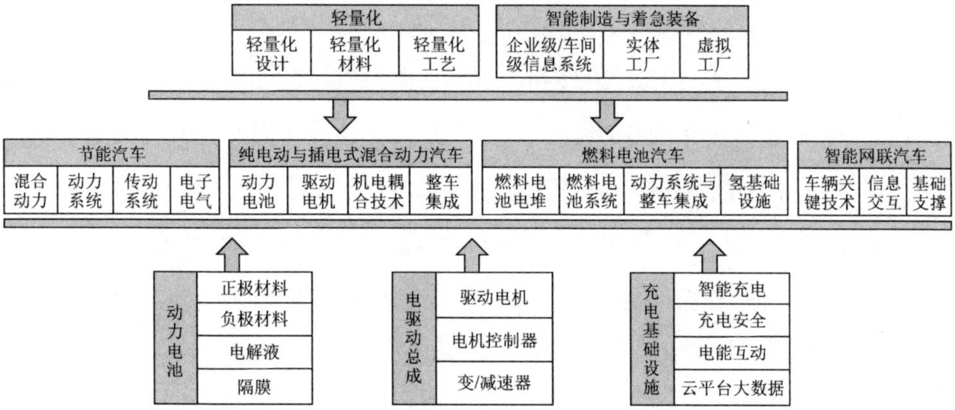


图 9-3 节能与新能源汽车技术路线图

资料来源:《节能与新能源汽车技术路线图 2.0》,赛迪智库整理,2022

## (一)产业科技创新主体类型丰富,企业创新能力具备全球竞争力

我国新能源汽车产业科技创新主体包括企业、高校、科研院所和新型创新机构等类型,如表 9-1 所示。

表 9-1 我国新能源汽车产业科技创新主体

| 序号 | 主体类型 | 细分类型 | 举例 |
| --- | --- | --- | --- |
| 1 | 企业 | 整车企业 | 比亚迪、特斯拉中国、上汽集团、广汽埃安、长城汽车、蔚来汽车、理想汽车等 |
| 2 | | 动力电池企业 | 宁德时代、比亚迪、中航锂电、国轩高科、中创新航、蜂巢能源、远景动力等 |
| 3 | | 电机电控企业 | 精进电动、上海电驱动、深圳大地、汇川技术、麦格米特、卧龙电驱、大洋电机、方正电机等 |
| 4 | 高校及科研院所 | 高校 | 清华大学、哈尔滨工业大学、上海交通大学、华中科技大学、华南理工大学等 |
| 5 | | 科研院所 | 中国科学院电动汽车研发中心、中国汽车技术研究中心等 |
| 6 | 新型创新机构 | — | 国家新能源汽车技术创新中心、国家动力电池创新中心、汽车安全与节能国家重点实验室等 |

资料来源:公开资料,赛迪智库整理,2022

从企业来看,我国新能源汽车独角兽企业在全球竞争中已经崭露头角,不过整体创新水平仍有较大的提升空间。如图 9-4 所示,胡润研究院发布的全球独角兽企业排行榜表明：2019 年，全球新能源汽车独角兽企业有 15 家，其中我国企业有 12 家，占比高达 80%；2022 年，全球新能源汽车独角兽企业有 8 家，其中我国企业有 6 家，占比为 75%，我国在全球新能源汽车创新竞争中取得了举世瞩目的成绩。不过，从整体角度来看，截至 2021 年 9 月，我国大约有 33.2 万家新能源汽车相关企业，其中新能源汽车领域专精特新企业有 130 家，高新技术企业有 3649 家，分别占新能源汽车相关企业总量的 0.04%、1.10%左右，说明我国大多数新能源汽车相关企业的产业科技创新能力不足。

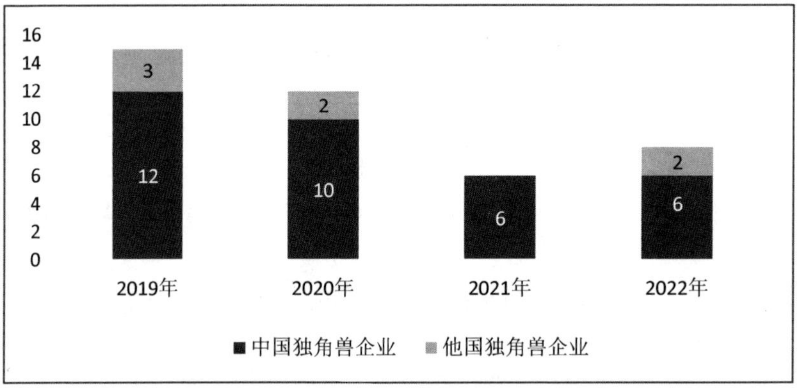


图 9-4　2019—2022 年，中国独角兽企业与他国独角兽企业的数量对比（单位：家）

资料来源：胡润研究院全球独角兽企业排行榜，赛迪智库整理，2022

我国拥有数量众多、类型丰富的科研力量，以及相对完备的公共研发和创新体系。在高校及科研院所方面，我国拥有清华大学、哈尔滨工业大学、上海交通大学、华中科技大学、华南理工大学等大批高校，以及中国科学院电动汽车研发中心、中国汽车技术研究中心等众多科研院所。例如，华南理工大学拥有汽车零部件技术国家地方联合工程实验室、广东省先进储能材料重点实验室、广东省燃料电池技术重点实验室、广东省绿色能源技术重点实验室等重大科研平台。在新型创新机构方面，我国的新型创新机构主要包括国家新能源汽车技术创新中心、国家动力电池创新中心、汽车安全与节能国家重点实验室等。其中，国家动力电池创新中心是我国成立的第一家国家制造业创新中心。该创新中心以国联汽车动力电池研究院为核心、以中国汽车动力电池产业创新联盟为外延，围绕研发设计、测试验证、中试孵化和行业服务能力开展建设工作，搭建协同攻关、开放共享的动力电池创新平台。

### （二）产业科技创新研发投入不断增加，头部企业的研发投入水平逐渐接近国际巨头企业

如图 9-5 所示，2017—2021 年，我国新能源汽车产业上市企业的研发支出不断增加，研发支出的营收占比不断提高，呈现良好的上升态势。

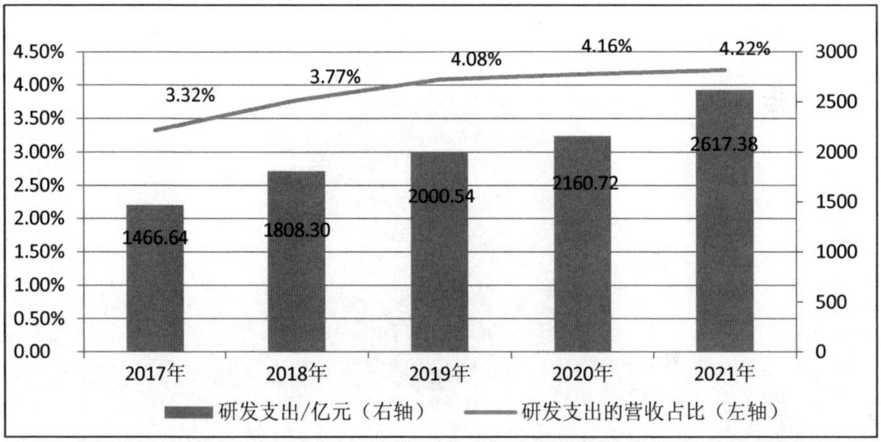


图 9-5 2017—2021 年，我国新能源汽车产业上市企业的研发支出和研发支出的营收占比

资料来源：Wind，赛迪智库整理，2022

2020 年，上汽集团、比亚迪、长城汽车等新能源汽车企业的研发经费较 2019 年同期有所增长，尤其是长城汽车，同比增长了 21.23%。在研发投入水平方面，广汽集团、吉利汽车的 R&D 经费投入占主营业务收入的比例较高，分别达到 8.17%、5.21%；其他新能源汽车企业基本上在 2%～4%的范围内浮动，与国际巨头企业 4%～6%的研发投入水平有一定的差距。不过，从总体角度来看，我国新能源汽车企业的研发投入水平正在逐渐接近国际巨头企业，尤其是头部企业，未来有望赶超国际巨头企业。

## （三）产业科技创新产出活跃，专利申请量、持有量较多且布局全面

从专利申请量来看，我国新能源汽车产业科技创新产出活力远超其他国家。如图 9-6 所示，截至 2021 年 7 月，我国已经成为全球最大的新能源汽车技术来源国，我国新能源汽车专利申请量占全球专利总申请量的 66.79%；其次是日本，其专利申请量占全球专利总申请量的 11.82%；韩国、美国、德国的专利申请量分别占全球专利总申请量的 7.38%、6.42%、2.98%，位列第三、第四、第五，与我国的专利申请量存在较大的差距。

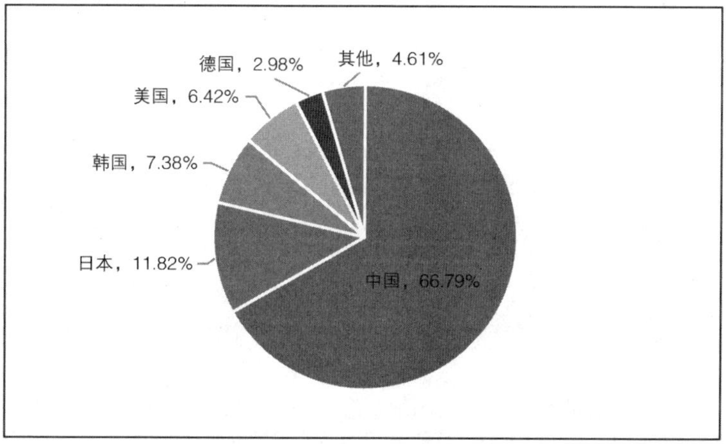


图 9-6　截至 2021 年 7 月，全球新能源汽车技术来源国分布情况

资料来源：前瞻产业研究院，赛迪智库整理，2022

从专利持有量来看，我国在新能源汽车领域积累了大量专利。2021 年，我国新能源汽车企业呈现出蓬勃的发展态势，掌握了众多专利，专利公开量占我国汽车行业专利公开总量的 21%，同比增长 14%。如图 9-7 所示，截至 2021 年 5 月，国内新能源汽车企业领头羊比亚迪共拥有 9426 项专利，排名第二的重庆长安汽车股份有限公司拥有的专利数量是比亚迪拥有的专利数量的一半左右。就发明专利而言，比亚迪在专利数量上占据着绝对优势，高达 4368 项，而特斯拉只有 935 项。从比亚迪和特斯拉各自的专利布局来看，比亚迪在“三电系统”领域拥有全面的自主研发和产品转化体系；特斯拉的专利多半布局在电机领域，尤其是电池专利数量远逊于比亚迪，只拥有约 30 项电池热管理领域的专利。

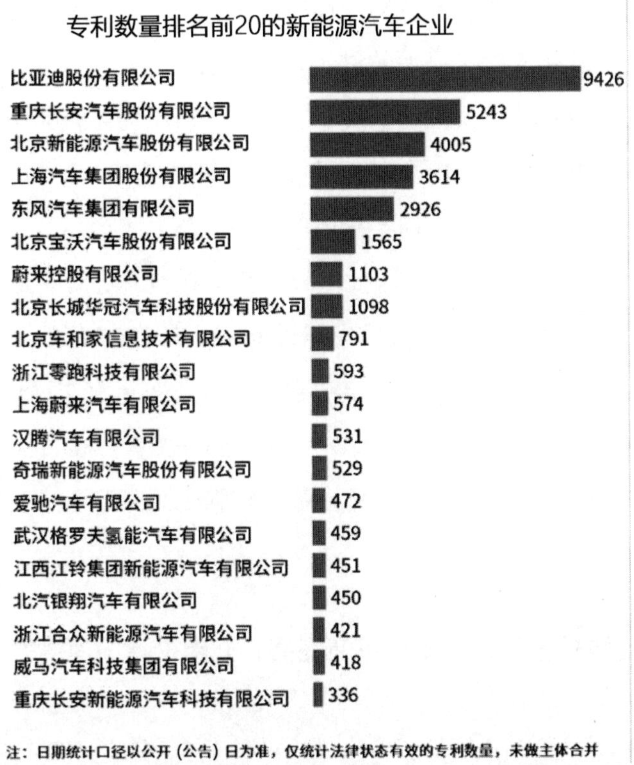


图 9-7　截至 2021 年 5 月，我国排名前 20 的新能源汽车企业拥有的专利数量（单位：项）

资料来源：企查查大数据研究院，赛迪智库整理，2022

## （四）产业科技创新成果转化能力较强，“三电系统”等领域转化了众多高质量产品

作为新能源汽车产业科技创新主体，我国新能源汽车企业推动 IGBT、高能量比动力电池等关键技术在节能与新能源汽车大规模示范推广中广泛应用。在动力电池领域，我国动力电池的发展和节能与新能源汽车的发展基本同步，在国家的支持下，动力电池能量密度的指标逐年提升。目前，我国已基本掌握了动力电池的关键技术，镍氢电池、锂离子动力电池的技术指标达到了国外同类产品的水平，表现为锂离子动力电池的技术路线呈现出混合动力和纯电动动力并重的变化趋势。高能量比动力电池是国家支持研究的重点方向，300 瓦时/

千克高能量比锂离子动力电池成为当前的产业热点。在电机领域，我国新能源汽车驱动电机的发展取得了巨大的进步，整体上能够实现领跑，核心技术实现自主可控。在电控领域，我国的IGBT技术拥有领先优势，典型代表是中车时代、比亚迪半导体等企业，中车时代已经全面掌握了IGBT芯片技术研发、模块封装测试及系统应用；比亚迪半导体的IGBT技术和产品的部分性能十分优越，与国际竞争对手不分伯仲。与此同时，我国在汽车芯片领域也取得了一些进步，如比亚迪在2002年成立集成电路设计部，在2003年成立比亚迪微电子（后更名为比亚迪半导体）并谋求上市；吉利汽车和东风汽车通过投资、上汽集团通过入股进入了汽车芯片领域。此外，我国还在关键零部件领域取得了一些成绩，如在风电轴承方向，我国已经具备了较强的国际竞争力，在国际上掌握了标准话语权。

### （五）产业科技创新扶持政策不断完善，充电桩建设速度领先、建设规模快速扩大

图 9-8 所示为我国新能源汽车产业政策的发展历程。从政策扶持的角度来看，我国出台了大量扶持新能源汽车创新发展的政策，保障新能源汽车产业迅速形成竞争优势。从“八五”时期开始，我国针对新能源汽车产业推出了一系列扶持政策。在之后的不同历史时期，我国持续高度支持新能源汽车产业科技创新，推动新能源汽车技术水平不断提升，产品性能持续优化，产销规模连续6年位居全球第一。可以说，如果没有国家政策的大力扶持，我国新能源汽车产业科技创新就不可能取得现在的成就。自2009年至今，我国共发布超过60项新能源汽车产业扶持政策，逐步形成了财政补贴、投资管理、研发投入、税收优惠和推广使用等完备的政策体系。近年来，我国陆续发布了《新能源汽车产业发展规划（2021—2035年）》等政策，进一步优化了政策体系，这对新能源汽车产业科技创新起到了积极的推动作用。2018—2021年我国新能源汽车产业扶持政策如表9-2所示。

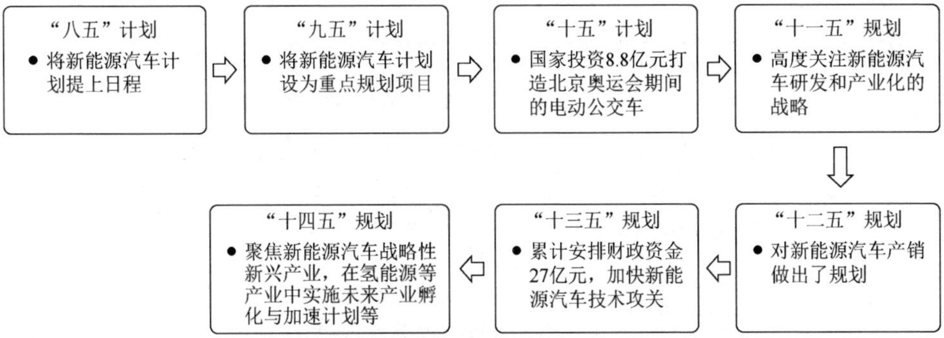


图 9-8 我国新能源汽车产业政策的发展历程

资料来源：前瞻产业研究院，赛迪智库整理，2022

表 9-2 2018—2021 年我国新能源汽车产业扶持政策

| 发布时间 | 发布部门 | 政策名称 | 政策性质 |
|---|---|---|---|
| 2021 年 12 月 | 财政部等部门 | 《关于 2022 年新能源汽车推广应用财政补贴政策的通知》 | 支持类 |
| 2021 年 11 月 | 财政部 | 《关于提前下达 2022 年节能减排补助资金预算的通知》 | 支持类 |
| 2021 年 8 月 | 工业和信息化部 | 《关于加强智能网联汽车生产企业及产品准入管理的意见》 | 规范类 |
| 2021 年 3 月 | 工业和信息化部等部门 | 《关于开展 2021 年新能源汽车下乡活动的通知》 | 支持类 |
| 2021 年 2 月 | 国务院 | 《关于加快建立健全绿色低碳循环发展经济体系的指导意见》 | 规范类 |
| 2021 年 1 月 | 交通运输部 | 《关于服务构建新发展格局的指导意见》 | 规范类 |
| 2020 年 12 月 | 财政部等部门 | 《关于进一步完善新能源汽车推广应用财政补贴政策的通知》（财建〔2020〕593 号） | 支持类 |
| 2020 年 11 月 | 国务院办公厅 | 《新能源汽车产业发展规划（2021—2035 年）》 | 规划类 |
| 2020 年 10 月 | 工业和信息化部、中国汽车工程学会 | 《节能与新能源汽车技术路线图 2.0》 | 规划类 |
| 2020 年 9 月 | 财政部等部门 | 《关于开展燃料电池汽车示范应用的通知》 | 规范类 |
| 2020 年 7 月 | 工业和信息化部 | 《新能源汽车生产企业及产品准入管理规定》 | 规范类 |
| 2020 年 4 月 | 国家发展和改革委员会 | 《关于稳定和扩大汽车消费若干措施的通知》 | 支持类 |
| 2020 年 4 月 | 财政部等部门 | 《关于完善新能源汽车推广应用财政补贴政策的通知》 | 支持类 |
| 2020 年 4 月 | 财政部等部门 | 《关于新能源汽车免征车辆购置税有关政策的公告》 | 规范类 |

续表

| 发布时间 | 发布部门 | 政策名称 | 政策性质 |
| --- | --- | --- | --- |
| 2019年6月 | 国家发展和改革委员会等部门 | 《推动重点消费品更新升级 畅通资源循环利用实施方案（2019—2020年）》 | 规范类 |
| 2019年5月 | 财政部等部门 | 《关于支持新能源公交车推广应用的通知》 | 支持类 |
| 2019年3月 | 工业和信息化部等部门 | 《关于在部分地区开展甲醇汽车应用的指导意见》 | 规范类 |
| 2019年3月 | 财政部等部门 | 《关于进一步完善新能源汽车推广应用财政补贴政策的通知》（财建〔2019〕138号） | 支持类 |
| 2019年2月 | 国家市场监督管理总局等部门 | 《电动汽车能量消耗率限值》 | 规范类 |
| 2019年1月 | 国家发展和改革委员会等部门 | 《进一步优化供给推动消费平稳增长 促进形成强大国内市场的实施方案（2019年）》 | 支持类 |
| 2019年1月 | 工业和信息化部 | 《锂离子电池行业规范条件（2018年本）》 | 规范类 |
| 2019年1月 | 工业和信息化部 | 《锂离子电池行业规范公告管理暂行办法（2018年本）》 | 规范类 |
| 2018年11月 | 国家发展和改革委员会等部门 | 《提升新能源汽车充电保障能力行动计划》 | 规范类 |
| 2018年10月 | 国务院办公厅 | 《推进运输结构调整三年行动计划（2018—2020年）》 | 规范类 |
| 2018年8月 | 中国智能网联汽车产业创新联盟、全国汽车标准化技术委员会智能网联汽车分技术委员会 | 《智能网联汽车自动驾驶功能测试规程（试行）》 | 规范类 |
| 2018年7月 | 工业和信息化部 | 《新能源汽车动力蓄电池回收利用溯源管理暂行规定》 | 规范类 |
| 2018年7月 | 国家发展和改革委员会 | 《关于创新和完善促进绿色发展价格机制的意见》 | 规范类 |
| 2018年6月 | 交通运输部等部门 | 《关于公布城市绿色货运配送示范工程创建城市的通知》 | 规范类 |
| 2018年6月 | 工业和信息化部等部门 | 《关于做好平行进口汽车燃料消耗量与新能源汽车积分数据报送工作的通知》 | 规范类 |
| 2018年5月 | 国务院关税税则委员会 | 《关于降低汽车整车及零部件进口关税的公告》 | 支持类 |
| 2018年5月 | 国家发展和改革委员会 | 《汽车产业投资管理规定（征求意见稿）》 | 规范类 |
| 2018年4月 | 中国汽车工业协会、中国汽车动力电池产业创新联盟 | 《汽车动力蓄电池和氢燃料电池行业白名单暂行管理办法》 | 规范类 |
| 2018年3月 | 工业和信息化部等部门 | 《新能源汽车动力蓄电池回收利用试点实施方案》 | 规范类 |

续表

| 发布时间 | 发布部门 | 政策名称 | 政策性质 |
|---|---|---|---|
| 2018 年 1 月 | 工业和信息化部等部门 | 《新能源汽车动力蓄电池回收利用管理暂行办法》 | 规范类 |

资料来源：前瞻产业研究院，赛迪智库整理，2022

从基础设施建设来看，我国的充电桩建设速度远超全球水平，建设规模远超美国。为了支持新能源汽车产业发展，全球充电桩保有量高速增长。国际能源署的数据显示，全球充电桩保有量从 2014 年的 85.69 万个迅速增长至 2021 年的 1573.39 万个，年均复合增速高达 51.55%。我国对新能源汽车充电桩建设的需求更迫切，充电桩保有量的增长速度更快。如图 9-9 所示，中国电动汽车充电基础设施促进联盟等机构的数据表明，截至 2021 年年底，我国充电桩保有量为 261.7 万个，约占全球充电桩保有量的 16.63%。2015—2021 年，我国充电桩保有量从 6.6 万个增长至 261.7 万个，7 年复合增长率高达 84.66%。相比之下，截至 2021 年年底，美国充电桩保有量刚刚达到 12 万个，明显落后于我国的充电桩建设速度和建设规模。

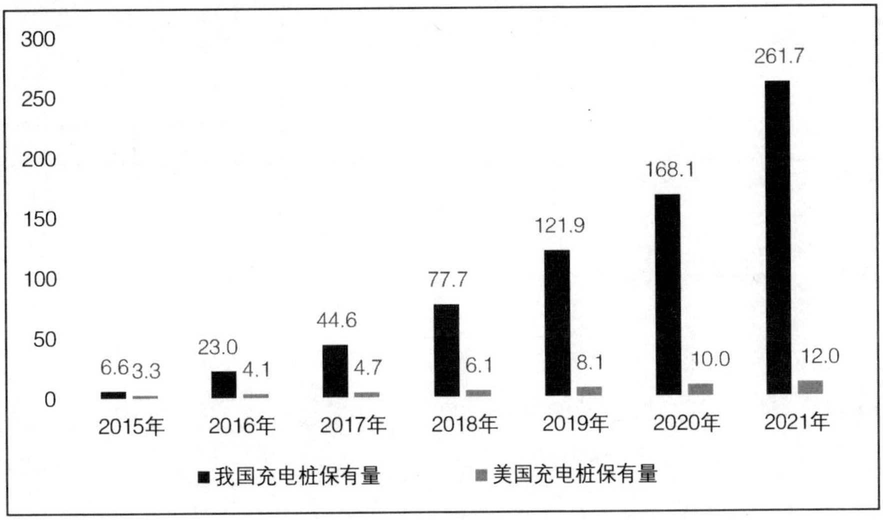


图 9-9 2015—2021 年，我国充电桩保有量和美国充电桩保有量的对比（单位：万个）

资料来源：中国电动汽车充电基础设施促进联盟等机构，赛迪智库整理，2022

## 二、创新模式

新能源汽车产业既是面向未来的战略性产业，也是典型的技术密集型、资本密集型产业。各国高度重视培育发展新能源汽车产业，纷纷采取“大力驱动产业科技创新+扶持政策”的方式推动新能源汽车产业快速发展。从近几十年的发展历程来看，由于发展阶段不同、技术起点不同、创新要素基础不同，各国的新能源汽车产业科技创新能力存在明显差异。美国依靠特斯拉在全球率先抢夺市场，同步推动产业科技创新，提升产品竞争力。德国的传统汽车企业技术实力雄厚，其转型主要依赖于政策拉动。日本汽车企业长期处于技术创新前沿，走出了一条技术多极化发展的道路。我国新能源汽车产业的发展具有明显特色，从主要依靠政策拉动，发展到以比亚迪、宁德时代等头部企业为科技创新和市场拓展的先锋，抓住了走向国际市场的宝贵的时间窗口。

全球新能源汽车产业的典型创新模式如表 9-3 所示。

**表 9-3　全球新能源汽车产业的典型创新模式**

| 序号 | 典型创新模式 | 代表国家 |
|---|---|---|
| 1 | 产品应用引领型 | 美国 |
| 2 | 政策拉动型 | 德国 |
| 3 | 技术多极化发展型 | 日本 |
| 4 | 科技创新引领型 | 中国 |

资料来源：公开资料，赛迪智库整理，2022

### （一）产品应用引领型

产品应用引领型创新模式主要是指由政府率先推动技术探索，出台大量的政策法案、行业标准，构建政策扶持体系和市场发展环境，推动创新型企业高速发展，利用全球市场优势迅速推出有竞争力的创新产品，先争夺国际市场份额，再推动技术不断完善。这种创新模式的典型代表是美国。

#### 1．产业扶持政策相对完备

美国经历了 20 世纪六七十年代汽车保有量骤增造成的空气污染及全球石油

危机等问题，对开发低碳节能汽车有迫切需求。1976 年，美国国会通过了《电动汽车和混合动力汽车的研究开发与样车试用法令》，通过财政补贴的方式刺激消费者购买新能源汽车，同时通过财政投入促进新能源汽车产业发展，并鼓励技术研发，大力推动了国内新能源汽车产业的发展。

20 世纪八九十年代，日本汽车大幅占领美国市场，对美国汽车企业构成了巨大威胁。在这种情况下，美国政府推出了“新一代汽车合作伙伴”（The Partnership for a New Generation of Vehicles，PNGV）计划，重点发展纯电动汽车产业，并设立了 3 个目标，其中一个目标是将具有商业可行性的新能源汽车技术应用于传统汽车，从而提高燃油效率、减少废气排放。该计划推动了新能源汽车产业的技术革新，成为全球新能源汽车产业技术革新的领头羊。此后，美国政府宣布将“自由合作汽车研究”（Freedom Cooperative Automotive Research，FreedomCAR）计划作为“PNGV”计划的替代项目，重点发展燃料电池动力汽车。此外，美国政府还强调发展混合动力汽车，并推出了攻克技术难关的重点发展项目。从总体上看，在这个阶段，美国的新能源汽车技术虽然取得了长足的进步，但是投资大和周期长的问题既没有得到解决，也没有进入大众的视野，短期内并未在市场应用方面取得预期的成绩，发展速度相对缓慢。

在奥巴马执政时期，美国政府开始大力发展插电式电动汽车和插电式混合动力汽车。首先，美国政府于 2011 年提出了插电式电动汽车和插电式混合动力汽车产业发展目标，计划于 10 年内在全球范围内推出首屈一指的纯电动汽车。随后，美国政府推出了“EVEverywhere”电动汽车国家创新计划，主攻纯电动汽车，将插电式车辆技术、电池技术及轻量化技术等作为主要研发方向。从此，美国的新能源汽车打开了应用市场，其 2014 年的新能源汽车销量突破了 10 万辆，位列全球第一。

### 2．特斯拉创新产品开拓全球市场

美国新能源汽车产业的发展速度和规模位列全球第一，尤其是纯电动汽车的代表特斯拉近年来异军突起，迅速发展成跨国汽车企业，成功将创新技术转化为有竞争力的创新产品。美国新能源汽车产业的发展开始进入以特斯拉等跨国汽车企业为创新引领、政策持续保驾护航的新阶段，具体表现为政府在技术研发、产业化应用等方面给予政策和资金扶持，通过政府采购支持大型企业研发，先后向特斯拉、通用汽车和福特投入大量资金，支持它们对插电式混合动力汽车的研发。

## （二）政策拉动型

政策拉动型创新模式主要适用于传统汽车企业实力强劲的国家，以德国为典型代表。德国的新能源汽车技术十分先进，全球领先。但是，德国及欧盟对应用新产品一贯持审慎态度，加之传统汽车企业在转型方面面临高成本风险，延缓了德国新能源汽车技术应用市场的开发速度。当然，德国传统汽车企业在新能源汽车产业发展领域仍有巨大的优势。近年来，德国政府为增强德国传统汽车企业的市场竞争力，积极实施补贴政策，并大力修建基础设施，德国新能源汽车技术创新和产业化进程突飞猛进。

### 1. 政府激励政策优惠力度大

德国政府的激励政策具有明显的组合施策特征。首先，早在 2010 年，德国就建立了全国电动汽车平台，将政府、科研院所和企业创新力量集中在一个平台。其次，德国政府推出了强力补贴政策。2016 年，德国政府与产业力量联合，推出了一系列推广应用激励政策，其中最核心的政策是补贴政策，消费者购买纯电动汽车的补贴最高可以达到 4000 欧元，购买插电式混合动力汽车可以获得一次性补贴 3000 欧元，政府和产业各负担补贴金额的一半，有力地刺激了新能源汽车市场的发展。同时，德国政府还提供额外的购买福利，包括消费者 10 年内免缴汽车税、可享受设有充电桩的专用停车位等。

在技术研发方面，德国针对具体技术难题设立了以下 3 个攻关项目。一是集中攻克制约电动汽车发展的动力电池技术。德国政府对研究动力电池技术的支持起步得很早，开始于 2007 年，研发方向定位于面向未来的锂离子动力电池系统材料和过程控制技术，推动形成兼顾高安全性和低成本的新一代高储能动力电池系统。二是将快充技术作为研发主攻方向。戴姆勒等汽车企业向电动汽车领域投资超过 100 亿欧元，推动快充技术发展。三是集中力量降低生产成本。近年来，德国的电池生产成本已经降低到原来的 1/4 左右。

### 2. 传统汽车企业积极转型

虽然德国传统汽车企业面临转型难题，但是它们仍将发展电动汽车作为未来趋势，纷纷制定发展电动汽车的时间表。基于以上努力，德国的电动汽车市场规模迅速扩大，截至 2021 年，德国已成为除中国之外最大的电动汽车市场，位居欧洲第一，其电动汽车销量达到 69.01 万辆，同比增长率高达 72.7%。德国传统汽车企业的转型之路已经开启，凭借过去积累的资本和技术优势，以及对电动汽车研发的大规模投入，德国传统汽车企业在电动汽车市场的发展将呈加速态势。德国传统汽车企业的电动汽车转型动向如表 9-4 所示。

表 9-4 德国传统汽车企业的电动汽车转型动向

| 序号 | 企业 | 主要动向 |
| --- | --- | --- |
| 1 | 大众 | 大众加快了电动汽车转型的速度，其于 2021 年公布了“电动化路线图”，宣布到 2030 年实现全系电动化，推动旗下 300 多个汽车品牌推出电动汽车版本，计划投入 200 亿欧元建设两个电动汽车平台，此外还将建设充电基础设施、优化生产系统、加大动力电池的研发和生产力度。从短期目标来看，大众将在 2025 年前推出 15 款电动汽车 |
| 2 | 戴姆勒 | 戴姆勒旗下的奔驰将进一步扩大纯电动汽车和插电式混合动力汽车的规模，并计划于 2030 年实现电动汽车的销售额达到营收的一半以上 |
| 3 | 宝马 | 宝马的转型计划持续到 2025 年，届时宝马将向市场推出 25 款电动汽车 |

资料来源：公开资料，赛迪智库整理，2022

## （三）技术多极化发展型

技术多极化发展型创新模式的特征表现为新能源汽车产业起步早，企业根据市场需求和环境变化持续修正技术路线，灵活改进技术创新策略，迅速将新产品投入市场，科技创新从单极化发展转向多极化演进。这种创新模式的典型代表是日本。

### 1. 技术驱动方式日益多元

日本新能源汽车在以下 3 个技术方向具备优势。

一是混合动力技术发展迅速。丰田是全球混合动力技术的先驱，其从 20 世纪 70 年代开始关于这项技术的研究和产业化工作。丰田普锐斯是全球第一批实现大规模生产的混合动力汽车之一，在全球市场上具有很强的竞争力。目前，丰田的混合动力车型十分丰富，经典车型和主流车型都有混合动力版本。

二是纯电动汽车技术广泛普及。从市场竞争的角度来看，日本过去以混合动力汽车为主要销售车型。2017 年，这种现象发生了变化，纯电动汽车开始快速占据市场，其中主要以聆风为代表。聆风的快充技术突破了传统充电电池的限制，一次充电可续航 400 千米，在全球市场上拥有很大的竞争优势。

三是燃料电池技术率先发展。不同于其他国家，日本一直把氢定位为未来能源变革的方向，大力发展燃料电池汽车。丰田持续在这个技术方向大力耕耘，其产品的加氢、续航、环保指标十分优越。不过，由于氢站等配套设施不完善、产品售价较高等问题，燃料电池汽车市场的开拓比较困难。

### 2. 市场需求带动全方位发展

日本新能源汽车产业的发展特征是一个阶段以一种技术特征见长，而且各大汽车企业选择的技术方向不同，各自的发展比较聚焦，产品各有特色，如丰田和本田致力于发展混合动力汽车，三菱和日产则聚焦于纯电动技术。从目前的情况来看，各大日本汽车企业之间的技术界限日益模糊。全球新能源汽车市场的竞争日益集中，很多国家推出了强力政策，推动新能源汽车发展。为抢占全球新能源汽车市场，很多日本汽车企业抛弃了原来相对单一的技术路线，转而采取多样化的技术研发和产品化策略。

首先，日本汽车企业纷纷推动纯电动汽车发展。其中，丰田建立并持续完善纯电动汽车的批量生产体系，作为其环保汽车战略的一部分，大力开拓纯电动汽车市场。此外，本田也开始筹划实施纯电动汽车计划，其于 2017 年推出了本田城市 EV 概念车，并计划到 2030 年在全球市场上推出 30 款纯电动汽车，实现年产量超过 200 万辆。

其次，原来主打纯电动汽车的日本汽车企业开始大力发展混合动力技术。不同于使用传统技术的汽车，使用混合动力技术的汽车只要加油就可以产生混合动力，受基础设施不完善的影响比较小。此外，该技术的发电燃效和加速性能也很出色，每升汽油可支持汽车行驶 30 多千米。

最后，各大日本汽车企业致力于发展人工智能技术。日本新能源汽车的发展有一种明显趋势，即人工智能技术和新能源汽车驾驶技术充分融合。早在 2017 年，日本就推出了一款全自动驾驶概念车 IMx，目前这款车型已经实现了真正意义上的无人驾驶。日产新聆风应用了“超智驾”技术，具备自动驾驶和自动泊车的先进功能。丰田的“爱 i”是主打人工智能识别功能的概念车型。本田也推出了相关计划，争取在 2025 年左右攻克面向个人汽车消费者的高度自动驾驶技术。

### （四）科技创新引领型

与其他国家的新能源汽车产业创新模式类似，我国新能源汽车产业的发展基本上是由政策拉动的。我国新能源汽车产业经历了 2012—2022 年的政策拉动期，政府构建了相对完善的政策体系，为新能源汽车投入市场保驾护航，扶持政策起步早、力度大，为我国新能源汽车产业的发展抓住了宝贵的时间窗口。同时，政府根据新能源汽车产业发展情况，动态调整政策体系，避免企业陷入“补贴战”，引导企业进行技术创新。比亚迪、宁德时代等头部企业逐渐通过技术创新提升产品质量和应用水平，推动新能源汽车产业进入激烈的市场竞争阶段，并逐渐积累了参与国际竞争的实力。

我国新能源汽车产业的发展经历了以下 4 个阶段。

#### 1. 国家战略部署阶段：利用新型举国体制着力推动技术研发，商业技术和产品开始崭露头角

我国新能源汽车技术的发展开始于 1991 年。此后，我国实施了两次规模较

大的国家级专项，并将新能源汽车技术创新作为国家战略。第一次是我国于1992年把新能源汽车列入国家重大产业工程项目，通过该项目研制出了纯电动汽车先导车，开发了全新纯电动轿车概念，建成了电动汽车运行试验示范区。与此同时，商业技术初步发展，一汽、东风汽车、中国汽车技术研究中心共同开发了一款纯电动乘用车，比亚迪成立并开始在电池领域进行技术研发。第二次是我国于2000年设立“863”计划电动汽车重大专项，并将汽车企业作为承接项目的重要力量，直接推动了汽车企业的技术发展、积淀和新产品的问世。从2008年开始，吉利CNG双燃料汽车、一汽奔腾B70 HEV混合动力汽车等新能源汽车产品逐渐在市场上崭露头角。

**2．政策强力驱动阶段：企业家、学者联合推动产业政策出台，国家战略与产业创新发展形成正向循环**

在这个阶段，我国新能源汽车政策进入全面扶持阶段，逐步从支持技术研发转向支持产业化发展。2008年3月，几位中国工程院院士和专家学者呈报了关于比亚迪新能源汽车发展的调研报告，开启了强力驱动新能源汽车产业发展的大门。2009年1月，财政部和科技部联合发布了《关于开展节能与新能源汽车示范推广试点工作的通知》（财建〔2009〕6号），对试点城市的公共服务领域购买节能与新能源汽车给予补助。2009年3月，国务院办公厅发布了《汽车产业调整和振兴规划》（国发〔2009〕5号），明确提出“启动国家节能和新能源汽车示范工程，由中央财政安排资金给予补贴，支持大中城市示范推广混合动力汽车、纯电动汽车、燃料电池汽车等节能和新能源汽车”。此后，一直到2013年，政策扶持力度逐渐增大，政府投入超过100亿元资金，支持新能源汽车及关键零部件产业化，并开始大规模试运行新能源汽车，实施刺激消费需求的补贴政策，新能源汽车产业在利好政策的推动下高速发展。与此同时，这个阶段也是燃油车市场竞争异常激烈的阶段，大量合资燃油车涌入我国市场，自主品牌在燃油车市场中的生存空间被进一步压缩，客观上促使比亚迪等企业将新能源汽车路线作为突围方向，坚持以技术创新牵引企业发展，加大研发新能源汽车的力度。

**3. 政策转向规范阶段：以产业规范引导企业创新发展，推动国内新能源汽车市场加速“洗牌”**

在这个阶段，我国新能源汽车产业虽然得到了长足的发展，但是普惠式补贴政策的负面效应逐渐显现，产销规模不良膨胀，引发了一些补贴乱象。因此，我国虽然仍在大规模推广应用、消费补贴、税收优惠等方面持续推出政策，但是已经逐步对政策进行调整，推动消费补贴“退坡”，同时大力规范企业的市场行为和产业秩序。2017 年，我国先后出台了《乘用车企业平均燃料消耗量与新能源汽车积分并行管理办法》（工业和信息化部 财政部 商务部 海关总署 国家质量监督检验检疫总局[①]市场监管总局令第 44 号）、《新能源汽车生产企业及产品准入管理规定》（工业和信息化部令第 39 号）等政策文件，对新能源汽车产业的政策思路已经彻底转变为提升产品品质、加强规范管理的高质量发展思路，同时提高产业准入标准、提升动力电池能量密度等技术指标门槛、实行“双积分”政策等长效机制，促进企业提升技术研发和产业化水平。此外，我国还调整了过去严格限制外企进入国内市场的目录管理办法，使特斯拉等外企进入政府扶持范围，倒逼国内企业接受市场竞争的考验。随着政策的调整，国内新能源汽车市场在资本充裕、企业数量较多的情况下，逐渐进入充分竞争阶段，一些不具备技术实力的企业受到市场细分和产品结构多样化“两头挤压”，被迫退出竞争，国内新能源汽车市场的竞争格局发生巨大变革。

**4. 市场充分竞争阶段：技术创新带动竞争格局重构，比亚迪等头部企业掌握国际竞争主动权**

在政策调整的过程中，一方面，以比亚迪为首的一批凭借技术创新站稳脚跟的企业，通过不断积累和发展技术优势，依靠政策扶持，在市场竞争中加速形成规模优势；另一方面，造车新势力不断涌现，加速市场“洗牌”，蔚来汽车、小鹏汽车、理想汽车等造车新势力持续壮大，成为市场竞争中的佼佼者。从本质上

① 现名为国家市场监督管理总局。

来看，技术创新引导我国新能源汽车产业良性发展的势头已经形成，如在动力电池这个核心竞争领域，以宁德时代和比亚迪为代表，我国头部企业在国际竞争中逐渐掌握了主动权，在技术路线、产品竞争力方面与特斯拉等国际巨头企业不相上下，有效解决了我国新能源汽车产业的“站立成本”问题[①]，引领了全球新能源汽车产业的发展方向。

## 三、主要困境

### （一）新能源汽车激励政策的后续接替问题浮出水面，中央政府和地方政府的政策衔接度需要提高

目前，我国新能源汽车市场处于高速发展阶段，而动力电池成本下降速度缓慢，因而新能源汽车性价比的提升存在比较大的障碍。我国新能源汽车补贴到款时间过长，必须通过融资运作解决问题。恰逢我国正处于政策转型期，消费补贴持续“退坡”，新能源汽车市场激励政策的后续接替问题需要得到高度重视。当前，中央政府和地方政府的政策衔接略有不足。值得一提的是，一些地方设置的“地方保护目录”大大压缩了消费者选择新能源汽车的空间，人为造成市场割裂，不利于新能源汽车市场的创新和发展。

### （二）底层技术不扎实的问题没有从根本上解决，新能源汽车产品性能存在局限

第一，底层技术不扎实的问题十分突出，基础性技术的缺失拖累了有助于提升性能的前沿成果的产出。第二，新能源汽车产品性能存在局限（如动力电池

① “站立成本”理论见于范保群、陈小洪、刘超《战略性新兴产业政策能够成功的条件与机制——三个典型产业案例的初步研究》。“站立成本”指的是企业发展到按国际价格可以盈利时必须付出的成本。“站立成本”与企业进入市场的时间有关，先进入市场的企业已建立了进入壁垒，后进入市场的企业要想生存下来，必须解决“站立成本”问题。解决该问题的条件之一是企业能达到克服“站立成本”障碍的必要规模，条件之二是有相应的产业政策。

的性能在冬季下降、大功率燃料电池核心技术缺失），造成产品竞争力不足和产业发展限制等问题。第三，关键核心技术和产品的对外依赖比较严重，突出表现在车载操作系统、车规级芯片、测试验证装备等方面。第四，产业化速度难以提升，部分关键核心技术缺乏商业化和规模化的应用场景，导致技术成果转移、转化困难。

### （三）研发人员、管理人才培养与实际需求脱节，减慢了新能源汽车产业创新发展的速度

当前，我国新能源汽车产业处于高速发展阶段，需要大量高素质的研发人员、技术工程师和管理人才。然而，我国的人才培养与新能源汽车产业发展之间存在供需不匹配现象，导致现阶段存在较大的人才缺口，需要通过一段较长的时间培养人才，这在一定程度上减慢了新能源汽车产业创新发展的速度。

### （四）充电桩等基础设施的需求缺口比较大，尚未形成有效的商业运营模式

一方面，随着我国新能源汽车市场的迅速发展，充电桩等基础设施匮乏的问题日益突出，目前我国新能源汽车与充电桩的比例只能达到 3.5∶1，充电桩建设规模滞后；另一方面，充电桩等基础设施的布局不尽合理，尤其是公共充电桩，使用率不足 15%，难以形成有效的商业运营模式，存在消费者充电价格高与运营企业盈利难的双重困难。

## 四、发展建议

### （一）补贴政策与金融手段双管齐下，继续加大对新能源汽车产业的政策扶持力度

一方面，加大政策扶持力度，为新能源汽车市场提供货币政策支持，刺激消

费者的购买意愿；另一方面，减少新能源汽车关键零部件的税收额度，推动新能源汽车生产成本降低；同时，聚焦新能源汽车产业，创新、开发和完善金融信贷工具，最大限度地缓解新能源汽车企业的资金压力。

### （二）持续加大对车规级芯片等关键核心技术的攻关力度，促进创新链和产业链融合发展

提升关键核心技术的国产化替代水平，加大对关键核心部件（如车规级智能驾驶芯片、IGBT、线控和车载操作系统等）的研发支持，大力提高产业链关键环节的可控程度，推动新能源汽车技术自主创新。坚持做好两项工作：一是基础研究和前沿技术创新“两手抓”，把基础研究放在更加突出的位置，同时，在全固态动力电池技术、下一代动力电池技术、驱动电机关键核心技术、智能驾驶技术、类脑决策技术等领域，以技术创新推动产业未来发展；二是持续完善产业技术创新体系，大力构建以企业为主体、市场为导向、产学研深度融合的产业技术创新体系，推动创新要素加快向企业聚集，大力扶持国家级创新平台建设，为技术创新成果转移、转化效率的提升提供政策扶持。

### （三）进一步完善标准体系，加速构建新能源汽车市场竞争机制

新能源汽车市场竞争机制是新能源汽车技术创新的基底，需要进一步完善国家标准、行业标准等标准体系，并不断加大对新能源汽车市场的监控力度，尤其需要解决不同地方差价过大的问题，从而刺激新能源汽车产业技术创新。后续应加速构建新能源汽车市场的标准体系和竞争机制，为新能源汽车产业技术创新提供良好的市场环境。

### （四）加快布局充电桩等基础设施建设，为刺激新能源汽车的市场需求、推动新能源汽车的有效使用提供条件

从政府牵头入手，加大社会各界对充电桩等基础设施建设的支持力度，尤其

是提供资金支持，通过完善基础设施建设，刺激新能源汽车的市场需求，推动新能源汽车的有效使用。此外，还应加强对高速公路等道路的修建，为消费者驾驶新能源汽车提供良好的条件，提升新能源汽车的安全性、可靠性和驾驶体验，协助开拓新能源汽车市场。

执笔人：郭英

第十章 | Chapter 10

# 软件产业科技创新面临的困境及思考

软件产业是指利用计算机、通信网络等技术对信息进行生产、收集、处理、加工、存储、运输、检索和利用，并提供信息服务的业务活动。根据现行的软件产品分类标准（GB/T 36475—2018）、信息技术服务 分类与代码标准（GB/T 29264—2012），软件主要分为系统软件、支撑软件、应用软件、嵌入式软件、信息安全软件、工业软件，信息技术服务主要包括信息技术咨询服务、设计与开发服务、信息系统集成实施服务、运行维护服务、数据处理和存储服务、运营服务、数字内容服务。软件是新一代信息技术的灵魂，是引领科技创新、驱动经济社会转型发展的核心力量，是数字经济发展的基础，是制造强国、网络强国、数字中国建设的关键支撑。建设强大的软件产业，不断增强软件产业的创新发展能力，是我国构建全球竞争新优势、抢占新工业革命制高点的必然选择。

软件产业链的基本情况如表 10-1 所示。

**表 10-1 软件产业链的基本情况**

| 产业链 | 重要环节 | 细分类别 |
|---|---|---|
| 上游 | 生产原材料 | 芯片/元器件、各类功能模块、内存卡、印制电路板、机框等 |
| | 加工服务 | 贴片、焊接、金属外壳加工等 |
| | 通用产品 | 服务器、存储设备、操作系统、数据库、光盘等 |
| | 开源技术 | 虚拟化、云计算、大数据等 |
| 中游 | 软件产品形态 | 信息技术解决方案、专业测试、咨询服务、系统集成等 |
| 下游 | 应用领域 | 个人用户、政府机构、电信运营商、企业等 |

资料来源：公开资料，赛迪智库整理，2022

软件产业链的上游包含生产原材料、加工服务、通用产品、开源技术等重要环节。其中，生产原材料环节包含芯片/元器件、各类功能模块、内存卡、印制电路板（Printed-Circuit Board，PCB）、机框等细分类别；加工服务环节包含贴片、焊接、金属外壳加工等细分类别；通用产品环节包含服务器、存储设备、操作系统、数据库、光盘等细分类别；开源技术环节包含虚拟化、云计算、大数据等细分类别。

软件产业链的中游包含工业软件、应用软件、平台软件、嵌入式软件等不同类型的软件产品形态。

软件产业链的下游是拥有信息化建设需求的最终应用用户，主要包含个人用户、政府机构、电信运营商、企业等细分类别，大多属于电子政务、林业信息化等行业。

根据不同的软件产品形态，软件产业可以分为基础软件、支撑软件、平台软件、应用软件、工业软件、嵌入式软件、移动应用软件和定制软件等多个细分领域，如图 10-1 所示。

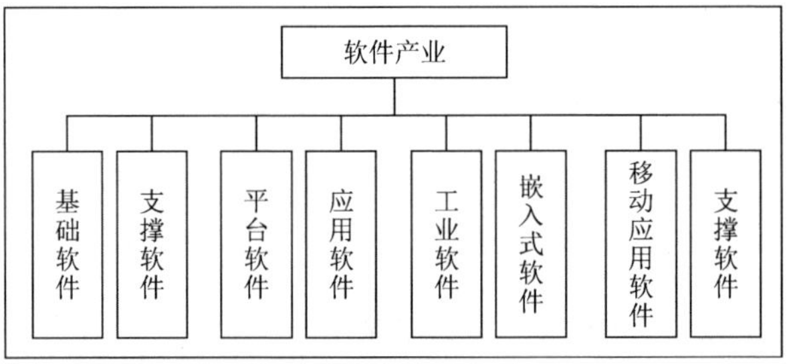


图 10-1　软件产业的细分领域

资料来源：公开资料，赛迪智库整理，2022

## 一、创新能力

软件是科技创新的基础支撑。纵观 10 年来的发展历程，我国软件产业始终坚持创新驱动，实现了发展的量质齐升。党的十八大以来，我国软件产业规模迅速扩大，企业实力不断提升，创新能力大幅提升，涌现出一批竞争力强的创新型产品和服务，产业应用持续深入，质量效益全面跃升，在由大变强的道路上迈出了坚实的步伐。2021 年，我国软件产业的运行态势良好，软件业务收入保持较快增长，盈利能力稳步提升，软件业务出口额保持增长，从业人员规模不断扩大，创新能力明显提升。

### （一）产业科技创新综合实力快速攀升，盈利能力稳步提升

软件业务收入保持较快增长。2021 年，我国软件产业规上企业的数量超过 4 万家，累计获得软件业务收入约 94 994 亿元，同比增长 17.7%，两年复合增长

率为 15.5%。如图 10-2 所示，我国软件业务收入从 2014 年的约 37 026 亿元增长至 2021 年的约 94 994 亿元，增速位居国民经济各产业前列。

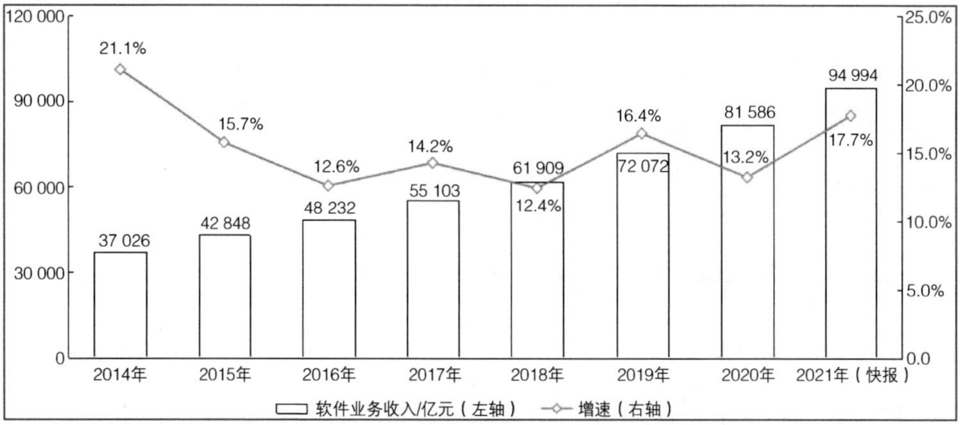


图 10-2 2014—2021 年我国软件业务收入增长情况

资料来源：工业和信息化部运行监测协调局，赛迪智库整理，2022

盈利能力稳步提升。2021 年，我国软件产业利润总额约为 11 875 亿元，同比增长 7.6%，两年复合增长率为 7.7%（见图 10-3）；主营业务利润率提高 0.1 个百分点，达到 9.2%。

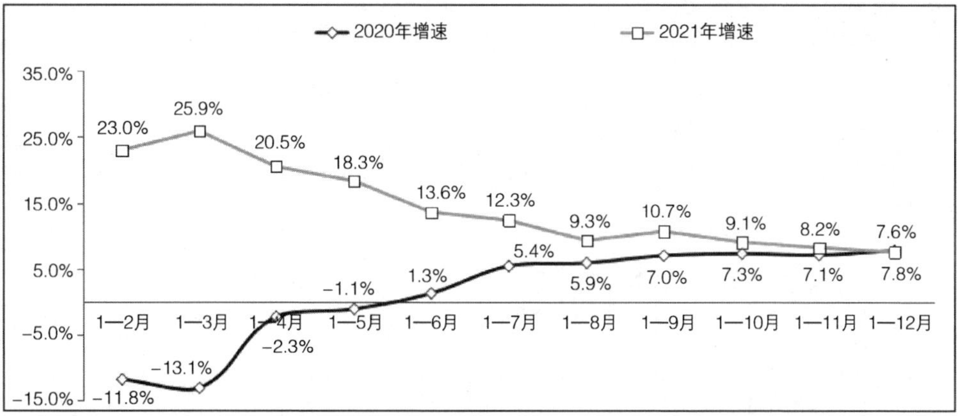


图 10-3 2020—2021 年我国软件产业利润总额增长情况

资料来源：工业和信息化部运行监测协调局，赛迪智库整理，2022

### （二）产业科技创新投入高速增长，研发资金持续攀升

研发资金持续攀升。中国电子信息行业联合会发布的“2021 年度软件和信

息技术服务竞争力百强企业”榜单显示，2021 年，我国软件产业百强企业的研发投入合计为 3967 亿元，同比增长 23.4%，平均研发投入强度超过 10%。百强企业一方面着力夯实产业基础，聚焦于操作系统、芯片、数据库、中间件及各类应用软件的集成、适配、优化；另一方面积极培育新动能，以云计算、大数据、人工智能、5G 等领域的新兴软件为牵引，加快发展平台软件，对构建具有国际竞争力的产业体系、支撑新型基础设施建设、引领产业转型升级起到了重要作用。

### （三）产业科技创新产出规模持续扩大，知识产权量质齐升

知识产权量质齐升。2021 年，我国计算机软件著作权登记量达到 228 万余件，约占全行业著作权登记总量（398.4 万件）的 57.2%，同比增长 32.3%，远高于全行业著作权登记总量的增长速度（20.1%）。我国软件产业的科技创新产出实现多年连续增长，关键核心技术领域的专利储备不断增长，有力支撑软件产业转型升级。

软件业务出口额保持增长。如图 10-4 所示，2021 年，我国软件业务出口额约为 521 亿美元，同比增长 8.8%，两年复合增长率为 3.0%。其中，软件外包服务出口额约为 149 亿美元，同比增长 8.6%；嵌入式系统软件出口额约为 194 亿美元，同比增长 4.9%。我国软件产业的国际竞争力和影响力不断增强，有力支撑我国企业“走出去”步伐。

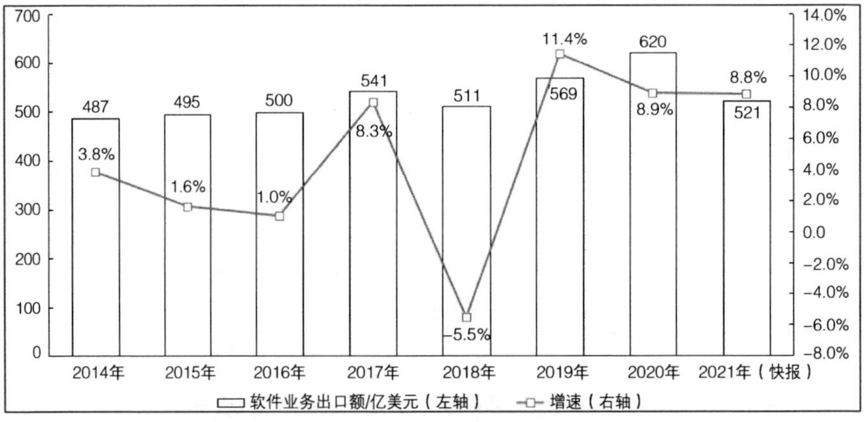


图 10-4　2014—2021 年我国软件业务出口额增长情况

资料来源：工业和信息化部运行监测协调局，赛迪智库整理，2022

### （四）产业科技创新人才队伍不断壮大，人均收入持续增长

从业人员规模不断扩大，工资总额加快增长。2021 年，我国软件产业从业人员为 809 万人，同比增长 7.4%。如图 10-5 所示，2020—2021 年，我国软件产业从业人员工资总额同比增长 15.0%，两年复合增长率为 10.8%。这两个数据明显高于全行业平均水平，软件产业拉动了全国乃至全球的高技术人才就业。

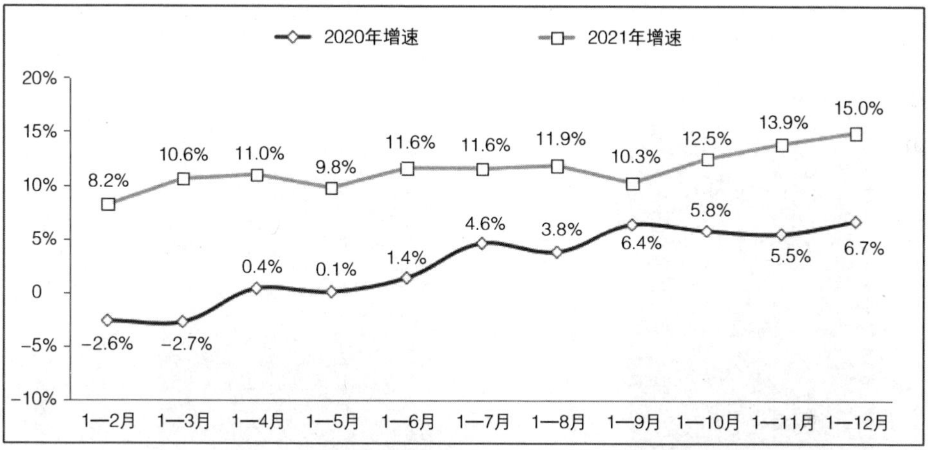


图 10-5 2020—2021 年我国软件产业从业人员工资总额增长情况

资料来源：工业和信息化部运行监测协调局，赛迪智库整理，2022

### （五）产业科技创新国际影响力稳步提升，中国成为全球软件大国

全球各国对软件产业的划分标准各不相同，为了更好地用统一的标准衡量各国软件产业的创新水平，本研究对全球各国软件产业的主要企业进行统计，相关数据来源于《2021 年欧盟工业研发投入记分牌》。2020—2021 年全球软件产业竞争格局（根据市场规模划分）、2020—2021 年全球软件产业竞争格局（根据创新投入划分）分别如图 10-6、图 10-7 所示。总的来看，在市场规模和创新投入两个方面，中国成为仅次于美国的软件大国。

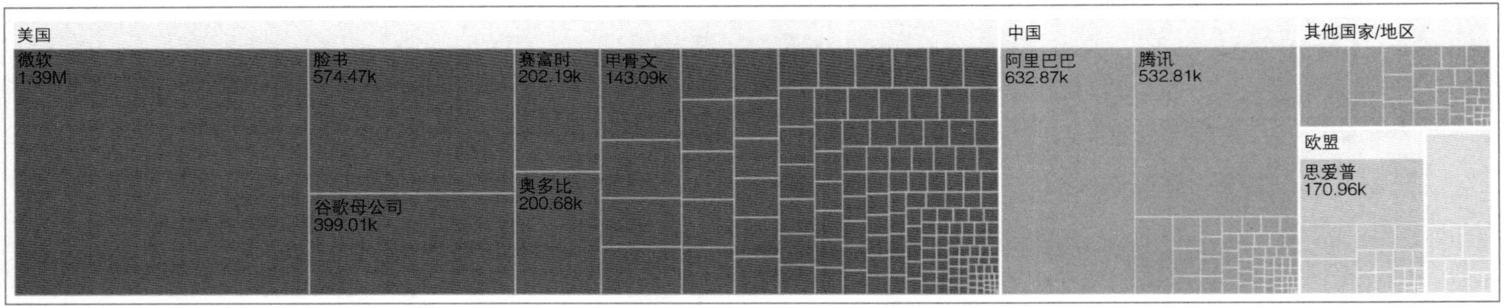


图 10-6　2020—2021 年全球软件产业竞争格局（根据市场规模划分）

资料来源：《2021 年欧盟工业研发投入记分牌》，赛迪智库整理，2022

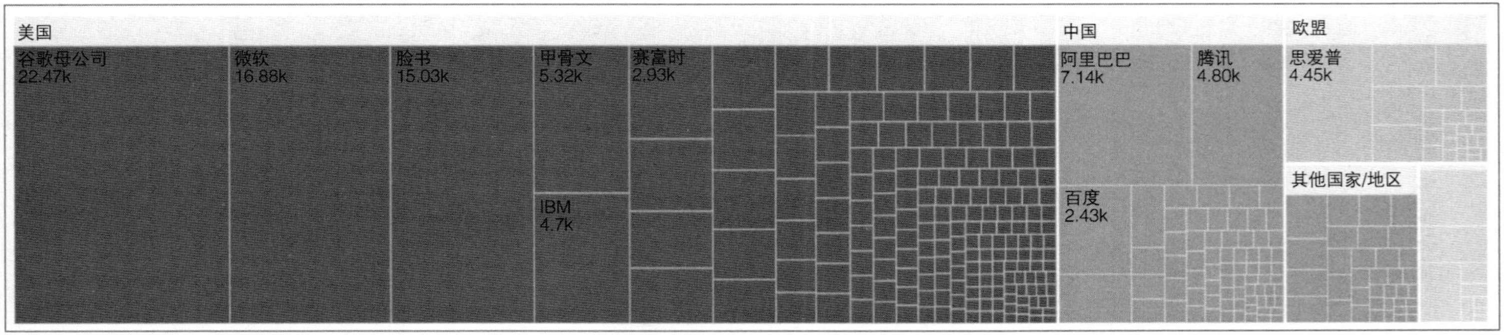


图 10-7　2020—2021 年全球软件产业竞争格局（根据创新投入划分）

资料来源：《2021 年欧盟工业研发投入记分牌》，赛迪智库整理，2022

在市场规模方面，如表 10-2 所示，2020 年中国软件产业市场规模为 14 066 亿欧元，约为美国软件产业市场规模（46 439 亿欧元）的 1/3。与其他国家和地区相比，中国和美国的软件产业市场规模遥遥领先，两国共占据全球软件产业市场整体规模（69 584 亿欧元）的 86.95%。从图 10-8 中可以看出，2020—2021 年，全球主要国家软件产业呈现高度集中的市场格局。

表 10-2 2020 年全球主要国家软件产业市场规模

单位：亿欧元

| 国家 | 市场规模 |
|---|---|
| 美国 | 46 439 |
| 中国 | 14 066 |
| 德国 | 1922 |
| 日本 | 1885 |
| 加拿大 | 1352 |
| 印度 | 824 |

资料来源：《2021 年欧盟工业研发投入记分牌》，赛迪智库整理，2022

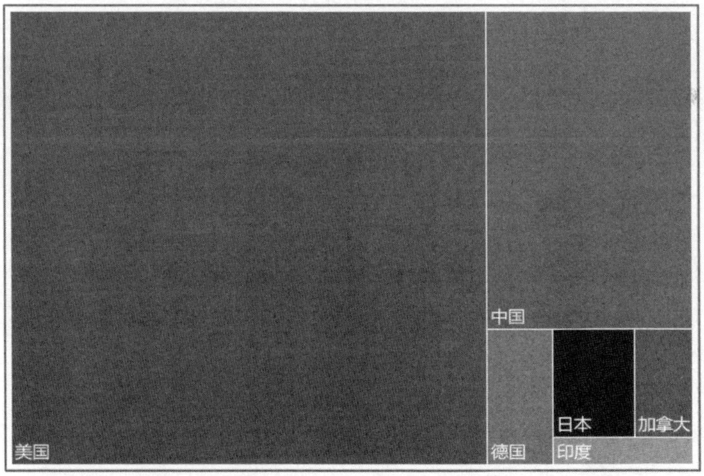


图 10-8 2020—2021 年全球主要国家软件产业市场格局

资料来源：《2021 年欧盟工业研发投入记分牌》，赛迪智库整理，2022

在创新投入方面，如图 10-9 所示，2020—2021 年，中国软件产业在创新投入金额和创新强度方面接近全球顶尖水平，大幅超过德国、日本等传统软件强国。不过，中国软件产业的创新投入增长速度与加拿大、美国仍有较大的差距。

中国软件产业的创新投入增长动力稍显不足，未来有待激发软件企业的创新活力，加大创新投入力度。

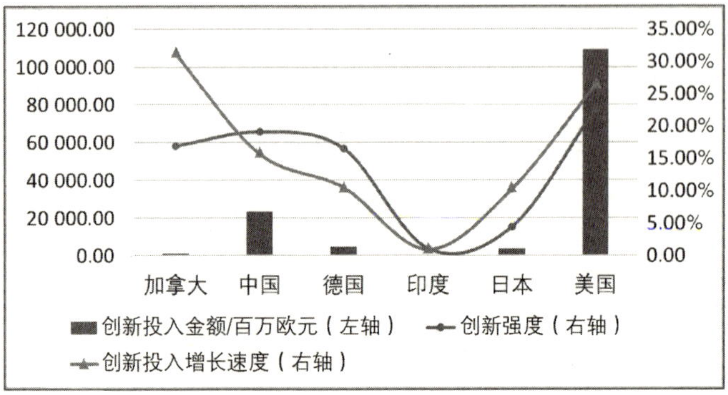


图 10-9　2020—2021 年全球主要国家软件产业的创新投入金额、创新强度、创新投入增长速度

资料来源：《2021 年欧盟工业研发投入记分牌》，赛迪智库整理，2022

在创新效益方面，如图 10-10 所示，2020—2021 年，中国软件产业利润率为 2.25%，在全球主要国家中的排名相对较低，与印度、德国、日本等国家存在较大的差距。目前，中国软件产业存在发展方式较为粗放、整体效率偏低等问题，有待进一步构建创新驱动的发展格局。

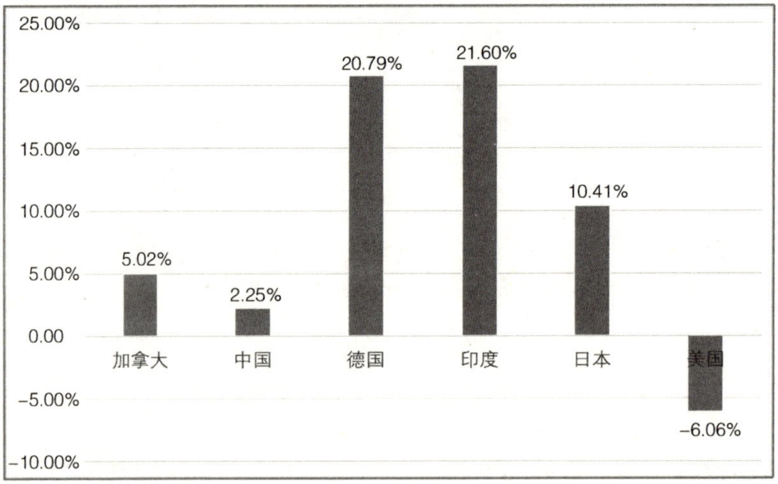


图 10-10　2020—2021 年全球主要国家软件产业利润率

资料来源：《2021 年欧盟工业研发投入记分牌》，赛迪智库整理，2022

在创新环境方面，如图 10-11 所示，2020—2021 年，中国软件产业从业人员数量为 93 万人，不到美国软件产业从业人员数量的 2/3，相对于中国软件产业的整体规模而言，存在较大的人才缺口，中国软件产业的创新环境对全球软件人才的吸引力不足。

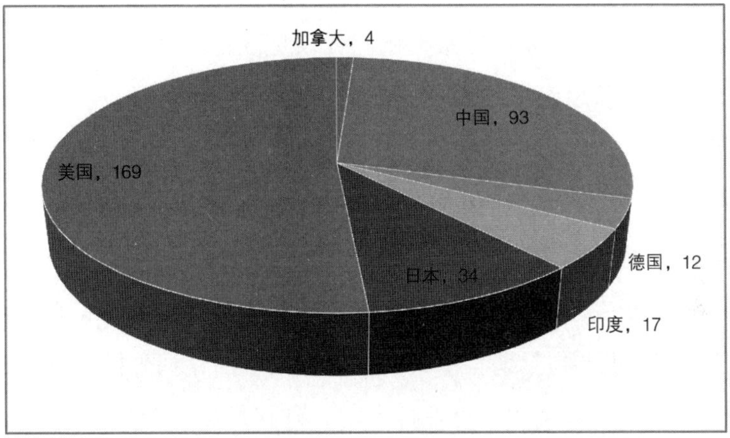


图 10-11　2020—2021 年全球主要国家软件产业从业人员数量（单位：万人）

资料来源：《2021 年欧盟工业研发投入记分牌》，赛迪智库整理，2022

## 二、创新模式

### （一）技术驱动型

软件产业的技术驱动型创新模式大多依托全球著名高校及科研院所，通过推动理论研究、技术创新、成果转化而发展起来，形成门槛较高的产业发展模式，典型代表如美国加州硅谷、英国伦敦湾区。这种创新模式通常以推进软件技术及应用的创新发展为出发点，通过促进市场竞争、注重知识产权保护、鼓励风险投资、支持基础技术研究等政策手段，形成以国内市场需求为导向的内在驱动发展模式，是一种典型的高智力资源、高投入、高回报的自主型产业发展模式。

根据不同的创新主体，技术驱动型创新模式可分为企业驱动型和学院驱动型两种模式。

### 1．龙头企业辐射带动硅谷软件产业蓬勃发展

美国是全球最大的软件生产国，拥有包括 IBM、甲骨文、微软等在内的众多全球顶尖软件企业。同时，美国也是全球最大的软件服务供应国，其软件贸易体量在全球举足轻重。

在美国的软件产业集群中，最杰出的代表是硅谷。硅谷位于美国加利福尼亚州北部的大都会区旧金山湾区南面，是高科技企业云集的圣克拉拉谷的别称。硅谷最早是研究和生产以硅为基础的半导体芯片的地方，由此得名。硅谷是电子工业和计算机业的“王国”，当地的计算机企业已经发展到大约 1500 家。虽然其他国家和地区的高新技术聚集区不断发展壮大，但是硅谷仍然是全球高新技术创新发展的开创者和中心。硅谷的主要区位特征是其附近拥有具有雄厚科研力量的美国顶尖大学，主要包括斯坦福大学和加州大学伯克利分校，此外还包括加州大学系统的其他几所大学和圣克拉拉大学。硅谷是美国乃至全球创新创业氛围最浓厚的高新技术聚集区之一，培育出苹果、微软、惠普等全球领先的大型企业。硅谷通过充分发挥市场作用、高度自主化管理和开放的创新创业氛围，不断激发本地企业的发展热情。资源共享和交流互动对中小型企业的发展起到了有力的带动作用，众多极具创新活力的中小型企业逐渐成为硅谷高科技发展的重要支撑。同时，硅谷的投资公司数目众多，风险投资规模庞大。风险投资和硅谷的发展相互促进、相辅相成，这种良性循环发展机制不断推动着硅谷的高技术产业，并催生新的技术。浓厚的创新创业氛围和开放的风险投资环境成就了硅谷软件产业的发展传奇。

### 2．顶级高校推动伦敦湾区软件产业聚集式发展

伦敦湾区地处英国东南沿海泰晤士河下游的南北两岸，从河口向上游伸延至特丁顿码头。整个伦敦湾区包括伦敦市及其周围 32 个自治市，以及英格兰东大区的剑桥郡、埃塞克斯郡、赫德福德郡、贝德福德郡，英格兰东南大区的萨里郡、肯特郡、伯克郡、南安普敦郡、白金汉郡、牛津郡。伦敦湾区汇集了剑桥大学、牛津大学等全球顶级高校，形成了一个科研“金三角”，源源不断地输出技

术成果与创新人才，为软件产业的创新发展提供了丰沃的土壤。

伦敦湾区软件产业集群的诞生源于本地顶级高校的推动。在它们的推动下，伦敦湾区诞生了大量的新技术、新企业，不断催生以研发为主的新产业。依托剑桥大学等一流科研院校师生的创新创业精神及政府开放、优厚的人才政策，伦敦湾区聚集了大批顶级高校的高学历、高科技人才，营造了浓厚的创新创业氛围。同时，伦敦湾区剑桥区灵活的管理政策促使本地高校与企业之间保持密切的产学研联系，剑桥大学各院系衍生了众多高技术小企业，对当地软件产业的发展起到了巨大的带动作用。例如，英国政府投入 4 亿英镑支持东伦敦科技城发展，吸引思科、英特尔、亚马逊、推特、高通、脸书、谷歌等大型企业入驻，推动东伦敦科技城成为科技、数字、创意等企业的群聚中心和欧洲成长最快的科技枢纽。剑桥大学致力于孵化创新企业，在其周围形成了一个高科技产业群，这就是著名的“剑桥现象”。此外，依托科研“金三角”的优势，伦敦湾区独角兽企业的数量大幅增长，由 2015 年的 5 家增长到 2021 年的 75 家。

### （二）外向发展型

外向发展型创新模式以国际市场需求为导向，为全球提供外包服务，其创新多为模式创新或以市场换技术的跟随式创新，典型代表如印度班加罗尔软件园、爱尔兰。这种创新模式以丰富的劳动力资源、成熟的软件服务技术及强大的外资企业为依托，以国际市场需求为导向，通过国内中小型企业提供信息技术外包服务、技术业务流程外包服务和技术性知识流程外包服务，推动软件产业快速发展。

#### 1. 雄厚的人才基础助推印度软件产业跨越式发展

印度的软件外包是当之无愧的行业龙头。印度曾是一个贫穷、落后的发展中国家，其软件产业的成就却举世瞩目。班加罗尔软件园的技术分布合理，先进的软件技术和印度廉价的高素质劳动力形成了卓越的国际竞争力，在美国用户购买的软件中，超过 60%的软件来自印度。

印度的软件产业属于外向发展型产业。为了争取更多的软件外包工程、扩大软件出口份额，印度政府鼓励软件企业办学，以提高员工素质。例如，以生产教育软件为主的印度著名软件企业——全国信息技术研究所有限公司在 20 个国家设立了 800 个教育中心，每年培训的软件人才达 15 万人；印度阿普特克计算机教育公司在 30 个国家设立了 1500 个教育中心。作为提供外包服务的供应商，以班加罗尔软件园为代表的印度服务外包产业逐步从为用户提供低技术含量的外包服务升级为提供高技术含量的研发服务。一方面，美国、欧洲等发达国家和地区的软件市场标准不断提高，班加罗尔软件园必须加强其软件外包服务的质量管理，以满足不断升级的外部市场需求，坚持采用国际上最高的技术质量标准进行高起点的软件开发，从而提供高质量的软件外包服务；另一方面，面对全球开放程度的加深和国际竞争的加剧，班加罗尔软件园高度重视软件配套基础设施的完善，同时持续优化国际贸易和财税环境，吸引了大量的国际著名软件企业在此开展与软件相关的业务，增强了自身软件外包服务的全球竞争力。在印度软件产业的发展过程中，凭借严格的质量管理、完善的配套基础设施和优惠的税收政策，班加罗尔软件园取得了突出的成就。

**2．外资企业带动爱尔兰软件产业差异化发展**

软件产业是爱尔兰国民经济发展的重要支柱产业，爱尔兰由此获得了“凯尔特虎”“欧洲软件之都”“新的硅谷”“软件王国”“有活力的高技术国家”“欧洲高科技中心”等美誉。OECD 发布的研究报告显示，爱尔兰曾经超过美国，成为全球第一大软件出口国。目前，在欧洲市场上，43%的计算机和 60%的配套软件是在爱尔兰生产的。爱尔兰从昔日的“欧洲乡村”发展为今日的“欧洲软件之都”，其软件产业的起步和发展大致经历了以下 3 个阶段：缓慢起步阶段（1970—1985 年），主要利用国外的软件产品为用户提供服务，同时生产一些软件产品，但利润较少；稳步发展阶段（1986—1995 年），国内软件产业逐渐发展为新兴产业，开始向国际市场销售国内软件产品；高速发展阶段（1996 年至今），外资企业带动国内软件企业上市和兼并。爱尔兰是摩托罗拉、IBM、英特尔、Lotus 等企业在欧盟区域的总部所在地，很多软件企业在爱尔兰办厂或设立研究开发中心。

爱尔兰软件产业从主要利用国外的软件产品为用户提供服务、开始向国际市场销售国内软件产品，发展到外资企业带动国内软件企业上市和兼并，政府始终把吸引外资企业放在优先考虑的位置。一方面，爱尔兰的优惠政策、服务及良好的投资环境吸引了包括微软、思爱普、IBM、戴尔、英特尔等在内的著名企业在此设立分支机构，促使本地企业大量吸收外资企业的技术与资金，外资企业的资源驱动成为爱尔兰大型软件企业开拓国际市场、小型软件企业快速打开出口市场，以及将合伙人带来的资源本地化的强有力支撑；另一方面，爱尔兰高度重视软件产业的差异化发展，逐步开发适应不同国家和地区市场的定制化产品，将软件产业的研究和开发牢固地建立在国际市场需求的基础上。外资企业的资源驱动和市场定制化产品的差异化发展是爱尔兰成为“欧洲软件之都”的关键因素。

### （三）产业融合型

产业融合型创新模式是指依托本地特定产业的资源优势，以本地其他产业的发展需求为驱动，不断丰富软件产业的业务体系和生态布局，推动产业链深度融合、创新发展，形成产业链聚集、融合发展的新型模式。这种创新模式大多依托本地特定产业的资源及市场需求，其创新多为推进产业转型升级而形成的自主式创新，典型代表如日本、加拿大等。

#### 1. 制造业和软件业融合推动日本软件产业定制化发展

日本是全球公认的制造业强国，很多人不知道的是，日本还是软件强国。从经济实力及软件科研水平来看，日本是仅次于美国的全球亚军。日本企业内部的自研软件开发比例达到 20%，外包软件开发比例达到惊人的 70%，仅这两种类型的软件开发就占日本 IT（Information Technology，信息技术）投资的 90%，商业套装软件只占 10%。美国企业则不同，它们的 IT 投资比日本更加均衡，自研软件、外包软件、外购软件基本上“三分天下”，购买成熟的商业套装软件的比例高达 29%，几乎是日本的 3 倍。

值得注意的是，日本的软件产业依托其强大的硬件产业，采用“藤蔓型”的依附战略，而非“灌木型”的对外走独立品牌的道路。日本是全球第三大经济体（仅次于美国和中国），在软件销售方面仅次于美国，其嵌入式软件能力令人称赞，精密机床、机器人和汽车是日本世界级品质的嵌入式软件的三大载体。值得一提的是，日本是全球领先的数据强国，独特的地理位置使其成为亚洲和北美洲之间主要的海底电缆互连点。日本拥有 1.26 亿人口，是一个高度城市化的国家，互联网识字率高达 93%。日本曾经在彭博创新指数中排名全球第二，是亚太地区最大的数据中心服务市场。得益于全球最先进的电信网络之一，日本拥有 6300 万个固定电话用户和 1.58 亿个移动电话用户。日本尤其以电子工业闻名，是技术、机器人、机械、科学研究和医学研究领域的领先国家。此外，日本还是许多跨国企业的总部所在地，如著名企业富士、索尼、松下、佳能、东芝、丰田、本田、日产、三菱、马自达等。

### 2. 深耕细分领域助力加拿大成为工业软件强国

加拿大是传统的软件强国，其基础软件、工业软件的总体开发水平和实力仅次于美国、法国、德国。加拿大的绝大部分基础软件和工业软件是全球首创，而且加拿大拥有十分著名的创新体系。加拿大拥有许多著名的软件公司及技术，如 Corel 公司的多媒体办公套装软件、Open Text 大型软件公司、Houdini 三维计算机图形软件、Solido Design Automation 半导体设计公司，以及各类 Fintech 等“to B”软件公司。在众多细分领域，加拿大的软件公司出类拔萃，如电力石油专业仿真软件 CMG suite、CYME、PSCAD 几乎垄断了全球软件市场。

CorelDRAW 软件：Corel 公司首创的大型矢量图形制作软件，是全球最早的 Windows 操作系统中的大型矢量图形制作软件，开创了该领域的先河，其特征是简单、灵活、轻松、高效。

- Geosoft 软件：多伦多 Geosoft 公司开发的一系列全球领先的地球科学成图和数据处理软件，其用户包括多家著名企业，如 Areva、淡水河谷、泰克资源、力拓集团、Hudbay。

- Hypersim 仿真测试系统：基于全球著名电力系统仿真实验室——魁北克水电开发的超大型电力系统的仿真测试系统。
- RSCAD 软件和 RTDS NovaCor 硬件：RSCAD 软件是温尼伯 RTDS 公司拥有完全自主产权的软件，它是专门用于和 RTDS 模拟器连接的平台。RTDS NovaCor 硬件是电力系统模拟器领域无可争议的全球领导者。作为同类产品中的第一款产品，RTDS 模拟器是电力系统实时仿真的全球基准。
- Houdini 软件：多伦多 Sidefx 公司开发的三维计算机图形软件，首次开发于 1987 年，在中国的 CG（Computer Graphics，计算机图学）行业得到了大量应用。Houdini 软件是完全基于节点模式设计的软件，其结构、操作方式等和其他的三维计算机图形软件具有非常大的差异。由于其功能过于强大，比著名的 Maya 软件更加复杂，而且属于程序类三维计算机图形软件，因此，想学习该软件的人员需要具备较强的编程能力及数学思维能力。
- Presagis 平台：CAE 公司推出的飞机全动模拟机软件开发平台。CAE 公司是全球最大的飞机全动模拟机制造商，该软件在飞行员训练领域得到了大量应用。Presagis 软件开发平台为航空、军事、汽车等领域的用户提供建模、仿真、嵌入式显示图形产品及解决方案，其中包括很多军事及工业巨头企业，如波音、空客、洛克希德·马丁等。

## 三、主要困境

### （一）技术基础不够牢靠

我国在信息化领域存在一些薄弱环节和明显短板，如在集成电路、基础软件、技术软件、核心元器件等核心技术方面不能实现完全自主，高端芯片 CPU、存储器芯片、高端通信和视频芯片基本上依靠进口。基础软件严重依赖国外企业。大约 95%的计算机使用的是 Windows 操作系统，使用国产操作系统的计算机很少；手机操作系统基本上被苹果和安卓双头垄断。大型的工业技术软件基本上依赖进口，如集成电路设计软件和飞机制造业等关键行业使用的工业软件（包括 CAE、CAD、CAM 等）。金融业、制造业等行业和政府部门的数据存储大多基于甲骨文、思爱普、IBM 等外企的数据库。软件产业基础领域的创新能力和动力明显不足，自主创新和协同创新亟待加强，基础软件、核心工业软件的对外依存度较高，难以推广安全、可靠的国产产品和系统应用。软件产业关键核心领域的技术尚未取得突破，作为产业根基和命门的操作系统、数据库等技术长期受制于人，80%的工业设计软件和 50%的制造软件由外企主导。

### （二）赋能带动能力不足

当前，我国软件产业与其他行业领域融合应用的广度、深度不够，特别是行业业务知识和数据积累不足，与工业实际业务、特定应用的结合不够紧密。在全球信息产业中，软件和硬件的比例约为 55∶45，而我国的这一比例约为 27∶73，软件的实际价值与市场价格不匹配。“软件是硬件的附属品”的观念没有从根本上扭转，导致“重硬轻软”倾向依然存在。我国软件企业与工业企业的需求对接不足，工业企业对通过工业软件、云计算等新技术提升企业竞争力的作用和机制的认识水平不高，主动选择软件产品和服务的能力较差，甚至无法明确总结自身的应用需求。我国软件企业大多缺乏行业应用知识，对用户需求的研究不够透彻，提供的解决方案不一定能满足特定用户的实际需求。

### （三）创新环境有待完善

当前，我国软件产业的管理和服务亟待创新，软件的实际价值与市场价格不匹配的问题亟待解决，知识产权保护需要进一步加强。人才结构性矛盾突出，领军型人才、复合型人才和高技能人才紧缺，人才培养无法满足产业发展的实际需求。具体来看，一是拥有顶尖数字技术的人才供不应求，产业内部对顶尖人才的争夺非常激烈；二是具备数字技术与行业经验的跨界人才供不应求；三是初级数字技能人才的培养跟不上需求的增长。最关键的是，受区位因素和薪酬待遇因素的影响，中西部地区引进高级数字人才的难度较大，加之缺乏完善的人才培养和激励机制，造成数字人才“引不来”与“留不住”问题并存，导致经济社会发展对数字人才的需求难以得到满足。

## 四、发展建议

围绕软件产业链的关键环节，加快共性基础技术攻关，提前布局前沿技术研究，加强信息技术服务创新，完善产业创新机制和载体建设。

### （一）加快共性基础技术攻关

面向重点行业领域的应用需求和信息安全保障需求，瞄准产业发展制高点，加大对研发、应用操作系统、数据库、中间件、办公软件等基础软件技术和产品的支持力度，大力构建面向新型智能终端、智能装备等的基础软件平台，以及面向各行业的重大集成应用平台；加快形成适应平台化、网络化、智能化趋势的软件工程方法、工具和环境，提升共性基础技术支撑能力。

### （二）提前布局前沿技术研究

围绕大数据理论与方法、计算系统与分析、关键应用技术与模型等方面开展研究，布局云计算和大数据等前沿技术研究；支持开展人工智能基础理论、共性技术、应用技术研究，重点突破自然语言理解、计算机视听觉、新型人机交互、智能控制与决策等人工智能技术；加快无人驾驶、虚拟现实、3D 打印、区块链、人机物融合计算等领域的技术研究与创新。

### （三）加强信息技术服务创新

面向重点行业领域的应用需求，进一步增强信息技术服务基础能力，提升

“互联网+”综合集成应用水平；形成面向新型系统架构及应用场景的工程化、平台化、网络化信息技术服务能力，打造微服务、智能服务、开发运营一体化等新型服务模式，提升信息技术服务水平；加快发展面向移动智能终端、智能网联汽车、机器人等载体的移动支付、位置服务、社交网络服务、数字内容服务和智能应用、虚拟现实等新型在线运营服务；加快形成面向数字化营销、互联网金融、电子商务、游戏、动漫、人工智能等领域的技术服务平台和解决方案；大力完善基于新一代信息技术的高端外包服务。

### （四）完善产业创新机制和载体建设

面向基础软件、高端工业软件、云计算、大数据、信息安全、人工智能等重点领域和重点需求，加强产学研用对接，建设国家级创新中心，建立以应用为导向的创新成果持续改进机制，加快核心技术成果的转化速度；突出企业的技术创新主体地位，推进建设企业技术创新中心，不断提升企业的创新能力；引导互联网大型企业进一步通过市场化方式向社会提供优质平台资源和服务；完善产业联盟建设，探索共同参与、成果共享、风险共担的产业创新机制，强化协同创新攻关；发挥开源社区对创新的支撑促进作用，推动开源技术成果的应用，打造有利于创新的开放式、协作化、国际化开源生态。

执笔人：张原

第十一章 | Chapter 11

# 疫苗产业科技创新面临的困境及思考

疫苗是生物医药的重要品种，是将病原微生物（如细菌、病毒等）及其代谢产物经过人工减毒、灭活或利用基因工程等方法制成的用于预防传染病的自动免疫制剂。如图 11-1 所示，根据从研发疫苗到使用疫苗的全过程，疫苗产业链可分为原材料生产、研发生产、应用等多个环节。其中，产业链上游涉及化学试剂、培养基、药品包装、生产设备；产业链中游研发生产的对象包括各类疫苗，如减毒疫苗、灭活疫苗、亚单位及多肽疫苗、重组载体疫苗等；产业链下游主要是指疫苗在经过批签发和流通后，通过卫生服务中心、各级医疗机构、疾病预防控制中心等到达接种者。

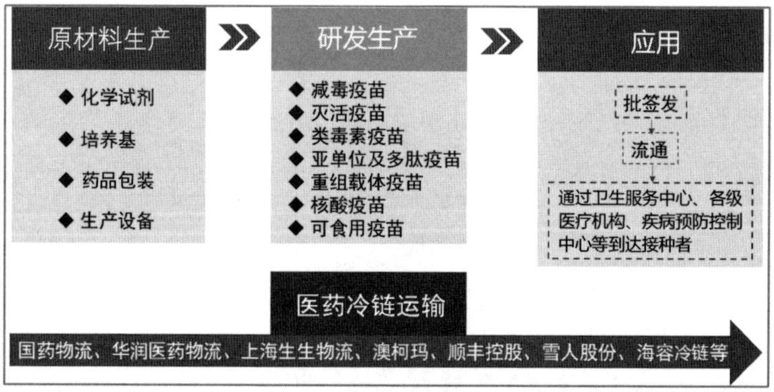


图 11-1　疫苗产业链

资料来源：公开资料，赛迪智库整理，2022

疫苗产业具有高风险、高投入、长周期、高准入门槛、高毛利等特征，这决定了疫苗的国际竞争是大国的大型企业之间的竞争。虽然我国在新冠疫苗的研发、产能建设和产业发展方面具有综合优势，凭借灭活疫苗的安全、成本、运输优势成为新冠疫苗国际竞争的重要参与者，但是从发展基础来看，我国疫苗研发基础技术薄弱，龙头企业与国际巨头医药企业之间的差距较大，与应用疫苗的国际标准之间的衔接较差。我国需要进一步加大对疫苗基础技术研发的投入，构建完善的疫苗产业生态体系，以新冠疫苗研发为契机培育优秀的头部企业，增强疫苗产业链的竞争力。

## 一、创新能力

疫苗产业创新是科学家、科研院所、科技型企业、政府部门、产业联盟、创新平台等多元创新主体合作的过程。疫苗产业是具有“巴斯德象限”特征（由应用推动基础研究）的产业，其创新兼具科学家自由探索与应用目标导向的双重特性，前者对产业创新具有直接影响。在一般情况下，疫苗的平均研发周期为 10～12 年，这个过程包括临床前研发（筛选毒株、细胞）、临床试验、申报审批、上市、大规模生产等主要环节，各环节始终与研发、监管、市场、技术、伦理等因素相互作用。例如，为提高疫苗的安全性，全球各国的普遍机制是必须采集大量（上万个）的临床数据，疫苗才能获得审批上市。通过有效的机制，市场需求可上升为更广泛的社会需求，这对重大疾病领域的疫苗创新具有重要的借鉴意义。疫苗产业的技术发展路径如图 11-2 所示。

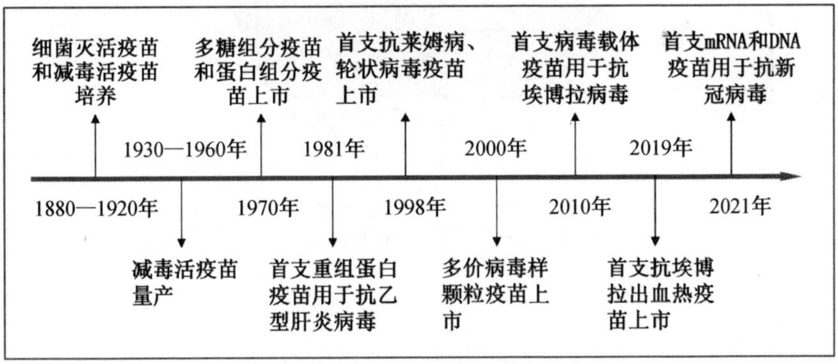


图 11-2 疫苗产业的技术发展路径

资料来源：公开资料，赛迪智库整理，2022

疫苗创新结果具有较大的不确定性，其创新风险主要存在于产业萌芽期，也就是通常所说的“创新死亡之谷”（1～3 年）。这个时期是“技术黑箱”和“市场黑箱”的叠加期，技术成熟度与市场成熟度不高，尤其是疫苗研发的技术路线和可预期绩效不明朗，研发过程中的资金链极易断裂，需要天使投资、风险投资或政府公共资金的持续投入，以推动高水平持续研发，一般规模的生物医药企业往往对疫苗研发望而却步。

### （一）新冠疫苗研发打破了国际巨头企业垄断格局，疫苗产业以大品种驱动的特征十分明显

2020 年全球疫苗市场规模为 365 亿美元（不含新冠疫苗），其中四大国际巨头企业葛兰素史克、默沙东、辉瑞、赛诺菲的营收约占全球疫苗市场规模的 90%，疫苗产业趋于寡头垄断格局，如图 11-3 所示。

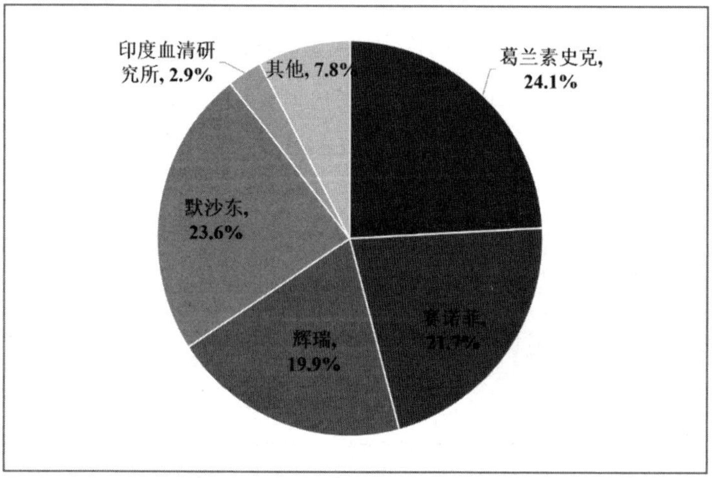


图 11-3　2020 年全球疫苗市场规模中主要企业的营收占比

资料来源：Evaluate Pharma，赛迪智库整理，2022

同时，在全球的主要疫苗产品中，上述 4 家国际巨头企业也呈现垄断格局。2020 年，全球销量排名前 10 的重磅疫苗均由上述 4 家国际巨头企业生产。其中，排名第一的疫苗产品是辉瑞的 Prevnar 13 价肺炎疫苗，其全球销售额达 58.5 亿美元；默沙东的 HPV 疫苗、赛诺菲的流感疫苗分别以 39.4 亿美元、24.7 亿美元的销售额位列第二、第三。疫苗产业以大品种驱动的特征十分明显。疫苗产业国际巨头企业的相关信息如表 11-1 所示。

表 11-1 疫苗产业国际巨头企业的相关信息

| 疫苗产业国际巨头企业 | 相关信息 | | |
| --- | --- | --- | --- |
| | 总部 | 主要业务 | 2022 年第一季度疫苗业务占比 |
| 辉瑞 | 美国 | 药品和疫苗 | 58.2% |
| 赛诺菲 | 法国 | 制药、人用疫苗、动物保健 | 10.5% |
| 葛兰素史克 | 英国 | 处方药、非处方药、疫苗、消费保健品 | 17.3% |
| 默沙东 | 美国 | 处方药、疫苗、生物制品、动物保健 | 9.4% |

资料来源：疫苗产业国际巨头企业年报，赛迪智库整理，2022

新冠疫苗的出现颠覆了疫苗产业的传统竞争格局，多家企业凭借新冠疫苗“一战成名”。如图 11-4 所示，2021 年，辉瑞的疫苗业务营收最高，达到 426.3 亿美元（其中新冠疫苗业务营收为 367.8 亿美元），同比增长 548%；其次分别是德国生物新技术（213.6 亿美元）、科兴生物（193.7 亿美元）、莫德纳（176.8 亿美元）。与此同时，2021 年，全球新冠疫苗业务营收排名前 4 的企业的市场占有率接近 70%，呈现出垄断趋势。

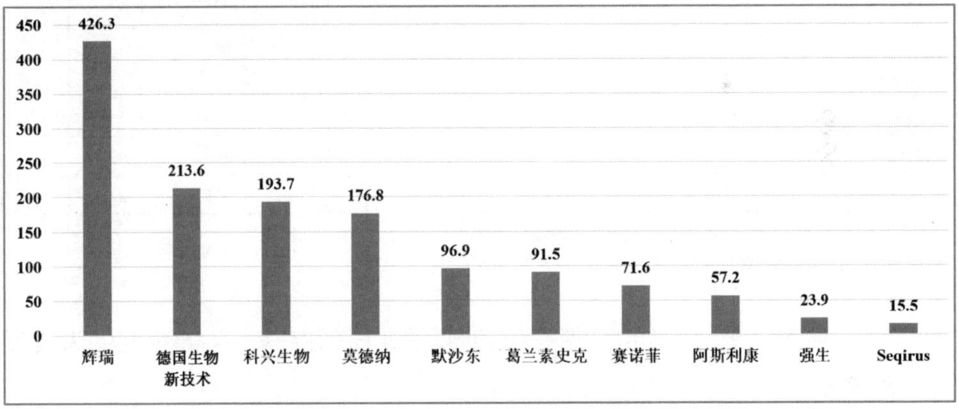


图 11-4 2021 年全球龙头疫苗企业的疫苗业务营收（单位：亿美元）

资料来源：各企业年报，富途证券，赛迪智库整理，2022

不同于高度集中的全球疫苗市场，我国疫苗市场化的过程约为 20 年，疫苗市场规模较小且相对分散。2020 年我国疫苗市场规模为 364 亿元，约合辉瑞 Prevnar 13 价肺炎疫苗的全球销售额。2020 年共有 334 款国产疫苗批件，它们分别属于 53 家疫苗企业，其中中国生物下属六大生物制品研究所的占比为 55.7%。

2021 年全球龙头疫苗企业及其疫苗业务营收如表 11-2 所示。

**表 11-2　2021 年全球龙头疫苗企业及其疫苗业务营收**

单位：亿美元

| 企业 | 疫苗业务营收 | 新冠疫苗业务营收 | 肺炎球菌疫苗业务营收 | HPV 疫苗业务营收 | 流感疫苗业务营收 | 百白破系列（儿童+成人）疫苗业务营收 | 麻腮风水痘系列疫苗业务营收 | 流脑系列疫苗业务营收 | 带状疱疹疫苗业务营收 | 轮状病毒疫苗业务营收 |
|---|---|---|---|---|---|---|---|---|---|---|
| 辉瑞 | 426.3 | 367.8 | 52.7 | — | — | — | — | — | — | — |
| 德国生物新技术 | 213.6 | 213.6 | — | — | — | — | — | — | — | — |
| 科兴生物 | 193.7 | 193.7 | — | — | — | — | — | — | — | — |
| 莫德纳 | 176.8 | 176.8 | — | — | — | — | — | — | — | — |
| 默沙东 | 96.9 | — | 8.9 | 56.7 | — | — | 21.4 | — | — | 8.1 |
| 葛兰素史克 | 91.5 | 6.0 | 4.8 | 1.9 | 9.2 | 14.4 | 3.5 | 13.0 | 23.2 | 7.3 |
| 赛诺菲 | 71.6 | — | — | — | 29.7 | 30.0 | — | 7.4（肺炎及流脑疫苗） | — | — |
| 阿斯利康 | 57.2 | 39.2 | — | — | 2.5 | — | — | — | — | — |
| 强生 | 23.9 | 23.9 | — | — | — | — | — | — | — | — |
| Seqirus | 15.5 | — | — | — | 13.8 | — | — | — | — | — |
| 合计 | 1367.0 | 1021.0 | 66.4 | 58.6 | 55.2 | 44.4 | 24.9 | 20.4 | 23.2 | 15.4 |

资料来源：各企业年报，富途证券，赛迪智库整理，2022

### （二）我国疫苗企业的创新意愿和创新投入显著提升，头部企业的人才投入相对较多

2021 年，我国疫苗企业对研发的投入较大。如图 11-5 所示，2021 年 A 股疫苗板块 10 家上市企业的总研发投入高达 40.52 亿元。只有百克生物的研发投入与 2020 年相比有所减少，其他 9 家疫苗企业均加大了在研发方面的投入。

从图 11-5 中可以看出，康希诺在研发方面的投入最大，为 9.05 亿元，与 2020 年相比增长了 111.1%；智飞生物紧随其后，其 2021 年的研发投入为 8.14 亿元，同比增长 69.4%；康泰生物的研发投入同比增长率最高，其 2021 年的研发投入

为 7.38 亿元，同比增长 170.1%；沃森生物的研发投入也实现了大幅增长，其 2021 年的研发投入为 7.54 亿元，同比增长 138.7%。

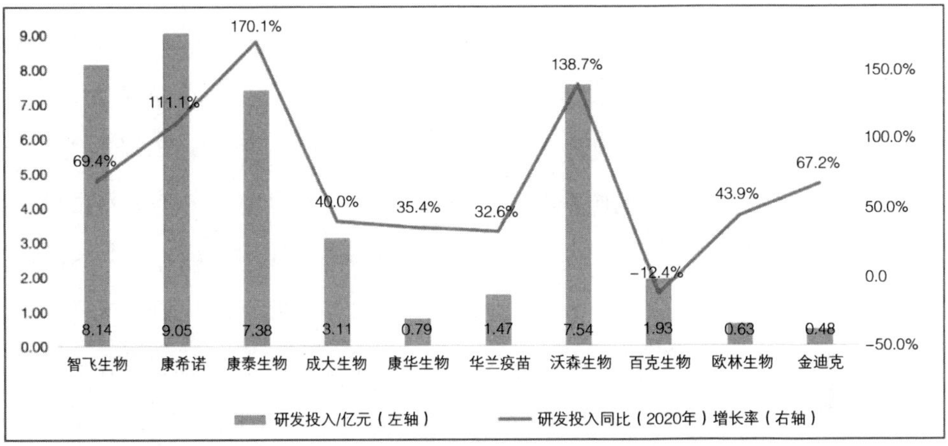


图 11-5 2021 年 A 股疫苗板块 10 家上市企业研发投入的变化

资料来源：上市疫苗企业财务公报，赛迪智库整理，2022

与此同时，我国疫苗企业的研发人员数量也在增加。如图 11-6 所示，2021 年 A 股疫苗板块 10 家上市企业的研发人员数量共计 2267 人，与 2020 年（1852 人）相比增加了 415 人。具体来看，只有华兰疫苗的研发人员数量有所减少，其他 9 家疫苗企业的研发人员数量与 2020 年相比均有所增加。头部企业的研发人员数量远多于尾部企业，而且头部企业在人才方面的投入更多。

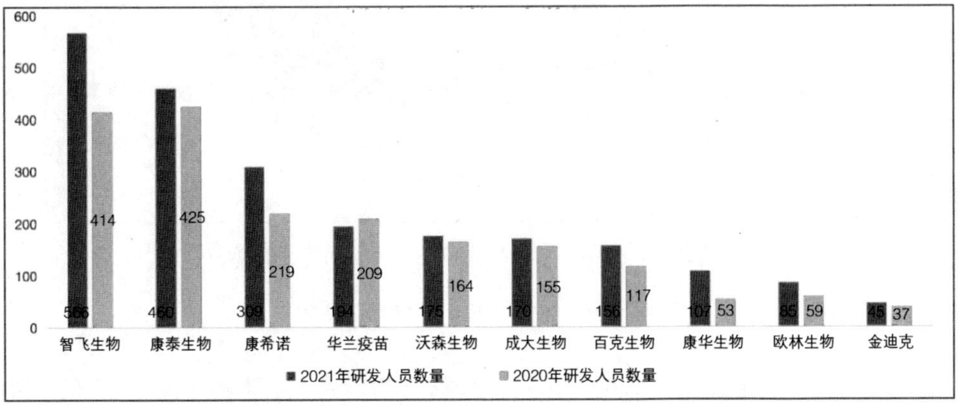


图 11-6 2021 年 A 股疫苗板块 10 家上市企业研发人员数量的变化（单位：人）

资料来源：上市疫苗企业财务公报，赛迪智库整理，2022

### （三）我国疫苗产业创新产出能力位居全球前列，美国仍为全球最大的疫苗技术来源国

美国仍为全球最大的疫苗技术来源国。如图 11-7 所示，从专利申请量来看，截至 2021 年 8 月，美国的疫苗专利申请量居全球首位，占全球疫苗专利总申请量的 42%；其次是中国，其疫苗专利申请量占全球疫苗专利总申请量的 22%；欧洲专利局和英国虽然分别排名第三、第四，但是与排名第一的美国差距较大。从专利申请人来看，在全球疫苗产业专利申请量排名前 10 的申请人中，我国占 3 家，分别是中国农业科学院兰州兽医研究所（排名第四）、中国农业科学院哈尔滨兽医研究所（排名第九）、江苏省农业科学院（排名第十）。在全球排名前 10 的申请人中，前两名的专利申请量均超过 350 项，与其他申请人之间的差距较为明显。

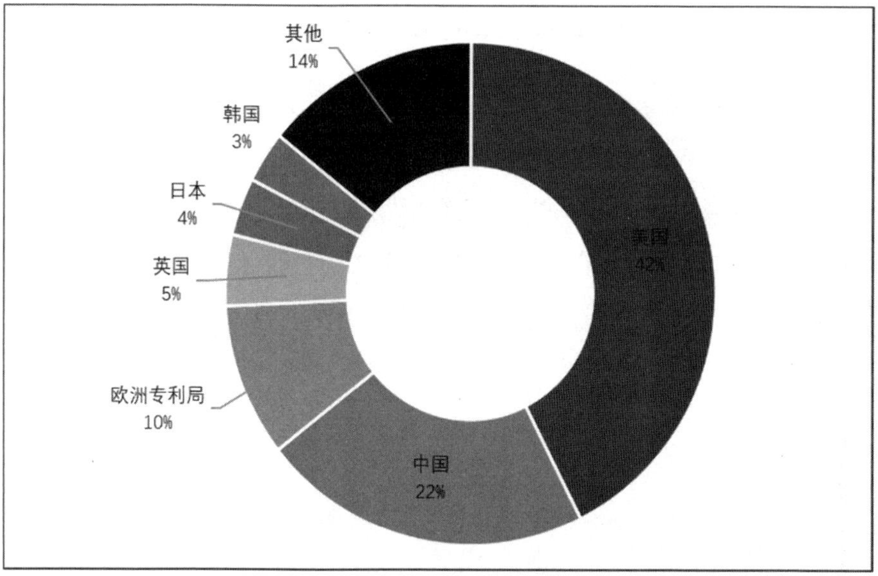


图 11-7　截至 2021 年 8 月，全球疫苗产业的技术来源国分布情况

资料来源：智慧芽，赛迪智库整理，2022

如图 11-8 所示，从论文产出来看，1988—2017 年，产出疫苗论文的数量排名前 10 的国家依次为美国、中国、英国、日本、德国、印度、法国、澳大利亚、加拿大和意大利。前 5 个国家的疫苗论文总量占全球疫苗论文总量的 60.01%，

前 10 个国家的疫苗论文总量占全球疫苗论文总量的 73.11%。

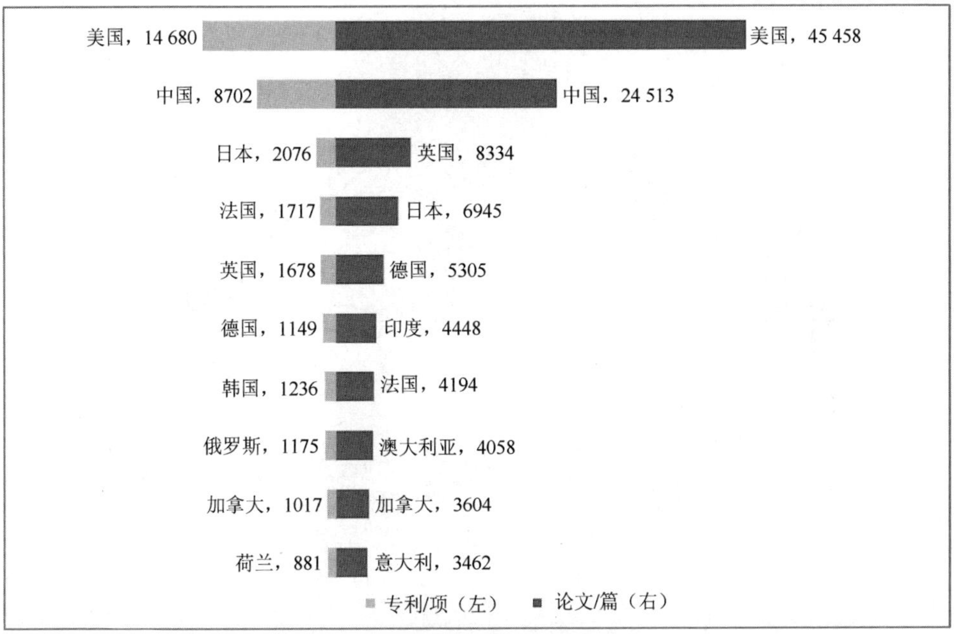


图 11-8 1988—2017 年，产出疫苗论文与专利的数量排名前 10 的国家

资料来源：《疫苗研发态势分析报告》，中国科学院文献情报中心，赛迪智库整理，2022

如图 11-9 所示，从疫苗专利流向来看，1988—2017 年，美国处于明显的技术输出地位，法国、日本、英国的技术输出相对较多，中国处于技术输入地位。美国非常注重在日本和中国等亚洲市场布局其疫苗专利，分别向日本、中国输出了 2918 项、1696 项疫苗专利，专利输出量较多；相对而言，美国向英国和法国等欧洲市场的专利输出量较少，均在 100 项以下。法国、英国、日本比较专注于向美国市场输出专利，专利输出量分别为 1122 项、1038 项、832 项；上述 3 个国家向中国的专利输出量分别为 218 项、195 项、308 项，均高于中国向它们的专利输出量，如中国仅向日本输出了 59 项专利，向英国和法国的专利输出量更少，总量不足 5 项；此外，中国还向美国输出了 192 项专利，专利输出量也不多。相比之下，美国、法国、英国、日本比较注重对海外市场的开拓；中国的专利申请量虽然较多，但是在其他国家的专利布局有待完善，专利申请仍以国内保护为主要目的。

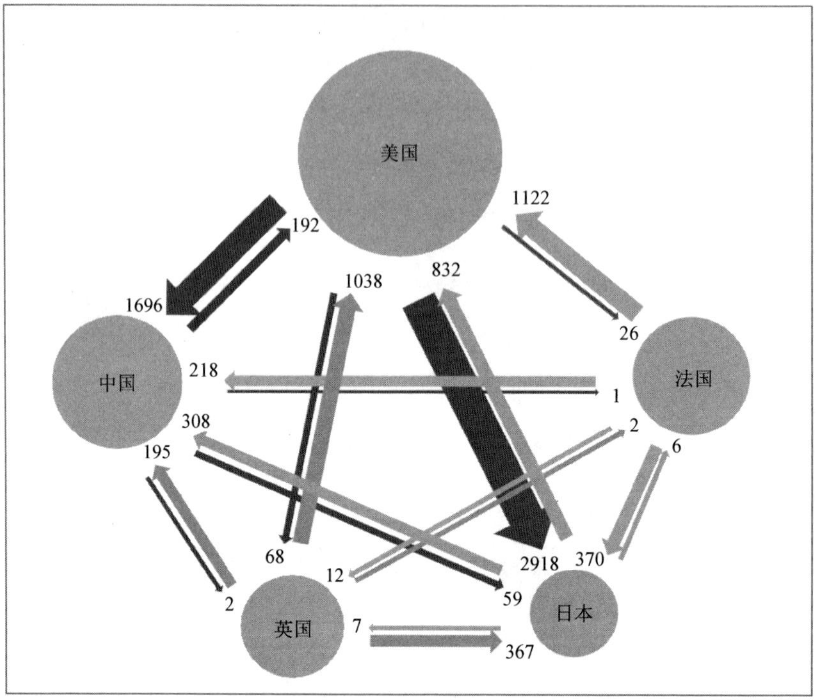


图 11-9　1988—2017 年，主要国家的疫苗专利流向（单位：项）

资料来源：《疫苗研发态势分析报告》，中国科学院文献情报中心，赛迪智库整理，2022

## （四）我国疫苗企业创新能力不断增强，在全球新冠疫苗研发竞赛中占有优势

与欧美发达国家相比，我国的疫苗研发实力较弱。我国疫苗企业数量虽多，但规模较小，而且同质化现象严重，整体实力较弱。我国疫苗企业多聚焦于对传统疫苗的仿制开发，研发新疫苗的能力较弱，原创性疫苗仅有甲肝、戊肝、EV71、埃博拉几个品种。从研发进度来看，就已经上市的主要二类疫苗品种而言，国内疫苗企业的上市时间普遍比国外疫苗企业晚 10 年左右，国内疫苗通常在国外疫苗上市后的较长时间内才有进展。

2020 年年初，全球展开了一场新冠疫苗研发竞赛。2020 年年底，辉瑞与德国生物新技术联合研发的 mRNA 疫苗、国药集团中国生物北京生物制品研究所研发的灭活疫苗分别成功获批紧急上市，研发速度史无前例。总的来看，中国、美国、英国、印度、俄罗斯处于第一梯队，在全球新冠疫苗研发竞赛中占有优势。截至 2021 年 7 月，全球共有 135 款候选新冠疫苗，共有 391 款正在试验中的新冠疫苗，其中 36 款新冠疫苗正在进行 I 期临床试验，54 款新冠疫苗正在进行 II 期临床试验，40 款新冠疫苗正在进行III期临床试验，20 款新冠疫苗已经获批使用（见表 11-3）。

表 11-3 20 款至少在一个国家获批使用的新冠疫苗的基本信息

单位：个

| 疫苗品种 | 生产国家 | 生产企业 | 疫苗名称 | 批准国家数量 | 试验情况 |
|---|---|---|---|---|---|
| 重组蛋白疫苗 | 中国 | 智飞生物 | RBD- Dimer | 2 | 在 5 个国家进行 7 次试验 |
| 灭活疫苗 | 印度 | 巴拉特生物技术公司 | Covaxin | 9 | 在 1 个国家进行 7 次试验 |
| 重组腺病毒载体疫苗 | 中国 | 康希诺 | Ad5-nCoV | 8 | 在 6 个国家进行 8 次试验 |
| 重组蛋白疫苗 | 古巴 | 古巴基因工程和生物技术中心 | CIGB-66 | 1 | 在 1 个国家进行 5 次试验 |
| 灭活疫苗 | 俄罗斯 | 丘马科夫中心 | KoviVac | 1 | 在 1 个国家进行 2 次试验 |
| 重组蛋白疫苗 | 俄罗斯 | “矢量”病毒学与生物技术国家科学中心 | EpiVacCorona | 2 | 在 1 个国家进行 3 次试验 |
| 重组腺病毒载体疫苗 | 俄罗斯 | 国家流行病学和微生物学研究中心 | Sputnik Light | 10 | 在 1 个国家进行 3 次试验 |
| 重组腺病毒载体疫苗 | 俄罗斯 | 国家流行病学和微生物学研究中心 | Sputnik V | 70 | 在 7 个国家进行 19 次试验 |
| 重组腺病毒载体疫苗 | 美国、比利时 | 强生旗下的杨森公司 | Ad26.COV2.S | 55 | 在 11 个国家进行 17 次试验 |
| 灭活疫苗 | 哈萨克斯坦 | 哈萨克斯坦生物安全问题研究中心 | QazVac | 1 | 在 1 个国家进行 3 次试验 |
| 灭活疫苗 | 中国 | 北京民海生物科技有限公司 | SARS-CoV-2 Vaccine（Vero Cells） | 1 | 在 1 个国家进行 3 次试验 |
| 核糖核酸疫苗 | 美国 | Moderna | mRNA-1273 | 63 | 在 4 个国家进行 22 次试验 |
| 重组腺病毒载体疫苗 | 英国、瑞典 | 牛津大学 / 阿斯利康 | AZDI222 | 119 | 在 19 个国家进行 33 次试验 |

续表

| 疫苗品种 | 生产国家 | 生产企业 | 疫苗名称 | 批准国家数量 | 试验情况 |
|---|---|---|---|---|---|
| 核糖核酸疫苗 | 美国、德国 | 辉瑞/德国生物新技术 | BNT162b2 | 96 | 在15个国家进行28次试验 |
| 重组腺病毒载体疫苗 | 印度 | 印度血清研究所 | Covishield | 44 | 在 1 个国家进行 2 次试验 |
| 灭活疫苗 | 伊朗 | 伊朗希法制药工业集团 | COVID-19 Inactivated Vaccine | 1 | 在 1 个国家进行 4 次试验 |
| 灭活疫苗 | 中国 | 国药集团（北京）有限公司 | BBIBP-CorV | 56 | 在 7 个国家进行 8 次试验 |
| 灭活疫苗 | 中国 | 国药集团武汉生物制品研究所 | Inactivated （ Vero Cells） | 1 | 在 7 个国家进行 8 次试验 |
| 灭活疫苗 | 中国 | 科兴生物 | CoronaVac | 37 | 在 7 个国家进行 16 次试验 |
| 核糖核酸疫苗 | 日本 | 武田制药 | TAK-919 1 | 1 | 在 1 个国家进行 2 次试验 |

资料来源：Vaccine Tracker，赛迪智库整理，2022

我国处于全球新冠疫苗研发竞赛的第一梯队，是为数不多的实现新冠疫苗自主研发的国家之一。虽然我国疫苗企业在集中度、原创性方面与欧美疫苗企业有较大的差距，但是在国家战略的支持和护航下，我国疫苗产业实现了同步推进5条新冠疫苗技术路线。我国的新冠疫苗研发项目从启动到开展临床研究，仅用时两个月；到首次开展疫苗境外III期临床试验，仅用时5个月；到获批附条件上市，仅用时11个月。多样化的技术路线加速了我国的新冠疫苗研发进程，我国的新冠疫苗研发进度和产品质量处于全球第一梯队。

新冠疫苗的研发推动了我国疫苗产业创新能力的提升。在创新人才方面，疫苗企业的研发人员规模迅速扩张。2019—2020年，智飞生物、康泰生物、沃森生物、康希诺、万泰生物等企业的研发人员数量快速增加。在产业链配套方面，与新冠疫苗配套的原辅材料质量、生产设备水平、批签发能力等全面提升。在疫苗产量方面，自新冠疫情发生以来，我国疫苗产量由7亿~8亿剂增加至90亿剂。

### （五）疫苗供应体系进一步健全完善，具备与发达国家同步应对突发和重大疫情的实力

自2003年以来，我国疫苗产业逐渐步入市场化进程，国内外资本陆续涌入疫苗市场，疫苗产业政策逐步完善。2004年，国家食品药品监督管理局（现名为国家市场监督管理总局）印发了《生物制品批签发管理办法》，对疫苗产品的批签发时间、标准、第三方机构等做出了规范，完善了批签发制度。2005年，国务院颁布了《疫苗流通和预防接种管理条例》，作为国家监管疫苗的框架性文件，该文件对疫苗产业的规范发展起到了重要作用。同年，国家食品药品监督管理局印发了《预防用疫苗临床前研究技术指导原则》《联合疫苗临床前和临床研究技术指导原则》《结合疫苗质量控制和临床研究技术指导原则》《预防用疫苗临床试验不良反应分级标准指导原则》。2011年，国务院办公厅印发了《疫苗供应体系建设规划》，提出“到2015年，初步建成满足我国经济社会发展需要的疫苗供应体系”“到2020年，我国疫苗供应体系进一步健全完善，具备与发达国家同步应对突发和重大疫情的实力”。2016年，国务院颁布并实施了修改后的《疫苗流通和预防接种管理条例》，该管理条例提出取消疫苗批发企业经营疫苗的环节，由疫苗生产企业直接向县级疾病预防控制机构配送二类疫苗，即实施流通环节的“一票制”。2019年，《中华人民共和国疫苗管理法》颁布，并自同年12月1日起开始实施，这标志着我国从立法的角度严格监管疫苗产业，疫苗产业进入了前所未有的强监管时代。2020年，新冠疫情突发，我国加快了对新冠疫苗的研发，进一步推动了疫苗产业的发展。2004年以来，我国疫苗产业的主要政策如表11-4所示。

表11-4 2004年以来，我国疫苗产业的主要政策

| 序号 | 政策名称 | 发布部门 | 发布时间 | 主要内容 |
|---|---|---|---|---|
| 1 | 《生物制品批签发管理办法》 | 国家食品药品监督管理局 | 2004年7月 | 规定了批签发机构和批签发申请、审核、检验 |
| 2 | 《疫苗流通和预防接种管理条例》 | 国务院 | 2005年3月 | 对疫苗流通、接种和预防接种异常反应处理等做出了规定 |
| 3 | 《扩大国家免疫规划实施方案》 | 卫生部[①] | 2007年12月 | 将计划免疫品种从原来可预防7类疾病的6种疫苗，增加到可预防15类疾病的9种疫苗 |

① 现名为中华人民共和国国家卫生健康委员会。

续表

| 序号 | 政策名称 | 发布部门 | 发布时间 | 主要内容 |
|---|---|---|---|---|
| 4 | 《促进生物产业加快发展的若干政策》 | 国务院 | 2009 年 6 月 | 提出“加快培育生物产业，是我国在新世纪把握新科技革命战略机遇、全面建设创新型国家的重大举措”，并将生物医药领域作为现代生物产业发展重点领域，提出“重点发展预防和诊断严重威胁我国人民群众生命健康的重大传染病的新型疫苗和诊断试剂” |
| 5 | 《关于加快医药行业结构调整的指导意见》 | 工业和信息化部、卫生部、国家食品药品监督管理局 | 2010年10月 | 将加大传染病新型疫苗研发力度作为调整产业结构的重要方向，在调整技术结构方面，也将与疫苗相关的技术放在非常重要的位置 |
| 6 | 《关于加快培育和发展战略性新兴产业的决定》 | 国务院 | 2010年10月 | 大力发展用于重大疾病防治的生物技术药物、新型疫苗和诊断试剂、化学药物、现代中药等创新药物大品种，提升生物医药产业水平 |
| 7 | 《疫苗供应体系建设规划》 | 国务院 | 2011年12月 | 提出“到 2015 年，初步建成满足我国经济社会发展需要的疫苗供应体系”“到2020 年，我国疫苗供应体系进一步健全完善，具备与发达国家同步应对突发和重大疫情的实力” |
| 8 | 《生物产业发展规划》 | 国务院 | 2012年12月 | 明确我国生物产业的发展目标为“到2020 年，生物产业发展成为国民经济的支柱产业”，并提出“大力开展生物技术药物创制和产业化。促进疫苗升级换代，重点推动新型疫苗（包括治疗性疫苗）研发和产业化” |
| 9 | 《医药工业发展规划指南》 | 工业和信息化部、国家发展和改革委员会、科学技术部、商务部、国家卫生和计划生育委员会[①]、国家食品药品监督管理总局[②] | 2016年10月 | 提高抗体药物、肿瘤免疫治疗药物等生物技术药物的研发和制备水平，加快临床急需的生物类似药和联合疫苗的国产化 |

① 现名为中华人民共和国国家卫生健康委员会。

② 现名为国家市场监督管理总局。

续表

| 序号 | 政策名称 | 发布部门 | 发布时间 | 主要内容 |
|---|---|---|---|---|
| 10 | 《关于进一步加强疫苗流通和预防接种管理工作的意见》 | 国务院 | 2017 年 2 月 | 部署加强疫苗流通和预防接种管理工作，对完善机制、促进研发、加强管理、强化监督等方面提出具体要求 |
| 11 | 《疫苗储存和运输管理规范》 | 卫生部、国家食品药品监督管理总局 | 2017 年 12 月 | 加强疫苗储存、运输管理，保证疫苗质量，保障预防接种的安全性和有效性 |
| 12 | 《中华人民共和国疫苗管理法》 | 全国人民代表大会常务委员会 | 2019 年 6 月 | 强调疫苗上市许可持有人应加强疫苗生命周期质量管理，对疫苗安全性、有效性和质量可控性负责 |
| 13 | 《中华人民共和国药品管理法》 | 全国人民代表大会常务委员会 | 2019 年 8 月 | 以药品监督管理为中心内容，对药品评审与质量检验、医疗器械监督管理、药品生产经营管理、药品使用和安全监督管理等方面做出了全面规定和论述 |
| 14 | 《疫苗生产流通管理规定（征求意见稿）》 | 国家市场监督管理总局 | 2020 年 4 月 | 构建科学、有效的疫苗生产流通监督管理体系，依法对疫苗的生产流通管理活动进行规范 |
| 15 | 《疫苗责任强制保险管理办法（征求意见稿）》 | 国家市场监督管理总局 | 2020 年 10 月 | 明确规定疫苗上市许可持有人均应投保，明确了疫苗上市许可持有人由于疫苗的质量问题对于接种者造成伤害时应该担负的赔偿责任 |

资料来源：公开资料，赛迪智库整理，2022

## 二、创新模式

疫苗产业是典型的科学驱动型产业，其创新模式主要包括创新网络型、研发驱动型、政府主导型。从疫苗产业的发展历史和国内外应对新冠疫情的方式来看，在疫苗产业的创新模式上，我国与西方国家既有相似之处，也有明显差异。西方国家疫苗产业的创新模式总体上建立在市场理性之上，疫苗研发主要由大型生物医药企业完成；我国则把“将疫苗作为全球公共产品”置于最高位，在全球范围内推动各项疫苗工作的开展，以实际行动诠释疫苗产业创新的中国模式。全球疫苗产业的典型创新模式如表 11-5 所示。

表 11-5　全球疫苗产业的典型创新模式

| 序号 | 典型创新模式 | 代表国家 |
| --- | --- | --- |
| 1 | 创新网络型 | 美国 |
| 2 | 研发驱动型 | 英国、法国 |
| 3 | 政府主导型 | 中国 |

资料来源：公开资料，赛迪智库整理，2022

## （一）创新网络型

创新网络型创新模式是指制药企业、生物技术企业、大学、科研院所、各类中介机构、政府相关部门等辅助创新单元内的不同行为主体之间相互作用、相互联系而形成的一种网络组织模式。美国是这种创新模式的典型代表。

**1. 以跨国企业为主导，创新型企业成果频出，高校、科研院所等各类创新主体耦合协作研发**

美国历来高度重视疫苗产业，在悠久的传统药物发展历史中积累了丰富的创新资源，构建了完善的制度体系。从疫苗产业的创新模式来看，美国经历了从“基于高校研发的突破性技术产出”，到“以跨国企业为主导的产学研高度结合创新模式，不断加强对研发、试验、生产、接种等各环节的监管”的转变过程。当前，美国疫苗产业的参与主体主要包括医药企业、高校、科研院所、政府部门、风险投资机构、金融机构和各类中介机构等，其中医药企业是美国疫苗产业的主要参与主体。产学研的高度结合为产业集群提供了充足的人才保障，完善的风险投资机构为产业集群提供了资金保障，龙头企业的成功商业化吸引了大批创新型企业落地，形成了较为完整的产业链。

依托哈佛大学、麻省理工学院、马里兰大学等全球顶尖大学的研究机构，美国形成了波士顿地区、华盛顿-巴尔的摩地区等全球著名的生物医药产业聚集区。高水平的大学和研究机构向生物医药产业聚集区输送了包括诺贝尔生理学或医学奖获得者在内的大量人才，大幅提升了聚集区的创新能力。通过与企业的合作，生物医药产业聚集区形成了完善的“Bed-Bench-Bed”（“临床—实验室—

临床”）医药研发模式，保证了疫苗产业创新能力的持续性。辉瑞、基因泰克、凯龙等拥有大量自主知识产权的生物医药企业充分发挥“虹吸效应”，吸引创新型企业在其周围聚集，形成了较为完整的产业链。

同时，美国生物医药领域创新型企业的数量在全球占据明显优势。国际著名商业媒体《快公司》杂志发布的“2018 年度全球最具创新力企业榜单”显示，全球共有 11 家企业入选该榜单的“生物医药领域最具创新力企业”，其中 8 家企业为美国企业，数量优势十分明显。在这 8 家美国企业中，有 3 家企业以非常明显的优势跻身所有行业总榜单的前 50 名。同时，新兴生物制药（Emerging Biopharma，EBP）企业①的创新能力突出。2021 年，全球上市的核苷（酸）类似物药物共 85 款，其中 48 款最初由 EBP 企业开发。在美国，最初由 EBP 企业开发的核苷（酸）类似物药物占 2021 年上市的核苷（酸）类似物药物的一半。

**2．政府机构重视疫苗监管领域的立法，加强疫苗研发生产全流程监管**

为降低疫苗研发机构、生产企业承担的风险和大众对公共卫生的担忧，美国国会于 1986 年通过《国家儿童疫苗伤害法案》，该法案要求所有管理疫苗的卫生机构在每次接种疫苗前，必须向接种者本人或其监护人提供“疫苗信息声明”。《公共卫生服务法案》《联邦食品、药品和化妆品法案》，以及与疫苗相关的法律、规章对疫苗非临床研究和临床研究、疫苗生产许可、疫苗生产质量控制、疫苗批签发、疫苗流通、疫苗预防接种、疫苗不良反应监控和报告、疫苗处置和召回等环节做出了详细的规定。此外，美国 FDA（Food and Drug Administration，食品药品监督管理局）还针对疫苗类生物制品颁发了一系列技术指南，对疫苗审批、研发、生产控制、不良事件报告等环节进行了规范，构建了完善的疫苗监管制度体系。美国疫苗监管的现行框架如图 11-10 所示。

① 指专注于生命科学领域创新科研的生物技术企业。这类企业以极强的创新能力为核心，以满足某一治疗领域未被满足的医疗需求为主要目标，旨在为市场带来新的疗法、设备及诊断方法。

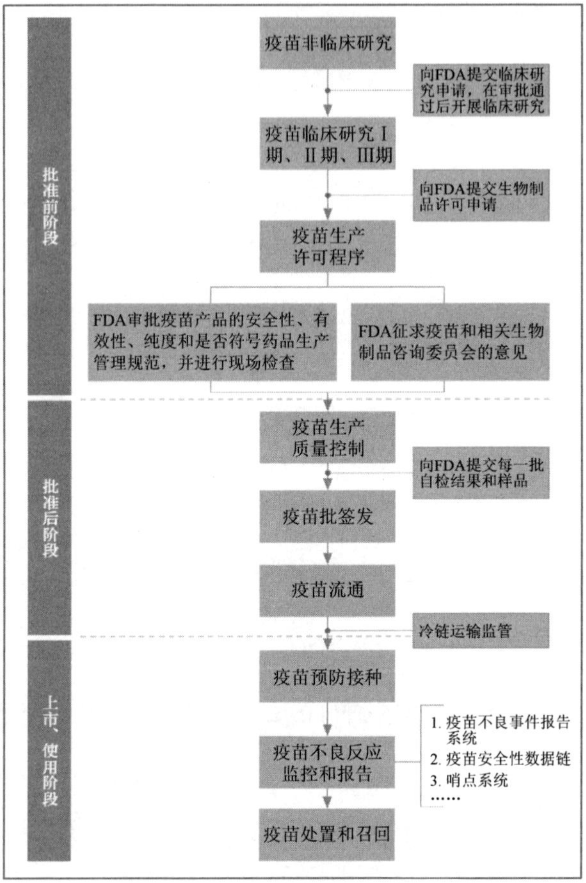


图 11-10　美国疫苗监管的现行框架

资料来源：公开资料，赛迪智库整理，2022

**3. 政府和私人机构不断加大对疫苗领域基础研究方面的投入，风险投资机构促进疫苗产业聚集性发展**

美国疫苗产业之所以能在全球独占鳌头，主要原因是政府和私人机构在疫苗领域基础研究方面投入了大量经费。美国各州设立了许多科学技术基金、研究基金、风险投资基金、种子基金等。此外，政府还利用税额优惠（如减免高技术产品投资税，减免高技术公司的公司所得税、财产税、工商税）等税制政策间接刺激投资。在政府优惠政策的刺激下，企业加大了对生物技术开发的投入力度，以大型企业为代表的民间高技术研究投资总额已超过政府资助，并发挥越来越大的作用。同时，以旧金山湾区附近为代表的生物医药聚集区汇聚了一批风险投资机构，如红点风险投资、凯鹏华盈、红杉资本等。这些风险投资机构为以研发为主的疫苗企业带来了大量的资金，有力支撑研发人员进行科学探索，并实现成果转化。目前，美国九大生物医药产业集群涵盖了全美 75%以上的生物医药企业，这些产业集群获得的研究经费的平均值是其他区域的 8 倍，涉及生物医药风险投资的投资额是其他区域的近 30 倍。

### （二）研发驱动型

研发驱动型创新模式是指以高校、科研院所和各类疫苗企业为主体，以高校、科研院所负责研发，疫苗企业负责生产为主要方式的产业创新模式。在这种创新模式下，高校、科研院所和疫苗企业之间通过紧密协作开展联合研究、开发、技术推广等创新活动。英国、法国等欧洲国家是这种创新模式的典型代表。

**1．英国：以牛津大学、剑桥大学等全球顶尖大学的科研实力为依托的研究机构研发创新驱动模式**

英国是全球生物制药的重要研发和生产基地。伦敦、牛津、剑桥等地以全球顶尖大学的科研实力为依托，形成了生物制药技术研发的“金三角”，成为英国重要的综合性研发基地。此外，爱丁堡和曼彻斯特等地区也集中了许多生物制药企业和研发中心，并在克隆技术、干细胞和癌症研究等方面独树一帜。英国东南部是全球公认的重要的技术中心之一，该地区保持着其他国家和地区无可比拟的研发、创新纪录。该地区的 GDP 占全英国 GDP 的 15.8%，该地区的研发开支占其 GDP 的 3.4%。作为该地区研究活动的核心，剑桥大学承担了大约 1/3 的人类基因研究项目。剑桥大学与牛津大学、伦敦大学形成了全球顶尖的高技术生物研发集群，催生了在大学、新兴企业和大型跨国企业密切协作的产业网络中开展业务的极具创新特色的经济形态，并吸引了来自全球的投资。

以剑桥高科技生物医药产业集群为例，作为欧洲第一大生物医药产业集群，该产业集群拥有 2 万多家企业，其中包括 4300 多家知识密集型企业、1500 多家技术企业、14家市值达10亿美元的企业、2家市值达100亿美元的企业，以及众多研究机构和创新中心，涵盖基因组学、蛋白质组学、生物信息学、再生医学和生物医疗器械等生物医药领域。在剑桥高科技生物医药产业集群中，企业部门分工明确。该产业集群为实现技术转化提供了优质环境。

**2. 法国：以“巴斯德式”发展模式为代表的“市场应用+研发创新”研发模式**

法国的生物技术产业在欧洲排名第三，仅次于英国和德国。法国曾经是全球第五大药品市场，是继德国之后的欧洲第二大药品市场。法国的药品出口国以欧洲国家为主，其对外来药品持开放态度，德国、美国、瑞士位居法国药品进口来源国前三。法国拥有近400家生物技术企业，在这些企业中，半数以上的人员从事研究工作。法国的生物技术企业包括Bio-Alliance、Nicox、ExonHit、Hybrigenics等，它们在生物技术领域处于全球前沿水平。

在创新研究方面，法国医药领域的各类研究所与医院、制药企业合作，实现研究成果的商业化，并通过多个成功案例验证了基础研究的重要作用及其对临床研究的有益影响。

在创新经营方面，法国政府采取“研究所办企业，企业促科研，进行生产自救”的方针，通过多学科横向研究促进创新发展和技术转化，努力将研究成果转化为企业的生产力。注重技术平台和生产工艺开发是法国生物技术产业的显著特征。法国政府曾经布局31个高新技术产业孵化器，利用10多个专门孵化器和部分孵化器，致力于对生物技术的研究开发。法国拥有150多家制药企业、400多个合作研究组织，成为生物技术产业的佼佼者。

## （三）政府主导型

政府主导型创新模式是指政府作为创新计划的制订者、科技园区的规划者，以及创新的引导者与支持者，其职能由制订重大科技计划、直接进行技术创新，逐步转变为监督科技与经济主管部门联合制订重大科技计划。通过企业制度改革和产权制度改革，企业的创新能力大幅提升。同时，各类创新主体层出不穷，如国家工程中心（国家工程研究中心、国家工程技术研究中心等）、生产力促进中心等，加快了科技成果的商品化、市场化进程。

自进入21世纪以来，我国疫苗产业的创新模式逐步从政府主导型转变为市场驱动型。作为创新主体，企业呈现出研发意愿增强、创新成果丰富的特征。自新冠疫情发生以来，我国迅速调动各方资源，形成合力，科学布局并同步推进5条新冠疫苗技术路线，推动新冠疫苗迅速研发成功，体现出政府主导型创新模式的新特征。基于此，将我国作为政府主导型创新模式的典型代表，既能梳理政府在疫苗产业发展过程中的角色转变，也能为新时代疫苗产业新型举国体制创新模式的探索提供参考和借鉴。

**1．在研发模式方面，相关部门成立研究所，负责疫苗的研发**

在中华人民共和国成立初期，医学行业的发展尚在起步阶段，各种疫苗基本依赖于从国外进口，国内的疫苗研发实质上处于空白状态，疫苗研发工作主要以相关部门成立的国家直属研究所为单位来开展，采用纯粹的政府主导型模式，没有放开民间自主研发疫苗的权限。研究所按照国家指标进行研发，缺乏自主研发能力，"一家独大"的研发模式存在局限性，不利于疫苗产业的健康发展。研究所内的技术人员大多来源于国内的生物科学院校，当时，国内的生物科学领域存在整体滞后的缺点，技术人员的自主研发能力不强，难以攻克较高的技术壁垒。在那个时期，我国尚未采用"走出去、引进来"的技术研发模式，大多数研究所处于闭门造车的状态，这导致了我国疫苗研发能力整体落后的局面。在这个阶段，传统行政管理模式的局限导致我国疫苗研发领域长期处于原地踏步状态，鲜有领先技术的诞生。

**2．国家组织实施免疫规划，鼓励新疫苗自主研发**

自改革开放以来，我国疫苗研发工作进入了蓬勃发展阶段，疫苗研发政策呈现出新面貌。由于西方国家对我国科学技术领域的打压、控制，我国开始鼓励新疫苗自主研发。国家越来越重视生命科学领域的规划建设，逐步将其纳入国家发展纲要，鼓励、支持、引导新疫苗自主研发。从提出以“大卫生、大健康”理念为行动引领的健康中国战略，到正式出台《中华人民共和国疫苗管理法》，国家越来越重视疫苗产业。以国务院为主导的国家海外高层次人才引进计划和各地区的高新技术人才培养计划相继推出，为新疫苗自主研发提供了更大的发展空间。与此同时，国家大力鼓励、引导民营疫苗企业发展，从减税降费到奖励研发资金，新疫苗自主研发逐渐呈现出崭新的面貌。在政策方面，卫生部于 2007 年 12 月印发了《扩大国家免疫规划实施方案》，提出在全国范围内实施扩大儿童免疫规划工作。自此，计划免疫步入国家战略轨道。在现行全国范围内使用乙肝疫苗、卡介苗、脊髓灰质炎疫苗、百白破疫苗、麻疹疫苗、白破疫苗这 6 种国家免疫规划疫苗的基础上，我国将甲肝疫苗、流脑疫苗、乙脑疫苗、麻腮风疫苗纳入国家免疫规划，对适龄儿童进行常规免费接种。

**3．对标国外疫苗研发的先进经验，逐步完善顶层立法设计**

自进入 21 世纪以来，经济全球化程度不断加深，我国疫苗产业彻底改变了闭门造车的传统研发模式，主动适应国际市场的发展情况，对标国外先进的研发模式，推动国家逐步完善顶层立法设计。随着中国特色社会主义进入新时代，健康中国战略被多次提及，“大数据”“云健康”等逐渐成为家喻户晓的概念。国家出台了一系列法律法规，助力疫苗研发。

在当前阶段，我国疫苗产业对标国外疫苗研发的先进经验，逐步探索适合自身发展的新型举国体制创新模式。一是借鉴优秀跨国企业的经验，以产学研为依托，实现疫苗研发的新发展。我国疫苗企业开始向研究所、高校寻求技术支持，如大北农集团在中国农业大学等多所高校建立了研发实验室，逐步弥补技术缺陷。二是打造运营管理新模式。我国疫苗企业开始借鉴国外灵活的资本运营模式，逐步放开管理权限，允许技术研发人员进入企业的核心管理层，形成以技术为主导的新型企业制度。三是各类资本协调发展。国有企业居于市场主体地位在一定程度上推动了疫苗产业的整体发展。同时，国家逐步取消疫苗市场的门槛限制，允许私有企业进入疫苗研发、生产、运输领域，旨在进一步激活疫苗市场，从而实现疫苗产业的长远发展。

## 三、主要困境

### （一）疫苗领域基础研究差距较大，核心技术产品存在较多壁垒

长期以来，我国对疫苗领域基础研究的投入不足，与发达国家相比，创新成果数量差距较大。从专利申请量来看，截至 2021 年 8 月，美国的疫苗专利申请量居全球首位，占全球疫苗专利总申请量的 42%；我国的疫苗专利申请量占全球疫苗专利总申请量的 22%，与美国的差距较大。产业发展缺乏基础性研发支撑，导致我国虽在全球新冠疫苗研发竞赛中进度领先，但在新型佐剂等关键环节仍存在“卡脖子”现象。在 mRNA 疫苗研发中，欧美企业在序列设计、递送系统等环节已经完成了专利布局，对我国疫苗企业在这些关键环节开展研发工作形成了技术壁垒。此外，在疫苗研发应急攻关的过程中，我国企业还面临无血清培养基、核酸酶、超滤膜包等核心技术难题，需要通过技术进口来解决技术攻关中的关键问题。

### （二）疫苗企业的研发水平滞后，多联多价疫苗等高附加值产品的布局匮乏

与欧美发达国家相比，我国疫苗企业普遍缺乏原创性技术，整体创新能力有限，疫苗研发投入仅占销售收入的 5%左右，与发达国家 10%～15%的水平差距明显。同时，我国疫苗企业数量多且集中度低，多采取“Fast Follow”[①]研发策略，形成了短期内同质化现象较严重的竞争态势。我国七价肺炎球菌结合疫苗、HPV 疫苗等产品的研发与上市普遍比欧美发达国家晚 10～15 年，带状疱疹疫苗、登革热疫苗等产品仍处于临床试验阶段，与国际研发水平差距明显。创新能力较弱导致我国对多联多价疫苗等高附加值产品的布局匮乏。与单价疫苗相比，多联多价疫苗可以在不增加疫苗副作用的同时，增加可预防疾病的种类和致病血清型别的数量，因而研发难度大、利润空间可观。当前，我国对多联多价疫苗

① 意为快速追踪新药模式，是一种在首创新药模式基础上的模仿性创新，即在不侵犯他人专利的情况下，在已有靶点和机理的基础上，对新药进行分子结构改造或修饰，寻找作用机制相同或相似、具有新治疗效果的新药物。“Fast Follow”包括“Me-too”“Me-best”“Me-better”“Me-worse”。

产品的布局多集中于联合程度较低的二联疫苗、三联疫苗，未能在联合程度较高的产品中占据优势。例如，2021 年，万泰生物的二价 HPV 疫苗占据我国批发市场的 65%，市场占有率大幅提高。与此同时，默沙东、葛兰素史克等国外疫苗企业的四价、九价疫苗依旧牢牢占据高端市场。

### （三）海外临床试验能力不足制约国内疫苗企业参与国际竞争

通过海外临床试验是国产疫苗符合 WHO-PQ 等相关标准、走向国际市场的重要环节。一直以来，国内疫苗企业普遍缺乏海外临床试验设计经验和能力，这严重制约了国内疫苗企业参与国际竞争。在 2020 年以前，国内疫苗企业仅有康希诺在埃博拉疫苗的研发过程中积累了海外临床试验的经验。在新冠疫情初期，国产新冠疫苗的海外Ⅲ期临床试验遇到了语言文化背景不同、法律制度和商务传统不相适应、不良事件处理经验匮乏等诸多困难，这些困难严重影响了国产新冠疫苗在海外上市的进度。后来，虽然国产新冠疫苗实现了快速研发上市，我国人用疫苗出口总额由 2020 年的 19 亿元增长至 2021 年的 1010 亿元，但是，仅有 5 家国内疫苗企业符合 WHO-PQ 标准，国产疫苗只能出口至巴基斯坦、孟加拉国等发展中国家，国内疫苗企业的海外临床试验设计等相关能力达不到欧美药典更高级别的标准，不具备出口至欧美国家和地区的资格，国内疫苗企业的国际市场影响力有待进一步提升。

### （四）研发导向型企业的组织结构尚不成熟

对疫苗企业而言，成功研发新产品往往基于跨部门知识的分享与交换，以及不同部门具有共同的愿景。目前，国内多家疫苗企业的组织结构是按研发部门、中试部门、生产部门、质量部门、销售部门分开管理的，产品研发或工艺创新需要多方协调、配合。在技术创新的过程中，国内疫苗企业往往缺乏多个部门责权利的相互协调、统一机制，由于各种利益冲突，不同部门之间的协调比较困难，造成上游开发与中试脱节、中试与大规模生产脱节、中试与检定脱节，导致研发周期过长，影响了产品的上市和销售。

## 四、发展建议

### （一）加强重点领域的基础研究，完善引人育人机制

从国家战略需求出发，确定生物技术、生命健康等领域的科技创新方向和重点；充分发挥新型举国体制优势，从国家层面提高生物安全、基因治疗、疫苗研发等生命健康领域的科技创新能力；持续推进高水平研发平台建设，针对生命科学、生物技术等领域的基础前沿学科和新兴交叉学科，依托高校、科研院所和科技企业，布局新型研发机构，培养培育生物医学领域的国家人才预备队；支持开展以自由探索为主的基础研究，加大对前瞻性研究和颠覆性创新的支持力度；完善疫苗领域科技创新引人育人机制，制定差异化的人才引进政策，兼顾人才梯队配置，支持国内疫苗企业采取高薪聘用、股权激励、个税奖补、分红激励、兼职兼薪、子女入学、就业补助等多种措施，吸引高端人才归国发展。

### （二）以新冠疫苗研发为契机培育优秀的头部企业

鼓励企业加大对疫苗研发的投入，通过组织实施科技重大专项，攻克新疫苗自主研发的关键技术难点，促进企业研发针对各类变异病毒的疫苗，推动我国疫苗技术更新升级；鼓励企业引入外部资金，积极申请国家针对相关领域的基础研究和技术开发项目，加大申请研发专项基金的力度；支持企业内部建立风险投资机制，促进企业的技术开发项目长期、健康发展；在支持近期市场前景好、前期研究基础扎实的重点项目的基础上，对长期市场前景好、目前处于初期研究阶段的项目分阶段、分层次地给予支持，形成具有广阔市场前景的短期、中期、长期项目集合发展的体系。

### （三）增强疫苗产业链的稳定性和国际竞争力

鼓励国内疫苗企业实现国产化替代，并从国家层面予以支持；重点推动疫苗制品培养基、新型佐剂等高附加值物料的国产化；大力推动短板技术突破和首台

（套）设备发展，打造一批掌握疫苗研发前沿技术的原材料生产企业和仪器、设备制造企业，建立疫苗产业生态系统；切实做好监管流程和生产流程之间的有效衔接，鼓励国内疫苗企业打造符合国际监管标准的生产流程和标准体系，推动国产疫苗走出国门，打破行业巨头企业垄断格局。

### （四）持续拓宽国内疫苗企业的国际科技合作渠道

以增强自主创新能力、提高产业竞争力为核心，充分利用国内外的科技资源和庞大的市场，逐步形成“以我为主、互利共赢，为我所用、支撑创新，统筹集成、突出重点”的疫苗产业国际科技合作态势；鼓励企事业单位、科研院所探索各类国际科技合作机制，推动建立技术联盟、同行业或相关行业的企业之间的项目联盟等国际科技交流；充分利用高校和科研院所的科技人才、研究设备、技术信息等优势，结合企业在市场信息、资金方面的优势，开展技术、产品联合开发，建立产学研联盟，提升企业的技术创新能力。

执笔人：姬少宇

第十二章 | Chapter 12

# 量子产业科技创新面临的困境及思考

量子产业是根据量子力学原理，研究量子的产生、发送、接收、处理和控制的最佳方式并实现其实际应用的产业。量子产业的技术应用领域非常广泛，涉及计算、通信、精密测量、国防、交通、金融、材料等多个行业。如图 12-1 所示，量子产业链主要包括上游的基础科学、中游的科技研究和技术研发、下游的商业应用。根据技术应用领域的不同，量子产业主要分为量子计算、量子通信和量子精密测量三大领域。

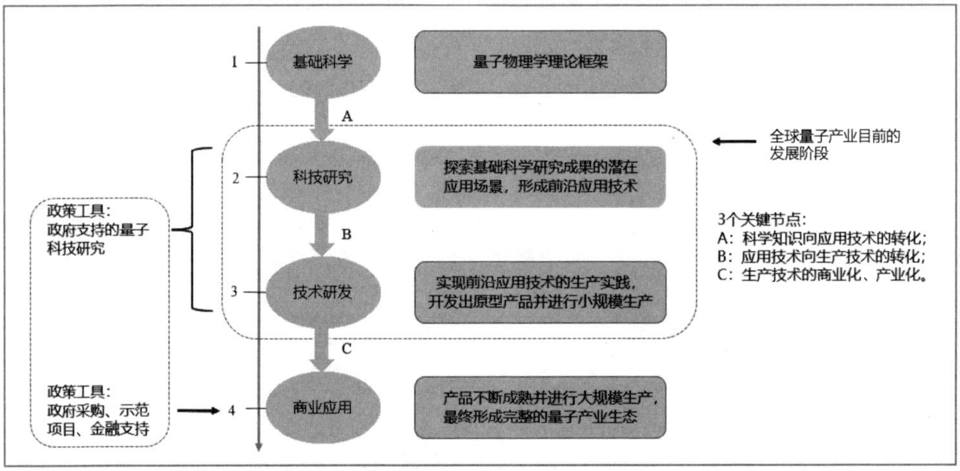


图 12-1　量子产业链

资料来源：徐东良，贾卢魁，朱贤强，等. 构筑我国量子科技产业发展新优势——中美量子科技产业发展的比较分析. 调查研究报告[2022 年第 118 号]，赛迪智库整理，2022

量子理论提出，物质和能量是非连续的、可分割的，这与经典物理学提出的“物质和能量是连续的”的观点截然相反。因而，量子技术的突破和实际应用可能对现有物理世界产生颠覆性、革命性、根本性影响。量子科技研究门槛高、研发难度大，相关技术难以在短期内实现突破，技术研发具有较强的长期性、复杂性和不确定性。全球的量子产业科技创新模式呈现出颠覆性、长期性、复杂性、风险性、高投入等特征。

我国的量子产业科技创新模式属于新型举国体制型，主要面向国家重大战略需求和发展安全需要，集中力量、科学统筹，开展量子领域的科技研发和技术应用，总体呈现出创新投入和创新产出较多、创新协同能力不断增强、创新环境不断改善等特征，同时存在产业科技创新主体的能力不强、量子企业的创新能力和创新参与度较低，以及量子技术的商业化、产业化进程较慢等问题，未来需要通过加快量子技术的商业应用步伐、推动量子企业成为产业发展主体、建立量子产业高度协同发展机制等方式，增强我国量子产业的科技创新能力。

## 一、创新能力

我国量子产业的科技创新能力实现了由小到大、由弱到强的跨越式高速发展，主要表现为量子领域的科学技术不断突破和量子技术的商业化、产业化进程持续加快等特征。为了准确评估和衡量我国量子产业科技创新能力，本研究从产业科技创新主体能力、产业科技创新投入能力、产业科技创新产出能力、产业科技创新成果转化能力、产业科技创新环境支撑能力、产业科技创新国际影响能力6个方面出发，选取量子企业、高校、科研院所、新型研发机构、研发投入、论文数量、专利数量、技术创新能力、技术应用、创新协同、政策环境、国际合作程度等多个细分指标进行定量分析，并对我国与美国等量子科技比较先进的国家、地区进行横向比较，梳理并总结我国量子产业科技创新能力发展的现状、优势和不足。

### （一）量子领域的高校、科研院所等创新主体能力较强，量子科技新型研发机构不断涌现

#### 1. 我国量子企业数量明显偏少，企业融资规模较小

从各国拥有的量子企业数量来看，截至2020年年底，美国共有182家量子企业，按照企业数量由多到少进行排序，涉及领域主要包括量子计算（55家）、跨应用（40家）、量子精密测量（20家）、量子通信（12家）。值得注意的是，美国虽然有大量与量子通信相关的论文，但是专注于该领域的企业较少。与美国相比，我国量子企业的数量明显偏少，包括8家专门的量子初创企业和5家布局量子产业的大型多元化科技企业（见表12-1）。这表明我国量子技术的商业化、

产业化进程明显滞后，我国量子企业的创新活力与美国量子企业有较大的差距。

表 12-1 我国量子企业

| 序号 | 类别 | 企业名称 |
|---|---|---|
| 1 | 专门的量子初创企业 | 国仪量子（合肥）技术有限公司 |
| 2 | | 上海昆峰量子科技有限公司 |
| 3 | | 合肥本源量子计算科技有限责任公司 |
| 4 | | 安徽问天量子科技股份有限公司 |
| 5 | | 科大国盾量子技术股份有限公司 |
| 6 | | 国开启科量子技术（北京）有限公司 |
| 7 | | 浙江神州量子通信技术有限公司 |
| 8 | | 深圳量旋科技有限公司 |
| 9 | 大型多元化科技企业 | 中国科学院-阿里巴巴量子计算实验室 |
| 10 | | 百度量子计算研究所 |
| 11 | | 量子计算软件云平台（华为云） |
| 12 | | 腾讯量子实验室 |
| 13 | | 中兴通讯 |

资料来源：兰德公司报告《中美量子技术产业评估》，赛迪智库整理，2022

从量子企业的融资规模来看，截至 2021 年 6 月，美国 20 家主要的量子企业获得了 12.8 亿美元的风险投资，其中 3/4 的资金流向了 3 家头部企业（PsiQuantum、D-Wave Systems 和 Rigetti Computing），它们均为量子计算领域的企业。我国量子初创企业的融资规模仅为 4400 万美元，相当于美国的 3.4%①，差距明显。我国的社会资本和风险资本对量子产业的参与程度较低，表明我国量子产业的发展活力不如美国旺盛，商业化进程落后于美国，量子技术向实际应用的转移、转化存在许多障碍，社会资本和风险资本未能对我国量子产业的发展起到良好的促进作用。

## 2. 我国量子科技研究领域的高校和科研院所的科研实力雄厚

在量子科技研究领域，我国拥有中国科学技术大学、北京大学、清华大学、哈尔滨工业大学、北京航空航天大学、国防科技大学、南京大学、中国科学院等高校和科研院所。其中，中国科学技术大学的未来技术学院开设了量子信息科学

① 资料来源于兰德公司报告《中美量子技术产业评估》。

专业，专注于量子技术人才培养和科学研究。目前，中国科学技术大学建有中国科学院量子信息与量子科技创新研究院、中国科学院量子信息重点实验室等高水平研究中心，研究成果丰硕，已经成为全球著名的量子技术人才培养和科学研究重地，为我国量子产业的发展做出了重要贡献。早在1959年，北京大学便成立了量子电子学研究所，该研究所主要面向国家重大战略需求和基础前沿科学发展，开展量子技术领域多个研究方向的研究工作。为了适应时代的发展，北京大学在2010年成立了量子材料科学中心，该科学中心专注于凝聚态物理和量子材料科学研究，承担了多个国家重点科研项目，取得了丰硕的研究成果，在 *Science* 和 *Nature* 等国际顶级期刊上发表了多篇论文，获得了学界的高度关注和认可。

#### 3．量子科技新型研发机构不断涌现

2017年12月，北京市政府与中国科学院、清华大学、北京大学等顶尖学术机构联合创立了北京量子信息科学研究院。该机构专注于量子物态科学、量子计算和量子通信等领域的基础研究，并推动量子技术实用化、规模化、产业化。为了更好地发挥作用，在组织架构上，北京量子信息科学研究院不定机构规格，不核定人员编制，在人才双聘、存量资源整合、知识产权共享等方面进行体制机制创新。在人才引进与培养上，北京量子信息科学研究院打破原有的科研单位人员编制化和工资额定化模式，实行灵活的人员聘用和薪酬制度，充分激发科研人员的科研热情和积极性；通过积极引进社会资本和风险资本，推进相关技术成果的转移、转化和实际应用。

### （二）我国量子产业的科技创新投入持续增加，聚集众多量子领域的顶尖人才

#### 1．我国量子产业的研发投入持续增加

2006—2020年，我国在量子领域投入超过100亿元，其中2/3来自中央，1/3来自地方。“十四五”规划中提出，要瞄准人工智能、量子信息、集成电路、生命健康、脑科学、生物育种、空天科技、深地深海等前沿领域，实施一批具有

前瞻性、战略性的国家重大科技项目。

作为量子产业大国，美国近几年在量子领域的研发投入增长率稳定在 20%左右。其 2019 财年的研发投入为 4.5 亿美元，2020 财年的研发投入为 5.8 亿美元，2021 财年的研发投入为 7.1 亿美元。

2011—2020 年，中国、美国量子产业研发投入资金来源机构的数量如表 12-2 所示。从表 12-2 中可以看出，我国量子产业科技研发主要有 32 个资金来源机构，多于美国的 28 个。其中，在量子通信领域，我国研发投入资金来源机构的数量明显多于美国，表明在量子通信领域，与美国相比，我国拥有更加稳定的资金来源和可持续性更强的研发投入；在量子计算领域，我国研发投入资金来源机构的数量也多于美国；在量子精密测量领域，两国研发投入资金来源机构的数量持平。

**表 12-2　2011—2020 年，中国、美国量子产业研发投入资金来源机构的数量**

单位：个

| 国家 | 量子计算 | 量子通信 | 量子精密测量 | 共计 |
|---|---|---|---|---|
| 中国 | 24 | 27 | 7 | 32 |
| 美国 | 19 | 10 | 7 | 28 |

注：量子计算、量子通信、量子精密测量三大应用领域的研发投入资金来源机构有交叉重叠，故总和不等于三者之和。

资料来源：兰德公司报告《中美量子技术产业评估》，赛迪智库整理，2022

从研发投入资金的金额来看，我国量子领域研发投入资金的赫芬达尔指数（该指数越高，表明研发投入资金来源的集中度越高）为 0.273，高于美国的 0.141，表明我国量子领域研发投入资金的来源比美国更集中。实际上，我国量子领域的研发投入资金严重依赖于国家自然科学基金，量子产业三大应用领域内 50%左右的论文由该机构资助发表。

### 2. 我国量子产业聚集众多顶尖人才

在人才投入方面，我国量子产业聚集了一大批高层次的创新型科技人才。在顶尖人才方面，我国拥有潘建伟院士、郭光灿院士、姚期智院士、薛其坤院士、杜江峰院士、俞大鹏院士、冯登国院士、王建宇院士、向涛院士等多位领军型人才，他们各自在某个或多个量子细分领域取得了突出的成就。其中，潘建伟院士是我国量子领域顶尖人才的杰出代表，曾当选最年轻的中国科学院院士，是量子物理、量子信息领域的研究先驱和开拓者之一，是这两个领域具有重要国际影响力的科学家。

## （三）我国量子领域的论文、专利等创新成果产出较多，在全球居于领先地位

### 1．我国在量子领域发表论文的数量全球领先，但论文的科学影响力偏弱

如表 12-3 所示，2011—2020 年，我国在量子领域发表论文 15 029 篇，超越美国，位居全球第一。其中，我国在量子计算领域发表论文 7050 篇，略少于美国，位居全球第二；复合年增长率为 14.1%，高于美国的 10.8%，未来有望超越美国，成为该领域最大的论文产出国。我国在量子通信领域发表论文 6440 篇，是美国的两倍有余，并遥遥领先其他国家。我国在量子精密测量领域发表论文 1539 篇，领先美国，而且复合年增长率为 23.8%，明显高于美国的 8.2%，呈差距扩大态势。

表 12-3　2011—2020 年，全球排名前 10 的国家在量子领域发表论文的数量

单位：篇

| 排名 | 国家 | 量子计算 | 量子通信 | 量子精密测量 | 共计 |
|---|---|---|---|---|---|
| 1 | 中国 | 7050 | 6440 | 1539 | 15 029 |
| 2 | 美国 | 7319 | 2524 | 1240 | 11 083 |
| 3 | 德国 | 2749 | 1258 | 648 | 4655 |
| 4 | 英国 | 2203 | 1395 | 545 | 4143 |
| 5 | 日本 | 2275 | 936 | 334 | 3545 |
| 6 | 加拿大 | 1584 | 983 | 224 | 2791 |
| 7 | 法国 | 1347 | 554 | 328 | 2229 |
| 8 | 意大利 | 1115 | 678 | 371 | 2164 |
| 9 | 印度 | 1419 | 655 | 90 | 2164 |
| 10 | 俄罗斯 | 1030 | 556 | 236 | 1822 |

资料来源：兰德公司报告《中美量子技术产业评估》，赛迪智库整理，2022

总的来看，我国在量子领域发表论文的数量全球领先，而且与其他国家之间

的差距呈进一步扩大态势。其中，我国在量子计算领域发表论文的数量有望在几年内超越美国，在量子通信领域具有绝对领先优势，在量子精密测量领域的优势将进一步增强。这表明我国量子产业具有较强的科研创新能力和论文输出能力，创新成果产出较多，在全球居于领先地位。

从论文的科学影响力来看，如表 12-4 所示，2011—2020 年，美国量子领域高被引论文（近 10 年间累计被引用的次数进入各学科全球前 1%的论文）的数量远远超过我国，与我国发表论文的数量多于美国形成反差，表明我国在量子领域发表论文的数量虽然较多，但是论文的科学影响力和认可度不及美国，尚有待提高。在量子计算领域，中国、美国发表论文的数量基本相当，但美国高被引论文的数量是我国的两倍有余；在量子通信领域，我国发表论文的数量是美国的两倍有余，但美国高被引论文的数量约为我国的 3/4；在量子精密测量领域，我国发表论文的数量明显领先美国，但美国高被引论文的数量明显领先我国，反差较大。总的来看，虽然我国在量子领域发表论文的数量全球领先，但是论文的质量和科学影响力明显落后于美国。

**表 12-4　2011—2020 年，中国、美国量子领域高被引论文的数量**

单位：篇

| 国家 | 量子计算 | 量子通信 | 量子精密测量 | 共计 |
|---|---|---|---|---|
| 中国 | 630 | 577 | 148 | 1355 |
| 美国 | 1381 | 433 | 235 | 2049 |

资料来源：兰德公司报告《中美量子技术产业评估》，赛迪智库整理，2022

从论文发表机构的属性来看，美国量子领域 78%的论文来自科研院所、13%的论文来自政府研究机构、8%的论文来自量子企业、1%的论文来自其他机构。我国量子领域的论文主要来自研究型大学和政府研究机构，来自量子企业的论文较少，说明我国量子企业参与量子领域基础研究和技术研发的活跃程度较低，缺乏创新意愿和创新活力。

如图 12-2 所示，1952—2021 年，在量子计算领域论文发表数量排名前 20 的研究机构中，美国有 7 个研究机构，我国有 3 个研究机构（中国科学院、中国科学技术大学、清华大学）。虽然上榜机构的数量少于美国，但是我国的 3 个研究机构的整体排名较高。美国研究机构的研究主题主要集中在量子算法、基于自旋的量子计算、超导量子计算、拓扑量子计算等方面。我国研究机构的研究主题主要集中在基于自旋的量子计算、超导量子计算、量子传输协议、拓扑量子计算、光量子计算等方面。

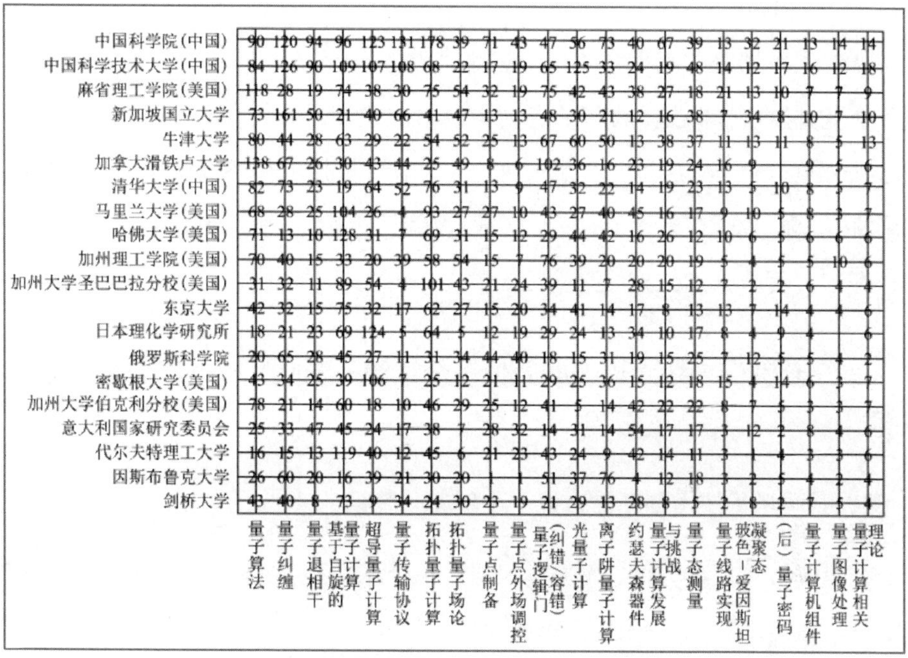


图 12-2　1952—2021 年，量子计算领域论文发表数量排名前 20 的研究机构的研究主题分布（单位：篇）

资料来源：于杰平，王丽. 中美量子计算研发现状对比分析及启示[J]. 世界科技研究与发展，2022（1）：35-45.

### 2. 我国量子领域的专利数量领先美国，但来自企业的专利较少

截至 2019 年，中国、美国量子领域的专利申请情况如表 12-5 所示。从专利申请量来看，中国、美国量子领域的专利申请量基本相当，中国略多于美国。美国在量子计算领域的专利申请量多于中国，中国在量子通信和量子精密测量领域的专利申请量多于美国。从专利申请量年增长率来看，中国明显高于美国，两国未来的专利申请量差距可能继续拉大。

表 12-5　截至 2019 年，中国、美国量子领域的专利申请情况

| 国家 | 指标 | 量子计算 | 量子通信 | 量子精密测量 | 共计 |
| --- | --- | --- | --- | --- | --- |
| 中国 | 专利申请量/项 | 3133 | 3133 | 1121 | 7387 |
| | 专利申请量年增长率 | 40% | 38% | 29% | / |
| 美国 | 专利申请量/项 | 4845 | 1385 | 787 | 7017 |
| | 专利申请量年增长率 | 17% | 12% | 14% | / |

资料来源：兰德公司报告《中美量子技术产业评估》，赛迪智库整理，2022

从专利申请来源来看，美国、日本、欧盟等国家和地区以高校、科研院所、量子企业开展合作为主；我国的专利申请来源主要是高校和科研院所，量子企业的参与程度较低。在专利拥有量方面，大数据预测分析和咨询服务公司 Valuenex 的调查显示，我国拥有 3000 多项与量子领域相关的专利，约为美国的两倍；日本、韩国、英国分别位居全球第三、第四、第五。

## （四）我国量子技术创新能力位于全球第一梯队，但创新成果转化能力较弱

### 1. 我国量子技术创新能力位于全球第一梯队

在量子技术创新方面，我国与美国走在全球前列；其他国家和地区大多在某一细分领域表现突出，整体呈追赶态势。

在量子计算领域，量子计算机的性能主要是由量子比特的数量决定的，量子比特的数量越多，量子计算机的性能越好。如表 12-6 所示，我国量子计算机实现了 66 个量子比特；美国 IBM 已经发布了实现 127 个量子比特的芯片，走在全球前列。

表 12-6　中国、美国量子计算技术对比

| 技术指标 | 中国 | 美国 |
| --- | --- | --- |
| 物理量子比特或压缩光子数/个 | 66 | 127 |
| 量子比特读出错误率 | $4.5\times10^{-2}$ | $3.5\times10^{-2}$ |
| 量子比特相干时间/微秒 | 30.6 | 122.0 |
| 单量子比特门错误率 | $1.4\times10^{-3}$ | $3.8\times10^{-4}$ |

续表

| 技术指标 | 中国 | 美国 |
|---|---|---|
| 单量子比特门时间/纳秒 | 25 | 21 |
| 双量子比特门错误率 | $5.9\times10^{-3}$ | $6.4\times10^{-3}$ |
| 双量子比特门时间/纳秒 | 32 | 199 |

资料来源：兰德公司报告《中美量子技术产业评估》，赛迪智库整理，2022

量子通信领域主要包括量子密钥分发、量子隐形传态和量子随机数发生器这 3 条技术路线，它们都涉及量子纠缠技术。量子纠缠技术水平在一定程度上代表了一个国家量子通信技术的发展状况。如表 12-7 所示，从纠缠光子生成机制的技术发展现状来看，我国走在全球前列。

表 12-7 部分国家纠缠光子生成机制的技术发展现状

| 纠缠光子生成机制 | 演示国家 | 光子对生成效率 | 亮度（对/秒/兆瓦） | 不可分辨性（HOM 可见度） | 保真度 |
|---|---|---|---|---|---|
| 自发参量下转换 | 德国 | 43% | 3.5×106 | 82% | 96% |
| | 新加坡 | — | 5.6×105 | 98% | — |
| | 美国 | 20% | 2.7×109 | — | — |
| 砷化镓量子点 | 德国 | 37% | — | — | 90% |
| | 中国 | 65% | — | 90% | 88% |

注：HOM 指的是“洪-欧-曼德尔效应”。

资料来源：兰德公司报告《中美量子技术产业评估》，赛迪智库整理，2022

## 2. 我国量子技术应用与技术创新能力相比明显滞后

如表 12-8 所示，在量子技术应用方面，美国、中国、英国、欧盟等国家和地区走在全球前列，这与它们各自的量子技术创新能力水平基本一致。其中，我国在量子通信领域的技术应用方面全球领先，但量子精密测量领域的技术应用进度明显落后于美国、英国等国家。

表 12-8 全球量子技术应用情况

| 对比项 | 量子计算 | 量子通信 | 量子精密测量 |
|---|---|---|---|
| 目前领先的国家和地区 | 美国、中国、加拿大、欧盟 | 中国、欧盟、日本、韩国 | 美国、英国 |
| 实际应用案例 | 人工智能、新材料研发、制药、自动控制 | 量子随机数生成、加密通信、量子网络 | 潜艇导航、资源勘探、自然灾害预警、自动驾驶、精准授时、复杂环境成像、量子雷达 |

续表

| 对比项 | 量子计算 | 量子通信 | 量子精密测量 |
| --- | --- | --- | --- |
| 预计进度 | 2025年前在组合优化、新材料、生物化学领域实现商业化；<br>2030—2040 年实现通用量子计算的商业化 | 2025 年前实现量子密钥分发通信网络商用部署；<br>量子通信网络的大规模部署还需要很多年 | 2025 年前量子导航设备、量子时钟进入商业化阶段；<br>2030 年左右量子成像、量子雷达等技术进入商业化阶段 |

资料来源：徐东良，贾卢魁，朱贤强，等. 构筑我国量子科技产业发展新优势——中美量子科技产业发展的比较分析. 调查研究报告[2022 年第 118 号]，赛迪智库整理，2022

如表 12-9 所示，在量子计算领域，2021 年，我国有 4 项技术应用，均由合肥本源量子计算科技有限责任公司（以下简称本源量子）实现或参与；美国有 10 项技术应用，数量超过我国，同时与德国、英国开展合作；英国有 6 项技术应用。从整体来看，我国在量子计算领域的技术应用进展和产业化进程明显落后于美国、英国等国家。

**表 12-9　2021 年全球量子计算领域的技术应用进展**

| 序号 | 国家/地区 | 机构/企业 | 重要进展 |
| --- | --- | --- | --- |
| 1 | 中国 | 本源量子、建信金融科技 | 发布首批量子金融应用算法，包括量子期权定价算法与量子风险价值计量算法 |
| 2 | 中国 | 本源量子 | 发布量子化学应用 ChemiQ 正式版 |
| 3 | 中国 | 本源量子 | 发布量子人工智能应用 QGAN |
| 4 | 中国 | 本源量子 | 发布中国第一款量子计算流体力学仿真软件“本源量禹” |
| 5 | 美国 | Entanglement | 创建疫苗分发平台 |
| 6 | 美国 | QCI | 发布量子机器学习图形分析软件 QGraph |
| 7 | 美国 | QC Ware | 发布新的量子算法，通过牺牲提速实现浅层蒙特卡罗算法的应用 |
| 8 | 美国 | IonQ | 在其量子计算机上演示了高盛集团和 QC Ware 最先进的量子算法 |
| 9 | 美国 | IonQ、富达应用技术中心 | 展示量子计算机如何超越传统计算机，生成用于测试金融模型的高质量数据 |
| 10 | 美国 | 亚马逊云科技 | 使用量子计算机创建真随机数 |
| 11 | 美国 | 谷歌、QSimulate | 发布费米量子仿真器 |
| 12 | 美国 | 英伟达 | 使用其自主开发的 cuQuantum 工具包创建最大规模的量子算法模拟，以解决最大割问题 |
| 13 | 美国 | Rigetti Computing | 提供使用量子计算机解决天气建模问题的有效方案 |

续表

| 序号 | 国家/地区 | 机构/企业 | 重要进展 |
|---|---|---|---|
| 14 | 美国、德国、英国 | 斯坦福大学、谷歌、马克斯·普朗克研究所、牛津大学 | 使用谷歌量子处理器成功制造时间晶体 |
| 15 | 英国 | Quantinuum | 展示有史以来最大的量子自然语言处理任务 |
| 16 | 英国 | Quantinuum | 证明量子计算机可以“学会”推理 |
| 17 | 英国 | Quantinuum | 开发可优化钢铁制造过程中使用的中间产品的调度的算法 |
| 18 | 英国 | Phasecraft | 介绍量子系统模拟新策略 |
| 19 | 英国 | 剑桥量子计算公司 | 创建全球第一个量子计算驱动的加密密钥生成平台 |
| 20 | 德国 | Xetra | 开发解决交易所业务风险的量子算法 |
| 21 | 荷兰、丹麦 | 毕马威、丹麦技术大学 | 开发在 D-Wave 量子退火处理器上运行 65 项资产的投资组合优化模型 |
| 22 | 荷兰 | Qu&Co | 发布专为化学和材料科学设计的量子计算平台 QUBEC 测试版 |
| 23 | 奥地利、荷兰、德国 | 维也纳大学、因斯布鲁克大学、奥地利科学院、莱顿大学、德国航空航天中心 | 通过实验证明利用量子技术能够加快机器人的学习速度 |
| 24 | 澳大利亚、中国香港 | 悉尼大学、香港科技大学 | 通过“量子傅里叶变换估计行驶工况”，可在 IBM-Q16 Melbourne 量子模拟器上更快地得出达到傅里叶驱动的行驶工况建模结果 |
| 25 | 加拿大 | Agnostig、Xanadu | 在 Xanadu 的开源软件 PennyLane 上开发金融产品 |

资料来源：前沿科技咨询机构 ICV，《2022 全球量子计算产业发展报告》，赛迪智库整理，2022

### 3．我国量子产业协同创新能力较强

2011—2020 年，中国、美国量子研究机构的国内平均合作机构数量如图 12-3 所示。从图 12-3 中可以看出，美国量子计算领域的研究机构平均与 11.4 个国内量子研究机构合作，多于我国的 9.8 个；在量子通信和量子精密测量领域，我国量子研究机构的国内平均合作机构数量多于美国。量子研究机构的国内平均合作机构数量与所在领域的创新成果产出水平呈现出显著的正相关关系，这一现象表明，量子研究机构与更多的国内机构合作，在一定程度上意味着所在领域有更多的科研产出。

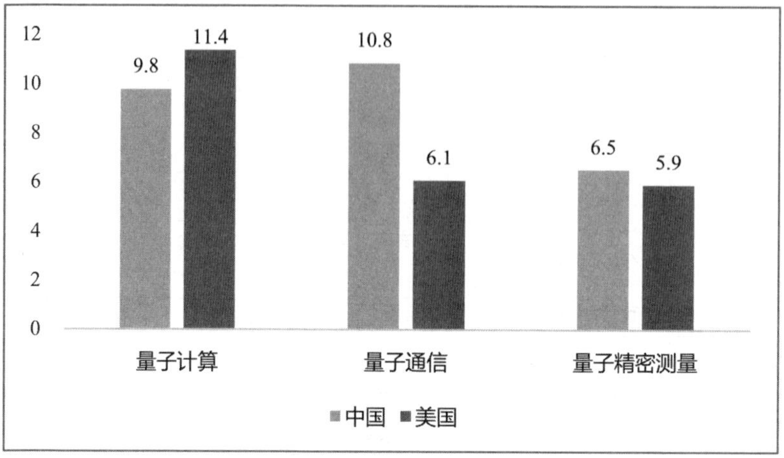


图 12-3　2011—2020 年，中国、美国量子研究机构的国内平均合作机构数量（单位：个）

资料来源：兰德公司报告《中美量子技术产业评估》，赛迪智库整理，2022

## （五）我国政府高度重视量子产业的发展，产业创新环境支撑能力持续增强

美国在量子产业持续发力，政府的支持力度不断加大。美国《国家量子倡议法案》批准了 8 个量子领域持续多年的资助计划，美国能源部被授权在 2018—2022 年投资 6.25 亿美元建立 5 个量子信息科学研究机构。此外，美国还有众多虽未写进立法，但会持续多年的量子信息科学研究资助项目和计划。2022 年 2 月，量子信息技术再次入选被视为对美国国家安全具有重要意义的先进技术的集合——关键和新兴技术清单。此次入选该清单的量子信息技术被细化为 5 个子领域（量子计算，量子器件的材料、同位素和制造技术，后量子密码，量子传感，量子网络），显示出美国政府对量子产业的重视程度。由此可见，美国量子产业拥有稳定的政策支持和良好的政策环境。

我国政府同样高度重视量子产业的发展，“十三五”规划中提及量子通信，“十四五”规划中 7 次提及量子技术，充分表明我国政府高度重视量子产业，而且重视程度逐步提高，并将其视为与人工智能等战略性未来产业同等重要的产业，这为量子产业的顶层设计和战略规划奠定了良好的政策基础。

### （六）我国量子领域的论文国际合作较为密切，产业科技创新国际影响能力较强

2011—2020 年，中国、美国量子领域与国外研究机构合作发表论文的比例如图 12-4 所示。从国际合作程度来看，美国量子产业三大应用领域与国外研究机构合作发表论文的比例均明显高于我国，美国量子领域内 50%左右的论文是与国外研究机构合作发表的。中国和美国互为量子产业三大应用领域合作发表论文最多的国家，这充分表明中国和美国作为全球最大的两个量子科技大国，虽然存在一些分歧和贸易摩擦，但是在量子领域开展了广泛的科研合作。除了中国，美国的其他合作国家主要包括德国、英国、加拿大等。

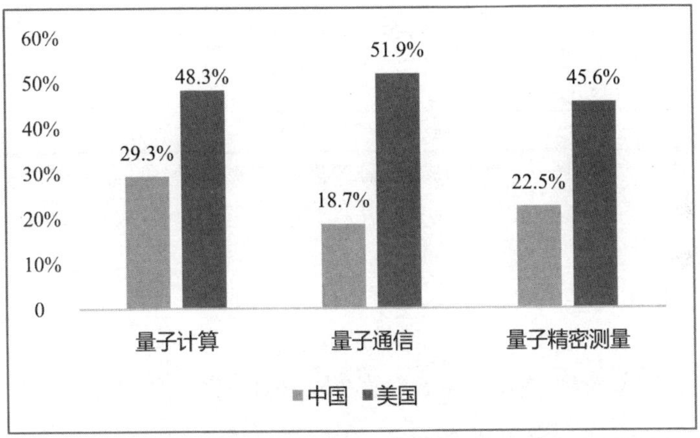


图 12-4 2011—2020 年，中国、美国量子领域与国外研究机构合作发表论文的比例

资料来源：兰德公司报告《中美量子技术产业评估》，赛迪智库整理，2022

综上所述，我们可以得出以下结论：我国量子产业科技创新能力较强，处于全球第一梯队，而且呈稳步提升态势，未来我国有望成为全球最大的量子产业科技创新强国，尤其是在量子通信领域，我国已经处于全球领先地位；我国量子产业拥有良好的政策创新环境、稳定的研发资金支持和较多的论文、专利等创新产出，量子产业科技创新能力整体处于全球前列，不过在技术应用和产业化阶段仍然需要发力，尤其是量子企业的数量偏少、在基础研究和技术开发领域的参与程

度较低，量子技术应用和产业化进程急需加快。

## 二、创新模式

由于社会制度、基本国情、产业发展、科技水平等方面存在较大的差异，因此各国在量子产业科技创新模式方面表现出明显的不同。全球量子产业的典型创新模式包括以美国为代表的企业主导型、以欧盟为代表的协议联盟型、以日本为代表的校企协作型，以及以中国为代表的新型举国体制型，如表 12-10 所示。

表 12-10　全球量子产业的典型创新模式

| 序号 | 典型创新模式 | 代表国家/地区 |
|---|---|---|
| 1 | 企业主导型 | 美国 |
| 2 | 协议联盟型 | 欧盟 |
| 3 | 校企协作型 | 日本 |
| 4 | 新型举国体制型 | 中国 |

资料来源：李文清，齐晓曼，赵三珊. 量子科技发展演进脉络与各国竞争态势分析[J]. 电力与能源，2021（6）：619-621.

### （一）企业主导型

企业主导型创新模式是指量子企业在国家量子产业的技术研发、成果转化、商业应用等方面起到主导和推动作用。美国是这种创新模式的典型代表。

#### 1. 美国量子企业引领国内量子产业的技术研发

一开始，美国量子产业科技创新的中心是政府研究机构、国家实验室和大学，现已逐渐向量子企业转移，量子企业的数量、覆盖领域、融资规模等均明显领先于我国。截至 2020 年年底，美国量子企业的数量达到 182 家，远远多于我国的 13 家，它们涵盖了量子计算、量子通信、量子精密测量三大应用领域的几乎全部细分领域和技术方向。截至 2021 年 6 月，美国 20 家主要的量子企业获得了 12.8 亿美元的风险投资，其中 3/4 的资金投入了量子计算领域，表明该领域内技术的商业化前景被普遍看好。如图 12-5 所示，在量子计算硬件专利数量方面，排在全球前 5 名的研究机构中，有 4 个研究机构位于美国，而且均为企业，其中 IBM 以 140 项专利排名全球第一，微软以 81 项专利排名全球第三，谷歌以 65 项专利排名全球第四，英特尔以 38 项专利排名全球第五。

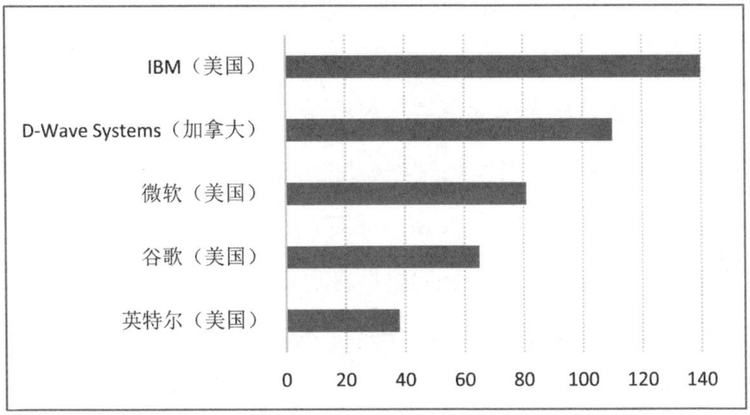


图 12-5　量子计算硬件专利数量全球前 5 名（单位：项）

资料来源：Valuenex 公司，赛迪智库整理，2022

如图 12-6 所示，在量子计算软件专利数量方面，排在全球前 3 名的研究机构均为美国企业，依次为 IBM、微软、谷歌；中国的哈尔滨工程大学排名全球第五。

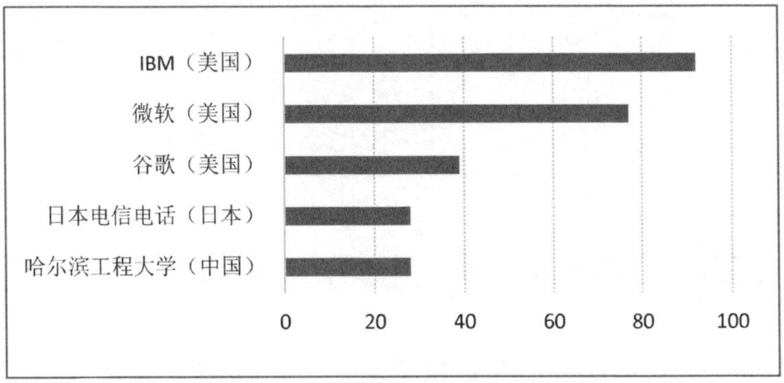


图 12-6　量子计算软件专利数量全球前 5 名（单位：项）

资料来源：Valuenex 公司，赛迪智库整理，2022

谷歌、IBM、英特尔和微软等科技巨头企业在美国国内乃至全球范围内开展广泛合作，成为推动美国量子产业快速发展的中坚力量。早在 2019 年，谷歌便宣称率先实现了“量子优越性”，足见其在量子领域的研发实力。在量子计算方面，谷歌一直处于全球前沿梯队。在量子计算软件方面，谷歌拥有开源量子计算平台 OpenFermion 和 TensorFlow Quantum 框架；在量子计算硬件方面，谷歌的量子处理器 Sycamore 实现了量子性能的里程碑式突破。如表 12-11 所示，从全球主流量子计算企业的技术路线来看，谷歌将在 2023 年实现 1000 个量子比特，在 2029 年突破 100 万个量子比特，这一进度走在全球前列。2022 年 3 月，谷歌母公司 Alphabet 正式将其旗下的量子技术初创企业 Sandbox AQ 分拆出来，作为一家独立的企业，将量子产业发展战略摆在更加重要的位置。

**表 12-11　全球主流量子计算企业的技术路线**

单位：个量子比特

| 企业 | 2021 年 | 2022 年 | 2023 年 | 2024 年 | 2025 年 | 2026 年 | 2027 年 | 2028 年 | 2029 年 | 2030 年 | 未来 |
|---|---|---|---|---|---|---|---|---|---|---|---|
| IBM | 127 | 433 | 1121 | — | — | — | — | — | — | 100 万 | — |
| 谷歌 | 100 | — | 1000 | — | 1 万 | — | 10 万 | — | 100 万 | — | — |
| 本源量子 | 64 | 144 | — | — | 1024 | — | — | 1 万 | — | — | 100 万 |
| PsiQuantum | 0 | 0 | 0 | 0 | 100 万 | — | — | — | — | — | — |
| Rigetti Computing | 80 | — | — | 1000 | — | 4000 | — | — | — | — | — |
| ColdQuanta | 100 | 300 | — | 1000 | — | — | — | — | — | — | — |
| Xanadu | 40 | — | 80 | — | — | — | — | — | — | 100 万 | — |
| IQM Quantum Computers | 5 | 20 | — | 50 | — | — | — | — | — | — | — |
| 澳大利亚硅量子计算公司 | 0 | 0 | 10 | — | — | — | — | — | — | 100 | — |

资料来源：咨询机构 ICV，《2022 全球量子计算产业发展报告》，赛迪智库整理，2022

**2. 美国量子企业通过组建联盟推动量子产业的整体发展**

2017 年 12 月，IBM 牵头成立了量子产业联盟 IBM Q Network，通过提供量子专业知识与资源，基于“云访问”先进、可扩展的通用量子计算系统等方式，构建量子生态系统，加速扩展量子计算。2019 年 3 月，微软牵头成立了两个量子产业联盟，分别为 Microsoft Quantum Network（微软量子网络）联盟和 Northwest Quantum Nexus（西北量子网络）联盟。其中，Microsoft Quantum Network 联盟通过协作开发实用的解决方案，加强教育、精进技能、培养人才，建设开拓型量子协作社区，构建全球量子合作伙伴生态系统；Northwest Quantum Nexus 联盟主要通过开设课程培训、举办研讨会、孵化和分拆量子初创企业等方式，推进量子信息科技研究，培养量子信息科技人才，以此推动美国量子产业的发展。

## （二）协议联盟型

协议联盟型创新模式是指各个国家或组织之间通过联盟、协议等方式达成合作，在量子技术联合研究、技术成果转化推广、市场信息共享、供应链合作等方面开展联合行动。作为全球较大的区域性合作组织，欧盟在众多领域有着广泛、深度的合作。在量子领域，欧盟是跨国合作的典型代表。

### 1．欧盟通过量子技术旗舰计划支持量子产业发展

2016 年 4 月，欧洲科学界和产业界联合发布了《量子宣言》，呼吁在欧盟层面实施量子技术旗舰计划，以追赶中国和美国在量子领域的发展步伐。同月，欧盟委员会正式宣布启动名为“量子技术旗舰计划”的研究项目，投资 10 亿欧元，重点支持欧洲量子通信、量子计算、量子模拟、量子传感与测量等领域的大规模、长期性研究和创新项目，旨在实现量子领域研究从实验室到商业应用的转变。如图 12-7 所示，量子技术旗舰计划的总体框架可以概括为“四纵一横”五大领域和三大能力建设。其中，“四纵”指的是量子通信、量子计算、量子模拟、量子传感与测量四大应用领域；“一横”指的是量子基础科学，它是支撑四大应用领域的理论、概念和方法；四大应用领域的项目涉及三大能力建设，包括工程与控制、软件与理论、教育与培训，旨在促进欧洲量子产业发展。

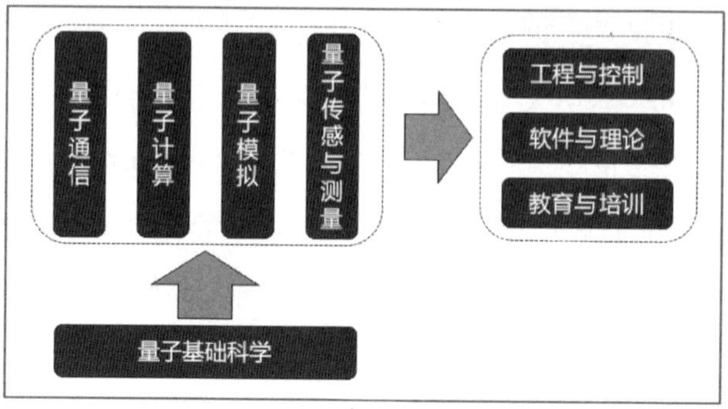


图 12-7　量子技术旗舰计划的总体框架

资料来源：宋海刚. 欧盟量子技术旗舰计划的部署及组织管理研究[J]. 全球科技经济瞭望，2017（11）：5-10.

2016—2025 年，量子技术旗舰计划将通过提出应对全球挑战的新的商业机会、提供安全战略能力、为未来展示尚未实现的应用等方式，将量子技术引入科学领域。量子技术旗舰计划的第一个 3 年规划是从 2018 年 10 月到 2021 年 9 月，这是该计划的上升阶段，欧盟计划投资 1.32 亿欧元，在量子领域实现更长远的发展。2018 年 10 月—2019 年 9 月，欧盟启动了 20 个研究项目，涉及的研究人员数量超过 500 人。截至 2021 年年底，已有 24 个欧洲国家参与了该计划。

2021 年，在量子技术旗舰计划的作用下，欧盟成立了欧洲量子产业联盟，成员单位超过 100 家，包括欧盟各国量子领域的初创企业、研究机构和其他领域的企业等。欧洲量子产业联盟旨在促进政府机构、科研界、产业界等利益相关方在量子领域的协调和配合，研究、探讨、明确量子产业在技术、标准、用例、供应链、人力资源等方面的行业和市场要求，并提出相应的解决方案。该联盟设置了教育、标准、投资、知识产权、生态系统、行业新技术、市场趋势和用例、行业战略路线图、协调/流程/便利、中小型企业和初创企业 10 个工作组。

### 2. 欧盟借助欧洲量子通信基础设施计划推动量子通信发展

2021 年 7 月，爱尔兰正式加入欧洲量子通信基础设施计划，这意味着欧盟的 27 个成员国全部加入该计划。欧洲量子通信基础设施计划是由欧盟委员会和欧洲航天局联合制订的，旨在保护欧盟成员国之间的通信和敏感数据、保护欧盟成员国的关键基础设施的跨国合作计划。例如，通过提供量子密钥分发服务，欧洲量子通信基础设施计划可为欧盟各国的政府机构、市政部门、大使馆、医院、电网等关键站点传输数据。2021 年欧盟量子领域的动向如表 12-12 所示。

表 12-12 2021 年欧盟量子领域的动向

| 序号 | 时间 | 主要动向 |
|---|---|---|
| 1 | 2021 年 3 月 | 欧盟委员会成立欧洲创新理事会，并为该机构提供超过 100 亿欧元的预算（2021—2027 年），用于实现量子领域的突破性创新。2021 年 12 月，欧洲创新理事会正式宣布向来自 21 个国家的 99 家创新企业投资 6.27 亿欧元，其中包括 3 家量子企业 |
| 2 | 2021 年 3 月 | 欧盟委员会发布《2030 数字指南针：欧洲数字十年之路》，提出欧洲在 2021—2030 年加快数字化转型的愿景和途径，其中包括完成覆盖整个欧盟的量子通信基础设施建设，以保障所有欧盟国家敏感数据资产的通信安全和存储安全 |
| 3 | 2021 年 9 月 | 欧盟委员会发布《2021 年战略前瞻报告》，该报告被视为欧盟制定战略政策和支持研发、工业发展的关键参考，将量子技术领域确定为欧盟未来的关键技术领域 |
| 4 | 2021 年 10 月 | 欧洲核子研究中心发布欧洲第一份量子研究计划路线图“量子技术倡议”，确定了量子领域的中长期研究计划，主要探索量子技术如何在量子计算与算法、量子通信与网络、量子理论与模拟、量子传感与计量材料这 4 个领域为高能物理和其他领域带来益处 |

资料来源：公开资料，赛迪智库整理，2022

## （三）校企协作型

校企协作型创新模式是指高校、科研院所等量子技术研究单位与量子企业密切协作，开展联合研究、联合开发、技术推广、技术应用等活动。日本是这种创新模式的典型代表。

### 1．日本建立多个量子技术领域的委员会和项目组织

日本建立了多个量子技术领域的委员会和项目组织，其中包括由东京大学领导的量子创新计划委员会和丰田牵头成立的基于量子技术的新产业创造协会。量子创新计划委员会的总部设立在东京大学，其成员包括庆应义塾大学和产业界的日本合成橡胶公司、日本油墨化学公司、东芝、丰田、日本 IBM、日立制作所、日本瑞穗金融集团、三菱化工、三菱 UFJ 银行等。该委员会的会长由日

本瑞穗金融集团董事长佐藤康博担任，项目负责人由东京大学研究生院理学系研究科教授相原博昭担任。基于量子技术的新产业创造协会是一个以利用量子计算机等量子技术开发下一代 IT 技术为目标的协会，有 24 个成员。该协会由东芝、富士通、日本电气股份有限公司、日立制作所等 IT 企业和丰田等将量子技术应用于实际商业的用户企业组成，旨在研究将 IT 企业正在开发的量子技术应用于实际商业，预计在 2030—2050 年实现量子技术的商业化应用。

**2．日本建立基于量子技术的新产业创出协议会，促进量子技术的应用**

2021 年 5 月，东芝、富士通、日本电气股份有限公司、日立制作所、日本电信电话等 11 家企业宣布联合建立基于量子技术的新产业创出协议会，将其作为讨论实现以量子计算机为首的量子技术产业应用的组织，通过全面推进量子技术产业化、工业化，追赶中国、美国等国家的量子技术研究开发进程。今后，该协议会将继续招募更多的企业，力争早日达到 100 家以上。该协议会的主要任务是讨论并确定与量子产业基础技术、人力资源相关的问题，其认为有前景的技术方向包括“量子幅度估计”“组合优化问题”“量子机械学习”“量子化学计算”等量子算法问题、基于量子退火处理的组合优化和量子密码、量子通信等。2021 年 5 月，日本二手商品交易 App 企业 Mercari 宣布与庆应义塾大学、东京大学等共同设立量子网络研发机构。

### （四）新型举国体制型

新型举国体制型创新模式是指国家面向发展需求和国防安全需要，在量子产业的基础研究、技术开发、商业应用等环节发挥主导作用，统筹协调各方力量，科学谋划、合理布局，推动量子产业健康发展。构建了社会主义市场经济体制的我国是这种创新模式的典型代表。

**1．我国在国家层面和地方层面均已出台量子产业发展规划**

在国家层面，2016—2020 年，科技部连续 5 年发布国家重点研发计划“量子调控与量子信息”重点专项，共计 93 项，将量子产业上升到国家战略层面，对量子产业的科技研究和技术转化起到了巨大的推动作用。量子信息作为关键技术，被列入国务院印发的《"十四五"数字经济发展规划》。2021 年 12 月，国务院印发了《计量发展规划（2021—2035 年）》，提出在 2035 年建成以量子计量为核心、科技水平一流、符合时代发展需求和国际化发展潮流的国家现代先进测量体系。在地方层面，我国已有 21 个省市对量子产业的基础科研、应用探索和产业培育等方面做出了具体部署，并提供了相应的政策引导和项目支持。

#### 2．各省市在国家统一部署下互补、协作、有序发展量子产业

"十四五"时期，在国家统一部署下，各省市将在量子产业进行互补、协作、有序的发展。2022 年 2 月，安徽省人民政府办公厅发布了《安徽省"十四五"科技创新规划》，指出安徽省将借助本省（尤其是合肥市）的研发实力和领先优势，支持量子产业的技术研发和产业化发展。2022 年 5 月，北京市经信局发布了《北京市数字经济全产业链开放发展行动方案》，提出北京市将重点发展量子计算产业，完成能够展示"量子优越性"的量子计算实验，并研制超导量子计算机。2022 年 6 月，深圳市人民政府发布了《关于发展壮大战略性新兴产业集群和培育发展未来产业的意见》，表明将重点发展量子计算、量子通信、量子测量等领域，建设一流研发平台、开源平台和标准化公共服务平台，推动在量子操作系统、量子云计算、含噪声中等规模量子处理器等方面取得突破性进展，建设粤港澳大湾区量子科学中心。

## 三、主要困境

### （一）量子技术的商业化、产业化进程较慢

我国量子产业的研发资金等创新投入较多，论文、专利等研究成果丰硕，量子技术发展程度处于全球先进甚至领先水平。不过，量子技术的商业化、产业化进程较慢，量子技术的应用水平与研发水平相比，存在明显的滞后和脱节，未能形成市场带动投入、应用推动研发的发展局面和良性循环，众多研究成果停留在

论文、专利层面，未能实现研究成果的有效扩散和转移、转化，对我国量子产业的发展产生了一定的制约，相关问题亟待解决。

### （二）量子企业的创新能力与创新参与程度较低

我国量子产业科技创新主要依靠国家和各级地方政府的推动，研发投入主要来自国家自然科学基金等官方项目，与美国、日本、欧盟等国家和地区相比，我国量子企业的数量较少，而且在研发投入、技术开发环节的参与程度较低，未能充分展现产业创新主体应有的姿态。在高校、科研院所产出量子技术研究成果之后，应当有更多的量子企业与它们对接，承担研究成果的商业实现和规模应用工作。此外，量子企业还应积极参与量子技术研发，推动“科学研究—技术开发—商业实现—规模应用”的量子产业科技创新进程。

### （三）量子科技基础教育和人才培养急需加强

虽然我国在量子领域拥有一批科学家和领军型人才，但是量子人才储备依然不足，许多量子科技研究人员是从其他领域转向量子领域的，属于半路出家，缺乏系统、完整的量子科技理论知识和科研训练。美国等国家高度重视量子科技基础教育，在 K12 阶段加入量子物理学等与量子相关的课程。相比之下，我国对量子科技基础教育的重视程度远远不够，中小学教育阶段未涉及与量子相关的课程，高等教育阶段开设量子专业和人才培养力度不足，量子人才储备急需增长。

### （四）未建立政产学研用金量子协同发展机制

我国量子产业协同发展机制不够畅通，未建立政产学研用金量子协同发展机制。受信息沟通不畅、体制机制壁垒等多种因素的影响，量子产业的政策制定、技术研发、金融支持、产业孵化等环节之间存在脱节，未能营造高效协同的发展环境。高校、科研院所的研究与市场需求、技术应用之间存在一定程度的错位，产业界与学术界需要进行更多的交流和配合，产业界应当准确识别市场需求和潜在市场；学术界应当及时调整研究方向，吸引更多的社会资本和风险资本，推动量子产业高效发展。

## 四、发展建议

在国家和地方政府的统一部署、推动下，我国量子产业取得了重大成就，已跻身全球第一梯队，在产业科技创新投入、产业科技创新产出、产业科技创新环境支撑、产业科技创新国际影响能力等方面成效显著。不过，与美国、英国等量子科技先进国家相比，我国量子产业仍然存在产业科技创新主体能力不强、产业科技创新成果转化能力偏弱等突出问题，这些问题需要得到重点关注和妥善解决。基于此，本研究提出了以下促进我国量子产业健康发展的思考。

### （一）加快量子技术的商业应用和产业落地步伐

提高量子技术研发成果转化为市场应用的效率，加快量子技术的商业化、产业化步伐；将量子领域基础研究与市场应用有机结合，构建需求带动研发、市场促进发展的创新联合体生态体系；重点突破量子中继器、量子存储、量子密钥分发、量子通信广域组网等关键技术，并加速其产业化进程；吸引社会资本和风险资本参与量子技术的产业化进程，发挥资本对量子产业发展的促进和推动作用。

### （二）提高量子企业的市场主体地位和技术研发主体地位

提高量子企业的市场主体地位和技术研发主体地位，通过税收优惠、技术扶持、人才支持等方式，鼓励量子企业加大对量子领域的研发投入，并引导其实现研发成果的转移、扩散和产业应用；鼓励高校、科研院所等与量子企业进行联合研发、技术合作、利益共享，推动“科学研究—技术开发—商业实现—规模应用”高效协同运作；为量子企业的发展营造良好的市场环境和政策环境，开创量子企业敢于创新、愿意创新的良好格局。

### （三）加大量子领域人才梯队培养和储备力度

在中小学教育阶段引入量子科技基础知识，采取实验演示、名家讲座、参观实验室等趣味教学方式，激发学生对量子科技研究的兴趣和求知欲；丰富高等教育阶段的量子专业，建立完善的本硕博连贯制人才梯队培养体系，为研究人员提供良好的科研软硬件条件，充分挖掘其创新才能，营造大胆实践、允许失败、宽容轻松的科研氛围。

### （四）建立政产学研用金量子协同发展机制

完善量子产业的顶层设计和制度安排，明确量子产业的重点发展方向，制定量子产业国家战略，从宏观角度指导、协调各方行动；高校和科研院所应充分发挥引领性作用，开展基础性、前瞻性研究，产出更多的创新成果；量子企业应关注实现产业应用和满足市场需求的关键问题、重大挑战；政府应在金融、人才、技术、政策等方面加大对量子产业的支持力度。

执笔人：张鹏

# 后记

中国电子信息产业发展研究院围绕产业科技创新等领域开展了持续、深入的研究。在研究产业科技创新的过程中，我们发现，我国产业科技创新能力建设存在产业科技创新基础能力不强、企业的综合实力不强、高端复合人才缺口较大、科技成果的质量和转化利用情况堪忧等问题，应以“创新是第一动力”为根本遵循，坚持科技自立自强等战略原则，持续做好促进企业科技创新能力提升等战略工作。因此，中国电子信息产业发展研究院将产业科技创新能力建设研究选为 2022 年院重大软课题之一，由科技与标准研究所承担并成立课题组，进行研究。

本书凝聚了课题组每一位同事的贡献，具体分工情况如下：乔标副院长对本书的架构和章节安排进行统筹指导，何颖、曹方负责本书的具体结构设计、修改和定稿；第一章的执笔人为何颖、曹方、姬少宇、王楠、宋亮、王凡、赵会来、郭英、张原、张鹏、李赜；第二章的执笔人为王楠；第三章的执笔人为宋亮；第四章的执笔人为延玲玲；第五章的执笔人为宋亮；第六章和第七章的执笔人为王凡；第八章的执笔人为赵会来；第九章的执笔人为郭英；第十章的执笔人为张原；第十一章的执笔人为姬少宇；第十二章的执笔人为张鹏。

本书是对我国产业科技创新能力建设的初步研究，存在许多有待进一步深入思考的地方，我们会继续努力、持续跟踪、不断完善。产业科技创新能力建设研究尚处于探索阶段，还需要学术界、产业界等更多学者的参与。

在研究过程中，课题组得到了许多专家和领导的指导、点拨。国务院发展研究中心创新发展研究部副部长、研究员田杰棠，工业和信息化部科技司副巡视员常利民，科技部办公厅原巡视员胥和平，清华大学经济管理学院教授陈劲，北京大学国家发展研究院研究员范保群，中国社会科学院数量经济与技术经济研究所原研究员李平，中国社会科学院工业经济研究所研究员刘戒骄，中国科协创新战略研究院原院长、教授任福君，中国科学院大学公共政策与管理学院副院长、教授刘云，中国科学院科技战略咨询研究院研究员宋河发，中国科学技术发展战略研究院科技发展智能决策研究所副所长、研究员韦东远等专家和领导不吝赐教、悉心指点，极大地拓宽了课题组的研究思路，增加了课题组的理解深度。此外，工业和信息化部有关司局领导也为课题研究提供了指导。在此，课题组对所有关注、支持本书出版的专家和领导表示由衷的感谢。

# 反侵权盗版声明